中国涉外法治文库

主编 王 瀚

Research on the Improvement of
International Commercial Court
Operation Mechanism in China

中国国际商事法庭
运行机制完善研究

陈婉姝 著

知识产权出版社
全国百佳图书出版单位
—北 京—

图书在版编目(CIP)数据

中国国际商事法庭运行机制完善研究/陈婉姝著 . —北京:知识产权出版社,

2025.1. —(中国涉外法治文库/王瀚主编). —ISBN 978 - 7 - 5130 - 9263 - 0

Ⅰ. D997.4

中国国家版本馆 CIP 数据核字第 20241LZ685 号

责任编辑:秦金萍　　　　　　　　　责任校对:王　岩
封面设计:乾达文化　　　　　　　　责任印制:孙婷婷

中国国际商事法庭运行机制完善研究

陈婉姝　著

出版发行:**知识产权出版社**有限责任公司　网　　址:http://www.ipph.cn

社　　址:北京市海淀区气象路50号院　　邮　　编:100081

责编电话:010 - 82000860 转 8367　　　　责编邮箱:1195021383@qq.com

发行电话:010 - 82000860 转 8101/8102　发行传真:010 - 82000893/82005070/82000270

印　　刷:北京建宏印刷有限公司　　　　经　　销:新华书店、各大网上书店及相关专业书店

开　　本:720mm×1000mm　1/16　　　　印　　张:21

版　　次:2025 年 1 月第 1 版　　　　　印　　次:2025 年 1 月第 1 次印刷

字　　数:308 千字　　　　　　　　　　定　　价:98.00 元

ISBN 978 - 7 - 5130 - 9263 - 0

本书受西北政法大学涉外法治研究中心项目"中国国际商事法庭运行机制完善研究"、陕西高校青年创新团队（中国航空航天涉外法治研究）项目的资助

成员简介

范九利，西北政法大学校长、涉外法治研究中心主任、习近平法治思想研究中心主任

王　瀚，西北政法大学涉外法治研究中心执行主任、首席专家，中国国际私法学会副会长，最高人民法院国际商事专家委员会委员，教授

张荣刚，西北政法大学副校长，西北政法大学涉外法治研究中心常务副主任、首席专家，教授

王承杰，中国国际经济贸易仲裁委员会副主任、秘书长

高之国，最高人民法院国际商事专家委员会委员，联合国国际海洋法庭前法官，中国海洋法学会会长，大连海事大学国家海洋治理与发展研究院首席专家，教授

黄　进，武汉大学一级教授，中国国际法学会会长，中国国际私法学会会长，最高人民法院国际商事专家委员会委员

黄惠康，武汉大学特聘教授，联合国国际法委员会委员，外交部国际法咨询委员会主任委员，最高人民法院国际商事专家委员会委员

王雪华，北京市环中律师事务所创始合伙人，曾任中华全国律师协会国际业务和 WTO 专门委员会主任

孔庆江，中国政法大学国际法学院院长，外交部国际法咨询委员会委员，教授

石静霞，中国人民大学教授，最高人民法院国际商事专家委员会委员

朱作贤，大连海事大学法学院院长，教授

刘亚军，西北政法大学国际法学院院长，中国—中亚法律查明与研究中

1

心执行主任，教授

刘晓红，上海政法学院校长，最高人民法院国际商事专家委员会委员，国际商会中国国家委员会（ICC China）仲裁与替代性争议解决委员会副主席

刘敬东，中国社会科学院国际法研究所国际经济法研究室主任，最高人民法院国际商事专家委员会委员，研究员

杜　涛，华东政法大学国际法学院院长，教授

杜焕芳，中国人民大学法学院党委副书记，教育部青年"长江学者"

李连君，香港礼德齐伯礼律师行高级合伙人、商业及运输诉讼部负责人

杨　松，沈阳师范大学校长，教授

杨泽伟，武汉大学国际法治研究院首席专家，教育部"长江学者"特聘教授

何其生，北京大学教授，教育部青年"长江学者"

沈　伟，上海交通大学凯原法学院特聘教授

初北平，上海海事大学校长，教授

张振安，上海市协力律师事务所高级合伙人，上海进出口商会副会长，国际商会（ICC）仲裁与ADR委员会替代性争议解决和仲裁工作组委员

张超汉，西北政法大学涉外法治研究中心副主任，"长安学者"特聘教授

赵　骏，浙江大学法学院副院长，教育部青年"长江学者"

段祺华，上海段和段律师事务所创始合伙人，段和段律师事务所全球董事局主席

徐国建，上海政法学院国际法学院特聘院长，教授

舒洪水，西北政法大学国家安全学院院长，教授

蔡颖雯，青岛大学法学院院长，上合组织经贸法律服务研究院院长，教授

潘俊武，西北政法大学国际法学院副院长，外交部国际法咨询委员会委员，教授

霍政欣，中国政法大学发展规划与学科建设处处长，教育部"长江学者"特聘教授

总　序

当前，世界百年未有之大变局加速演进，新一轮科技革命和产业变革深入发展，国际格局力量深刻调整。同时，逆全球化思潮抬头，单边主义、保护主义明显上升，局部冲突和动荡频发，经济复苏乏力，世界充满不稳定性和不确定性。各国和各地区都在积极探索如何在充满挑战的环境中实现和平与发展，其中最重要的便是依赖法治的力量。在此背景下，习近平总书记在2020年中央全面依法治国工作会议上，明确提出了"坚持统筹推进国内法治和涉外法治"的重要论断。2023年11月，在第二十届中共中央政治局第十次集体学习时，习近平总书记进一步强调："要从更好统筹国内国际两个大局、更好统筹发展和安全的高度，深刻认识做好涉外法治工作的重要性和紧迫性，建设同高质量发展、高水平开放要求相适应的涉外法治体系和能力，为中国式现代化行稳致远营造有利法治条件和外部环境。"① 这一系列要求，不仅是对我国改革开放和国家治理的深刻把握，同时也是对国际发展及全球治理的系统擘画。

当前的变局，集中体现在以下几个方面。首先，地缘政治和意识形态的竞争日趋激烈，推动国际体系加速变革，导致全球局势波动不定。同时，全球治理体系呈现"碎片化"的趋势，国际力量的对比发生重大调整，大国之间的竞争愈发激烈。其次，全球经济增长放缓，复苏乏力，各大经济体之间

---

① 《习近平在中共中央政治局第十次集体学习时强调：加强涉外法制建设 营造有利法治条件和外部环境》，载中国政府网，https://www.gov.cn/yaowen/liebiao/202311/content_ 6917473. htm，访问时间：2024 年 6 月 20 日。

的增长差距持续扩大、全球债务增加，预示着潜在的经济风险。科技革命和产业变革的深入发展，不仅催生了产业政策的主流化，还导致了人工智能的军事化以及全球生产和交换的数字化。"逆全球化"思潮的兴起以及单边主义、保护主义等经济贸易政策的蔓延，对全球合作和交流构成严重挑战。最后，局部冲突、政治动荡、极端天气、自然灾害以及网络安全形势的复杂化，均为当前世界带来了不稳定和不可预知的挑战。因此，在这样的国际环境中，涉外法治的重要性日益凸显。① 涉外法治不仅关乎国家治理体系和治理能力现代化的进程，更是维护国家主权、安全和发展利益的重要手段。

随着全球化的深入发展，世界各国的相互联系与依存性日益加深，涉外法治可为国际交往创造稳定且可预见的法律环境，有助于促进国际交流与合作。同时，涉外法治也是应对外部风险与挑战、维护国家利益的重要工具。在国际政治纷争和经济全球化的语境下，强化涉外法治建设，构建具有中国特色、融通中外的涉外法治理论体系和话语体系，既有利于提升我国的国际影响力，也是推动全球法治进步、构建人类命运共同体的重要途径。② 通过加强涉外法治，我国可以更好地统筹国内国际两个大局，应对国际竞争中的制度、规则、法律之争，为中国式现代化行稳致远营造有利的法治环境和外部条件。《法治中国建设规划（2020—2025年)》明确表述了涉外法治建设的基本要求和关键任务，强调在全面依法治国的框架下，涉外法治与国内法治应并重。因此，涉外法治的规划应涵盖立法、执法、司法、法律服务、法学研究和教育等多个层面，需要全方位地布局。毋庸置疑，涉外法治已成为当前研究的重要领域，我们不仅要深入研究传统的涉外法治问题和国际法律问题，还要加强我国在国际规则起草与制定方面的创新研究。

2022年3月，经中央全面依法治国委员会办公室、宣传部、外交部、教

---

① 霍政欣等：《坚定法治自信 高质量推进涉外法治工作》，载《检察日报》2023年12月25日，第3版。

② 《习近平在中共中央政治局第十次集体学习时强调：加强涉外法制建设 营造有利法治条件和外部环境》，载中国政府网，https://www.gov.cn/yaowen/liebiao/202311/content_6917473.htm，访问时间：2024年6月20日。

育部、司法部、商务部批准，西北政法大学涉外法治研究中心被认定为国家级涉外法治研究培育基地。本研究中心致力于为国家深度参与共建"一带一路"、构建内陆开放新高地提供高质量的智库研究成果，提供涉外法律咨询服务，开展卓越涉外法治人才培养，以及为社会各界提供涉外法治领域的专项培训。目前，中心已构建起六个核心研究方向和团队，涵盖国际商事争端解决与贸易摩擦应对法律研究、一带一路国际贸易与投资法律研究、西北地区反恐怖与去极端化法律研究、中亚国家反恐国际合作法律研究、一带一路国际经营合规与营商环境治理法律研究、数字经济与法律国际协同治理研究。研究人员将发挥各自研究特色与专长，强化涉外法治理论与实践问题的智库研究，为中国式现代化的法治保障贡献力量，为全面建设社会主义现代化国家提供坚实的理论支撑和话语体系。特别是在有组织科研方面，我们重点采取了如下举措。

其一，设立"西北政法大学涉外法治研究专项课题"。为深入贯彻落实习近平新时代中国特色社会主义法治思想，统筹推进国内法治和涉外法治，发挥法学研究机构的科研优势，提高涉外法治人才培养的质量，促进涉外司法理论研究，提升国际法研究工作水平，结合工作安排，西北政法大学涉外法治研究中心开展课题申报工作，主要涉及涉外法律法规体系建设、中国法域外适用法律体系建设、国际条约体系建设等领域，服务国家在国内法治和涉外法治方面的重大战略需求，培育先进的法治文化。

其二，与知识产权出版社、中国社会科学出版社等知名出版机构合作创设"中国涉外法治文库"和"西北政法大学国家安全文库"，并继续支持出版《法学教育研究》和《中国航空法评论》等集刊，培育一批优质的涉外法治研究成果。"中国涉外法治文库"将以国内法治和涉外法治的统筹为导向，专注于涉外法治的关键领域，深入探究并整合相关国内法和国际法规则体系，推动构建系统化、科学化、有效的涉外法治体系。这一体系不仅包括国家安全、国际关系、国际民商事争议解决、国际贸易投资风险预防等国际法问题的研究，还涉及国际反恐合作、西北地区高校意识形态安全等跨学科问题的研究。"中国涉外法治文库"框架下多部学术专著的出版，集中展示了中心在涉外立法、执法、司法、法律服务和法律事务管理等方面的研究成果，有利于提升国际法治在预防风险、应对危机和公正解决各类涉外争端方面的能力，更好地维护国家主权、安全和利益。文库将通过基础性、系统性、前瞻性及创新性的研究，弥补目前研究的"碎片化"遗憾。其不仅可为国家立法和政策制定提供参考，还可以作为高等教育及研究机构的研究资料。

学术研究是一项充满挑战的事业，打造一部全面且深刻反映我国涉外法治建设水准、具备国际影响力的学术著作绝非易事。本文库正是这方面的一次重要尝试。我们致力于在学术研究的基础上，形成西北政法大学特色的涉外法治理论体系，为提升中国国际话语权做好准备，同时为涉外法治人才培养打好教育基础。为了进一步提升文库的学术水平和实践价值，我们计划进行跨学科研究、案例研究、法教义学研究，与国际知名学者和研究机构合作，提出政策建议，举办学术研讨会，并与高校、企事业单位、政府机构等合作制定涉外法治人才协同培养计划，以期从多角度深入探讨涉外法治问题，增强文库的实践指导性，引入国际视野，提升研究的深度和广度。

我们诚挚欢迎国内外学者批评指正，共同推动涉外法治研究的发展，增强中国在国际法治建设中的话语权和影响力。通过这些努力，我们期望本文库能够成为涉外法治领域的权威参考，为促进国际法治进步和构建人类命运共同体作出贡献。

中国国际私法学会副会长

最高人民法院国际商事专家委员会委员

2024 年 6 月 20 日

前　言

在经济全球化背景下，现代国际商事规则体系全面构建。国际商事争议解决机制是促进国际商事关系并维护国际商事规则的关键。近年来，全球范围内出现的国际商事法庭（院）成为新兴潮流，对国际商事司法秩序产生重要影响。这类法庭（院）打破传统诉讼机制，将具有较大影响力的国际商事案件集中审理，在具体程序方面进行创新。中国作为世界经济大国，顺应国际商事争议解决机制专门化的趋势，加快创建良好的营商环境，为"一带一路"建设提供专业化的司法保障，分别在深圳市和西安市设立国际商事法庭并制定相关司法解释。对中国国际商事法庭运行机制进行研究，明确其在全球跨国商事司法秩序的重要影响以及在国内司法体系中的特殊司法任务，为打造中国在全球司法程序中的战略支点和司法利益交汇点奠定基础。本书尝试从以下三个方面对中国国际商事法庭运行机制的完善展开研究。

第一，对中国国际商事法庭的定位进行探索。从经济全球化和国内司法体系的角度定位国际商事法庭，并对该法庭的职能提出预期目标。就定位而言，首先，"一带一路"建设中的国际商事争议数量不断增加，需要公正高效的争议解决机制，中国作为共建"一带一路"倡议国，应当设立专门化的司法机构。其次，国际商事法庭是判断国家良好营商环境的标准之一。中国正在建设更高水平的开放型经济新体制，国际商事法庭是积极发展涉外法律服务、保障高水平对外开放的重要因素。最后，国际商事法庭是各国提高司法竞争力的重要方式，中国设立国际商事法庭可为日后打造亚洲地区乃至全球商事争议解决中心奠定基础。另外，结合其定位，通过分析国际商事法庭

1

已经审结的案件，可以发现其职能并未得到很好的发挥，所以需要从以下四个方面进一步明确其职能目标。其一，在明确国际商事法庭是最高人民法院常设审判机构的前提下，以自贸区所在地为标准，增加国际商事法庭数量且明确法庭之间的关系。其二，与最高人民法院民事审判第四庭以及下级人民法院的职能进行区分，明确具有国际商事性质的一审案件、二审案件均属于国际商事法庭的审理范围。同时，为维护当事人对国际商事法庭一审案件的救济权，须细化最高人民法院的再审条件。其三，该法庭还具有助力构建"一站式"国际商事争议多元化解决机制，向最高人民法院推荐相关指导案例等职能。其四，在审判人员专业化方面，进行多元化探索，例如培养国际商事法庭专业法官，选任我国港澳台地区商业领域精英人士作为国际商事法庭的人民陪审员，创建聘任我国港澳台地区法官制度。

第二，对中国国际商事法庭运行机制的理论依据进行挖掘。国际商事法庭运行机制是一个复杂的工作系统，建议最高人民法院参考《卓越法院国际框架标准》来构建国际商事法庭运行评价标准。通过分析国际商事法庭运行的基本程序，发现当事人平等的诉讼权利、意思自治理论、诉讼公正与效率平衡是该法庭运行的理论支撑。在法庭运行过程中，以维护当事人平等的诉讼权利为基点，在审理争议时，保障和便利当事人诉讼行为，平等适用法律，将意思自治理论贯穿于管辖权、准据法适用、"一站式"国际商事争议多元化解决等，通过机制运行最终实现诉讼公正与效率平衡之价值。在国际社会商事交往更加频繁且复杂的情况下，法律法规无法穷尽规定所有相关法律行为，故应当厘清国际商事法庭运行过程中遵循的司法理念并将其作为指导。进一步提高国际司法公信力，扩大国际商事法庭在国际商事领域的司法影响力，突出国际商事法庭运行过程中的专业化，并发挥其在国内法院体系中的重要优势，以作为国际商事法庭构建与完善的指导思想。

第三，对中国国际商事法庭在运行中的特色制度进行研究并提出完善建议。通过梳理国际商事法庭运行的法律依据和基本流程，分别就该法庭的管辖权制度、"一站式"国际商事争议多元化解决机制、国际商事专家委员会运行、判决在外国的承认与执行等问题提出完善建议。首先，适当放宽国际商事法庭的管辖权条件。在明确管辖争议国际性和商事性的基础上，取消审案标的额限制，保证高级人民法院和国际商事法庭管辖权转移的灵活性，扩大国际商事法庭对国际商事仲裁管辖之范围。其次，完善诉讼、仲裁、调解机制之间的有机衔接与发展。考虑未来修改《最高人民法院国际商事法庭程序规则（试行)》的内容，将"一站式"国际商事争议多元化解决机制与《联合国关于调解所产生的国际和解协议公约》对接。在主体方面，尝试境外仲裁机构、调解机构与国际商事法庭合作，增设国际商事律师调解协会。再次，明确国际商事专家委员会设立的重要意义，完善该委员会的运行程序。将国际商事专家委员会定位为最高人民法院的服务机构，从调解、域外法查明、为国际商事法庭提供发展意见方面，细化商事专家委员工作程序，探索商事专家委员参与庭审活动的可能性，增加商事专家委员的聘请程序和监督程序。最后，以完善国内法为基点，将其与双边司法协助条约衔接，加快专门性多边公约批准，积极签署关于判决承认与执行的备忘录。

目 录
CONTENTS

‖ 绪 论 ‖

一、研究背景

在百年未有之大变局，单边主义、保护主义和逆全球化思潮抬头的时代，制度、规则、法律之争成为国际竞争的核心。[①] 坚持统筹国内法治和涉外法治是习近平法治思想的核心内容之一，对于构建国际商事争议解决机制、完善涉外法律法规体系、提升法治化水平具有重要意义。随着新一轮技术革命和产业革命的发展，国家间互相依赖的程度更加凸显，商事主体的跨国经济活动已经成为新常态，国际商事争议数量的增加呈现必然趋势。[②] 对国际商事争议的解决，传统国际民事诉讼不可缺少，国际商事仲裁深受当事人欢迎，国际商事调解正在快速发展。[③] 但上述三种争议解决机制均存在固有瑕疵：传统国际民事诉讼程序复杂，审理周期长，判决难以被其他国家承认与执行，不符合现代商事争议解决的高效、便捷需求；国际商事仲裁管辖权仅限于仲裁协议当事人，缺乏上诉机制，执业人员的裁决和辩护角色转换限制较少，不能完全实现争议的顺利解决；虽然调解被称为"东方经验"[④]，但仍存在调解协议不具有终局性、缺乏强制执行力等缺陷。

[①] 习近平：《坚持走中国特色社会主义法治道路 更好推进中国特色社会主义法治体系建设》，载《求是》2022 年第 4 期，第 4 页。

[②] 在各国投资贸易往来中，根据性质可以将争议分为三类：国家之间就履行条约产生的国家间的争端；投资关系中的东道国与投资者之间的争议；平等主体之间的民商事争议（本书主要是指平等主体之间发生的以财产权益为主要内容的纠纷，不包括具有明显身份关系的争议）。

[③] V. K. Rajah, *W（h）ither Adversarial Commercial Dispute Resolution?*, Arbitration International, Vol. 33, No. 1, 2017, pp. 18 – 22.

[④] 徐光明：《"一带一路"背景下商事纠纷的多元化解决》，载《人民法院报》2017 年 9 月 15 日，第 5 版。

国际商事法庭（院）的设立并非新现象。欧洲部分国家处理商事争议的专门机构已经存在了几个世纪，主要包括商事法院和商事法庭。例如，法国商事法院成立于1563年，是法国司法系统中最古老的法院；伦敦商事法院成立于1895年，旨在为商事争议提供专门程序。2017年3月，英国将审理商事争议的法院统称为英格兰及威尔士商事与财产法院（以下简称英国商事法院），主要审理伦敦、英格兰及威尔士的商事案件及涉外民商事案件。① 近年来，为提升国际商事争议解决领域的竞争力，投资贸易市场较为活跃的国家逐渐对传统诉讼进行改革，建立起国际商事法庭或国际商事法院。② 在欧洲，法国、荷兰、德国、比利时、瑞士等出现了国际商事法庭（院），例如荷兰众议院在2018年3月通过设立新商事法庭的议案，③ 德国联邦众议院在2018年4月公布《引入国际商事审判庭的立法草案》，巴黎上诉法院新设立的国际商事法庭也在2018年开始运行。2004年，中东地区首个专门审理金融争议的法庭在迪拜成立。阿联酋制定的《关于建立迪拜国际金融中心的联邦第35号法令》要求迪拜成立国际金融中心，成为迪拜新型自由贸易区的代表。同年，迪拜颁布《关于迪拜国际金融中心的第9号法令》，标志着迪拜国际金融中心法院正式设立，其设立目的是提供独立、高效的司法服务，解决与迪拜国际金融中心相关的国际民商事争议。④ 不久后，卡塔尔（2009年）、阿布扎比（2015年）也分别设立国际商事法院。

为拓宽法律服务范围并提高国际化程度，2013年新加坡首席大法官森德罗斯·梅农（Sundaresh Menon）首次提议设立新加坡国际商事法庭，以审理

---

① 赵蕾：《百年匠心 厚载未来——英格兰及威尔士商事与财产法院宣布成立》，载《人民法院报》2017年5月12日，第8版。

② 部分国家在法院内部设立国际商事法庭，如新加坡；部分国家直接设立商事法院，如阿联酋（迪拜）。由于本书主要立足于中国国际商事法庭，因此涉及的相关内容均表达成"国际商事法庭（院）"。具体到某一国家时，以实际名称为准。

③ Chantal Blokker-Schipper, Netherlands Commercial Court Coming Soon?, Accessed Jan. 3, 2022, https://www. stibbe. com/en/news/2018/march/netherlands – commercial – court – coming – soon.

④ DIFCC, Frequently Asked Questions, Accessed Jan. 26, 2022, https://www. difccourts. ae/faq/.

案件的形式将新加坡法律文化输出至其他国家。① 同年 11 月 29 日，《新加坡国际商事法庭委员会报告》发布，涉及新加坡国际商事法庭成立的法理基础、地理位置以及仲裁解决争议的局限性等内容。新加坡在现有法律制度的基础上，修改《新加坡共和国宪法》《新加坡最高法院司法法》《新加坡法院规则》的部分内容，颁布《新加坡国际商事法庭示范条款》等配套法律法规和指导性文件，新加坡国际商事法庭在 2015 年 1 月 5 日开始受理案件。虽然上述国家设立国际商事法庭（院）的原因存在差异，但它们均希望创建一个现代化和专业性的诉讼中心，通过更加高效的方式解决具有国际影响力的商事争议，提高司法机关的知名度，使其被视为对商事主体具有吸引力的审判地，为经济发展提供优质的营商环境。

坚持统筹推进国内法治和涉外法治，是以维护国家主权和根本利益为基础参与全球治理体系。② 司法机制不仅是国内法治体系完善的重要方面，还在涉外法治体系建设中发挥主导作用，中国国际商事法庭③的设立及运行则是重要表现形式之一。设立该法庭的想法始于 2018 年 1 月，《关于建立"一带一路"国际商事争端解决机制和机构的意见》（以下简称《"一带一路"意见》）强调设立国际商事法庭和国际商事专家委员会，推动设立诉讼、仲裁与调解有机衔接的多元化争议解决机制。为贯彻落实《"一带一路"意见》，2018 年 6 月 25 日，最高人民法院发布《最高人民法院关于设立国际商事法庭若干问题的规定》（法释〔2018〕11 号，以下简称《国际商事法庭若干问题规定》），并于同年 6 月 29 日分别在深圳和西安设立了第一国际商事法庭和第二国际商事法庭，为中国国际商事争议解决机制增添了新生机。2023 年 12 月，最高人民法院对《国际商事法庭若干问题规定》进行了修正，

① Sundaresh Menon, Response by the Honorable Chief Justice Sundaresh Menon Opening of the Legal Year 2013 and Welcome Reference for the Chief Justice, Accessed Jan. 1, 2022, https://www.supremecourt. gov. sg/docs/default – source/default – document – library/media – room/cj – speech – oly – welcome – reference. pdf.

② 王轶：《坚持统筹推进国内法治和涉外法治》，载《人民日报》2021 年 3 月 19 日，第 11 版。

③ 为行文方便，在不引起歧义的情况下，书中大多直接用国际商事法庭来代指中国的国际商事法庭。

并于 2024 年 1 月 1 日起施行。①

2020 年 11 月，习近平总书记在中央全面依法治国工作会议上提出坚持统筹推进国内法治和涉外法治，坚持维护以联合国为核心的国际体系和以国际法为基础的国际秩序，推动全球治理变革。② 作为世界大国，中国的法治建设是否成功直接影响国际法治进程，其判断标志之一是参与国际法治的能力和水平。③ 随着跨国基础设施工程、跨境金融贸易、国际物流等领域的商事争议不断增多，仅依靠各国传统诉讼、仲裁、调解等方式解决争议已经不能满足市场主体对跨境争议解决的需求。④ 国际商事法庭的设立顺应了国际法治的时代潮流，运用具有中国特色的法治方式处理国际商事争议，加快国际商事法庭建设，是中国进一步提升全球影响力的法治保障，也是确保新一轮对外开放的重要发展趋势。

国际商事法庭作为新型国际商事争议解决机制，目前涉及的专门性规定包括《国际商事法庭若干问题规定》、《最高人民法院国际商事法庭程序规则（试行）》（以下简称《国际商事法庭程序规则（试行）》）、《最高人民法院关于聘任国际商事专家委员会首批专家委员的决定》（法〔2018〕225 号）、《最高人民法院关于聘任国际商事专家委员会第二批专家委员的决定》（法〔2020〕312 号）、《最高人民法院国际商事专家委员会工作规则（试行）》（以下简称《国际商事专家委员会工作规则（试行）》）、《最高人民法院办公厅关于确定首批纳入"一站式"国际商事纠纷多元化解决机制的国际商事仲裁及调解机构的通知》（法办〔2018〕212 号）、《最高人民法院"一站式"国际商事纠纷多元化解决平台工作指引（试行）》（以下简称《"一站式"平台工作指引（试行）》）、《最高人民法院关于为跨境诉讼当事人提供网上立案

———————————

① 详见《最高人民法院关于修改〈最高人民法院关于设立国际商事法庭若干问题的规定〉的决定》（法释〔2023〕14 号）。

② 苑菁菁：《习近平总书记在中央全面依法治国工作会议上的重要讲话引起法律界热烈反响》，载《光明日报》2020 年 11 月 21 日，第 2 版。

③ 赵骏：《全球治理视野下的国际法治与国内法治》，载《中国社会科学》2014 年第 10 期，第 83 – 84 页。

④ 何其生主编：《国际商事法院研究》，法律出版社 2019 年版，第 2 页。

服务的若干规定》等。上述规定对国际商事法庭的基本制度有所创新，但国际商事法庭的设立及运行规则依然以现有法律规定为框架，很多国际商事法庭的相关制度尚未细化，例如，如何凸显国际商事法庭的独特性，当事人是否可以选择法官及如何选择，合议庭的组成方式，以及判决通过什么方式可以顺利在外国获得承认与执行等。因此，亟须通过完善法律法规，保证国际商事法庭顺利运行，增强中国的国际公信力和影响力，进一步完善涉外法治体系中的司法能力建设。

二、研究意义

首先，为构建涉外法治战略下中国特色的国际商事法庭运行机制奠定法理基础。权利属于伴随社会发展的特有文化现象，国家赋予公民维护合法权利的力量，是社会发展的必然要求。[①] 利益保护说强调兼顾实体权利与程序权利，将公民程序权利提升至与实体权利同样重要的位置，在一定范围内赋予当事人程序主体权，并将其作为诉讼行为的原则。[②] 国际商事法庭是中国国际民事诉讼领域中维护当事人合法权益的重要创新，部分规定在现有法律制度的基础上有所突破，如设立国际商事专家委员会、构建"一站式"争议解决机制、诉讼程序中的外国证据不再强制公证认证、合议庭评审案件的少数意见可以在裁判文书中载明等。但是，上述创新是否能够真正凸显国际商事法庭特色，为更多国际商事争议提供优质的服务，值得商榷。因此，以维护当事人权利为基点，从法理学视角对国际商事法庭的运行进行研究，具有重要意义。

其次，合理更新国际商事法庭运行机制的内容，增强中国国际司法影响力，加强涉外法律服务建设。国际商事争议解决领域是一个巨大的竞争市场，[③] 越来越多的国家设立专业化审判机构，希望通过国际声誉增强影响力

---

① 田平安主编：《民事诉讼法 基础理论篇》，厦门大学出版社 2009 年版，第 7 - 8 页。
② 田平安主编：《民事诉讼法 基础理论篇》，厦门大学出版社 2009 年版，第 7 - 8 页。
③ 何其生主编：《国际商事法院研究》，法律出版社 2019 年版，第 205 页。

和竞争力。各国设立的国际商事法庭（院）在结构组织、审判制度、诉讼机制等方面进行创新，甚至修改大量法律。例如，新加坡设立国际商事法庭时，修改大量法律甚至包括宪法；阿联酋设立迪拜国际金融中心法院时，出台了专门法律。当前中国已经具有辐射全球的政治经济影响力，但在应对国际商事争议"司法化"风险方面仍准备不足。① 在全球治理体系发生改变、经济大国竞相争夺国际规则制定权的背景下，中国应重点加强专门法院和仲裁机构建设，而国际商事法庭就是成果之一。② 当事人希望选择能够为其提供更高质量的司法机构来解决争议，如果此种司法服务没有特殊优势，则难以对当事人产生吸引力。因此，研究国际商事法庭运行机制的优势与不足并提出建议，是提升中国法院在国际社会的影响力、增强国际法治话语权的重要途径。

再次，为"一站式"国际商事争议多元化解决机制提供可行性建议。中国的多元化争议解决机制产生于 20 世纪末 21 世纪初，是司法改革的重点之一，且在中共十八届四中全会通过的《中共中央关于全面推进依法治国若干重大问题的决定》中被认定为国家发展目标。③ 以国际商事法庭为核心的"一站式"国际商事争议多元化解决机制之创设，是涉外法治在国际商事领域的突出贡献。当事人可以依据意思自治选择诉讼、仲裁与调解相衔接的多元化争议解决机制，注重调解优先，减少当事人之间的对抗性，降低解纷成本。《国际商事法庭若干问题规定》第 11 条明确规定了"一站式"国际商事争议解决平台的组成。在多元化争议解决机制中，国际商事法庭为国际商事仲裁机构提供财产保全、证据保全等程序支持。另外，国际商事法庭在审查国际商事调解协议后，通过调解书或判决书形式赋予其强制执行力。因此，在《国际商事法庭若干问题规定》的基础上，研究以国际商事

---

① 黄惠康：《统筹推进国内法治和涉外法治》，载《学习时报》2021 年 1 月 27 日，第 2 版。
② 黄文艺：《习近平法治思想中的未来法治建设》，载《东方法学》2021 年第 1 期，第 34 页。
③ 习近平：《关于〈中共中央关于全面推进依法治国若干重大问题的决定〉的说明》，载中国政府网，http://www.gov.cn/xinwen/2014 - 10/28/content_2771717_4.htm，访问时间：2022 年 1 月 2 日。

法庭为核心的多元化争议解决机制，细化具体程序以保证该机制顺利运行，具有重要意义。

最后，完善国际商事法庭运行机制，助力优化营商环境。国际社会的市场经济发展均将法治环境作为重要因素，稳定可预期的法治化营商环境是国家经济发展的重要保证。① 中国营商环境优化已经进入深度转型的关键期，法院不断探索优化营商环境的做法，主要包括加强产权司法保护、完善工作机制和强化执行工作，其中不断健全便民高效的矛盾化解机制和涉外审判工作机制是完善工作机制的重要内容。② 国际商事法庭是审判国际商事争议的新兴机构，加强该法庭运行机制的建设是市场化、法治化、国际化营商环境的重要保证。

三、文献综述

（一）国内文献综述

国际商事法庭可追溯至中世纪的"灰脚法庭"，有学者通过历史分析法追溯国际商事法庭渊源，认为"灰脚法庭"兼具诉讼和仲裁的特点。③ 该法庭的人员组成、司法权限和审判程序具有特殊性，既避免了司法管辖权的局限性，也减少了普通司法程序的复杂性和缺乏行商参与的弊端，为中世纪西欧商业贸易发展创造了良好环境。④

国际商事案件的解决对中国法院的专业化要求更高，有学者对国际商事法庭设立的必要性进行分析。首先，国际商事法庭是中国对"一带一路"建设的法治保障。作为共建"一带一路"倡议国，中国设立国际商事法庭，打造"一

---

① 路晓霞：《法治化营商环境建设研究——以华侨试验区为样本》，上海人民出版社 2018 年版，第 54 - 56 页。

② 刘武俊：《从立法司法层面落实"法治是最好的营商环境"》，载《人民法院报》2019 年 10 月 12 日，第 2 版。

③ 朱伟东：《国际商事法庭：基于域外经验与本土发展的思考》，载《河北法学》2019 年第 10 期，第 84 - 85 页。

④ 徐浩：《中世纪西欧商人法及商事法庭新探》，载《史学月刊》2018 年第 10 期，第 60 - 64 页。

带一路"商事争议解决体系,具有必要性。① 国际商事法庭内嵌在"一带一路"建设中,设立国际商事法庭是为了表达和实现中国的国际法治观。②《"一带一路"意见》强调对发展多元化争议解决机制的支持,国际商事法庭的运行融合了传统诉讼和国际商事仲裁的优势,有利于满足各国企业维护自身利益的需求。③ 其次,国际商事法庭能够提供专业化的争议解决机制。中国在国际商事仲裁领域中不占优势地位,中国籍仲裁员参与率和中国法律适用率较低,涉外民商事诉讼专业能力不强。因此,国际商事法庭的设立消除了国际商事仲裁的瑕疵,在某种程度上促使中国在商事争议解决方面由"被动"转化为"主动"。④ 最后,中国设立国际商事法庭,有利于提高国际司法竞争力。鉴于国际商事争议的数量不断增加,种类和性质更加复杂多元,且各国司法竞争越来越激烈,为进一步提高国际司法竞争力,设立国际商事法庭具有必要性。⑤

有学者提出,应采用多元化方式解决国际商事争议。目前的争议解决机制不能满足"一带一路"建设对公正、高效争议解决机制的需求,建立以国际商事法庭为中心、完善多元化争议解决机制是关注的重点。⑥ 与其他国家相比,目前我国涉及"一带一路"的争议解决机制的一体化、国际化和专业化程度不高,建立第三方中立评估机制,完善国际商事法庭相关制度,建立"一带一路"国际商事仲裁中心和调解中心,十分必要。⑦ 当然,国际商事法

---

① 丁凤玲:《"一带一路"建设中创设中国国际商事法庭的理论探索》,载《南京大学学报(哲学·人文科学·社会科学)》2018年第5期,第69页。

② 廖宇羿:《论"一带一路"倡议下中国国际商事法庭的定位》,载《经贸法律评论》2019年第2期,第95 – 97页。

③ 何其生课题组:《论中国国际商事法庭的构建》,载《武大国际法评论》2018年第3期,第5 – 6页。

④ 熊晨:《"一带一路"视野下中国国际商事法庭的构建》,载《上饶师范学院学报》2019年第2期,第88 – 89页。

⑤ 谷浩、林玉芳:《中国国际商事法庭构建初探》,载《大连海事大学学报(社会科学版)》2018年第4期,第8页。

⑥ 漆彤、芮心玥:《论"一带一路"民商事争议解决的机制创新》,载《国际法研究》2017年第5期,第35 – 43页。

⑦ 伍红梅:《"一带一路"国际商事争端解决机制之构建》,载《司法体制综合配套改革与刑事审判问题研究——全国法院第30届学术讨论会获奖论文集》(上),人民法院出版社2019年版,第594 – 613页。

庭只能算是"一带一路"商事争议解决的初级阶段,对此应依据共建国家的实际情况分步骤地推进。①

　　与普通国际民事诉讼制度相比,国际商事法庭的运行机制具有创新性和突破性。在组织构架方面,国际商事法庭实行一审终审制,该法庭作出的判决和裁定具有终局性。在有关学者对该制度的评价中,部分学者认为一审终审制剥夺了当事人的上诉救济权,建议将国际商事法庭的审级设置为高级人民法院或者在最高人民法院设置上诉法庭;② 部分学者认为一审终审制可以提高诉讼效率,应当将重点放在再审程序的公平公正方面;③ 还有学者认为应借鉴最高人民法院巡回法庭、海事法院的发展经验,设立多个区域性国际商事法庭。④ 在管辖权方面,大部分学者集中于协议管辖制度中实际联系要素的研究,并主要分为以下三种观点:其一,应当厘清国际商事法庭管辖权和普通法院对涉外商事案件传统集中管辖的分流,不再将实际联系作为协议管辖的依据;⑤ 其二,取消协议管辖之实际联系要素是国际商事法庭发展的长远目标,但时机尚未成熟,应暂时降低对实际联系的认定门槛;⑥ 其三,厘清与各级法院审理涉外案件的关系,尊重当事人的管辖协议,进一步扩大协议管辖范围。⑦ 在国际商事专家委员会机制方面,现有法律规定较为原则

---

① 宋锡祥、田聪:《"一带一路"视野下国际商事争端解决机制的构建》,载《海峡法学》2019年第2期,第26 - 36页。

② 丁祥高、陈诗华:《"一带一路"倡议下中国国际商事法庭审级制度评析》,载《昆明理工大学学报(社会科学版)》2021年第3期,第18 - 24页;黄进等:《中国国际商事法庭制度改革探析》,载《武大国际法评论》2020年第6期,第1 - 14页;覃华平:《"一带一路"倡议与中国国际商事法庭》,载《中国政法大学学报》2019年第1期,第56页。

③ 刘俊敏、童铮恺:《"一带一路"背景下我国国际商事法庭的建设与完善》,载《河北法学》2019年第8期,第53 - 56页。

④ 何其生课题组:《论中国国际商事法庭的构建》,载《武大国际法评论》2018年第3期,第13 - 17页。

⑤ 朱怡昂:《中国国际商事法庭管辖权研究》,载《法律适用》2021年第7期,第136 - 149页;吴永辉:《论国际商事法庭的管辖权——兼评中国国际商事法庭的管辖权配置》,载《法商研究》2019年第1期,第142 - 155页。

⑥ 石静霞、董暖:《我国国际商事法庭的若干核心问题》,载《西安交通大学学报(社会科学版)》2019年第3期,第116页。

⑦ 何其生课题组:《论中国国际商事法庭的构建》,载《武大国际法评论》2018年第3期,第18 - 20页。

化，应明确该委员会的定位、设立商事专家委员信息披露和回避制度、增加商事专家委员的数量等。① 在判决承认与执行领域，国际商事法庭判决的域外执行重点应体现为与其他国家签订双边和多边公约，② 积极签订双边备忘录，③ 还有学者认为可以尝试将国际商事法庭判决转化为仲裁裁决，然后依据《承认及执行外国仲裁裁决公约》（又称《纽约公约》）进行承认与执行。④

不少学者对域外国际商事法庭（院）进行了研究。新加坡国际商事法庭是解决国际商事争议的新路径，与新加坡国际仲裁中心和新加坡国际商事调解中心共同组成争议解决的完整体系。⑤ 相较之下，中国司法体系暂时不具备类似新加坡国际商事法庭的发展条件，但研究该法庭的运行模式可以为中国国际商事审判制度提供新思路。⑥ 还有学者对英国商事法院和德国国际商事法庭做了研究。2017 年重新组建的英国商事法院在国民经济发展、国际争议解决机制等方面发挥着重要作用，⑦ 该法院的司法实践包括金融案件聆讯清单、向商事法院提起诉讼、引用先例与证据开示、庭审和判决、替代性争议解决等。⑧ 2018 年 4 月，德国联邦众议院公布《引入国际商事法庭的立法

---

① 黄晖、刘家玮：《国际商事专家委员会效能提升论》，载《西华师范大学学报（哲学社会科学版）》2023 年第 1 期，第 1-9 页；殷峻：《构建我国国际商事专家委员会制度的建议》，载《财经界》2018 年第 9 期，第 63-64 页。

② 丁凤玲：《"一带一路"建设中创设中国国际商事法庭的理论探索》，载《南京大学学报（哲学·人文科学·社会科学）》2018 年第 5 期，第 73 页。

③ 殷敏：《"一带一路"实践下中国国际商事法庭面临的挑战及应对》，载《国际商务研究》2022 年第 4 期，第 51 页；何其生课题组：《论中国国际商事法庭的构建》，载《武大国际法评论》2018 年第 3 期，第 21-22 页。

④ 刘音：《论外国国际商事法庭判决在我国的承认》，载《厦门大学法律评论》2020 年第 1 期，第 128-145 页；申婷婷：《中国国际商事法庭司法运作的困境与路径——以法律适用和判决的承认、执行为视角》，载《河北法学》2019 年第 8 期，第 82 页。

⑤ 赵蕾：《新加坡国际商事法庭的运行与发展》，载《人民法院报》2017 年 7 月 7 日，第 8 版。

⑥ 王欣濂：《新加坡国际商业法庭的司法制度及启示》，载《湖北社会科学》2015 年第 6 期，第 161-165 页。

⑦ 赵蕾：《百年匠心 厚载未来——英格兰及威尔士商事与财产法院宣布成立》，载《人民法院报》2017 年 5 月 12 日，第 8 版。

⑧ 王涛：《英国商事法院的司法实践》，载《人民法院报》2017 年 12 月 8 日，第 8 版。

草案》，其模式更具有广度和弹性，国际商事法庭可以在各州中级法院设立，保证司法资源的高效、灵活运用。① 法国商事法院也是一种比较特殊的司法设置，这类商事法院的设置及管辖、审判与行政管理、商事法官的选任及法律地位具有特殊意义，但仍需进一步完善。②

综上所述，国内学者的研究主要表现为阐述国际商事法庭设立的必要性，评析特色制度，以及梳理其他国家商事法庭（院）的创新规定。通过梳理文献，发现国内学者对国际商事法庭设立及制度的研究，仍存在进一步探索的空间。首先，大部分学者对国际商事法庭建设研究的体系性有待增强。其次，多数研究更倾向于现状分析或文献梳理，缺乏法学理论基础。再次，对国际商事法庭特色制度的研究不够深入。最后，现有文献很少将国际商事法庭的相关案例作为论文的依据。当然，不能否认的是，毕竟国际商事法庭的成立时间较短，审理的案件相对较少。但无论是对外国国际商事法庭（院）的研究，还是将中国国际商事法庭与外国国际商事法庭（院）的相关制度进行对比，大部分学者似乎并没有将案例作为论据之一。

（二）外国文献综述

从宏观层面看，新型法律中心（New Legal Hubs）是解决国际商事争议的"一站式机构"（One-Stop Shops），国际商事法庭（院）和商事仲裁机构是合作关系，对东道国解决国际商事争议产生积极影响。③ 跨国企业更期待各国拥有广泛的争议解决机制，对现有的新型混合的国际商事法庭持开放态度。④ 有学者将不同国家的国际商事法庭（院）进行比较，分析它们之间的差异及其与国内普通法院和国际商事仲裁的区别，得出国际商事法庭（院）

① 毛晓飞：《独特的德国国际商事法庭模式——解析〈联邦德国引入国际商事法庭立法草案〉》，载《国际法研究》2018 年第 6 期，第 97 – 108 页。

② 李玉林：《论法国特殊商事审判制度——以商事法院与商事法官为中心》，载《山东审判》2008 年第 3 期，第 117 – 120 页。

③ Matthew S. Erie, *The New Legal Hubs: The Emergent Landscape of International Commercial Dispute Resolution*, Virginia Journal of International Law, Vol. 60, 2020, pp. 227 – 234.

④ Lucy Reed, *International Dispute Resolution Courts: Retreat or Advance?*, McGill Journal of Dispute Resolution, Vol. 4, 2018, pp. 129 – 147.

能够在解决跨国商事争议司法体系中发挥重要作用的结论。① 还有学者从国际商事法庭（院）的评判标准出发，认为民事司法目标分为三个可衡量的标准，即效率、审案质量和公众对正当程序的看法，其通过描述商业法庭的历史渊源、优势和劣势，建议设立模型以评估商业法庭的现状。②

从中观层面看，国际商事法庭（院）对现有国际商事仲裁的影响及二者关系如何，是国外学者比较关注的问题。阿联酋、卡塔尔和新加坡等国的新兴国际商事法庭（院）的理念是把国内司法机制与国际商事仲裁相融合，国际商事法庭（院）和国际商事仲裁是互补关系，至少是在某种程度上向不同类型的当事人提供服务。③ 新加坡和迪拜两地的国际商事法庭（院）和国际商事仲裁之间，既是合作关系，又是竞争关系。从跨国企业角度看，无论是在亚洲还是在全球范围内，国际商事仲裁仍然是最受欢迎的争议解决机制，但仲裁并不是唯一的争议解决途径。④ 目前国际商事法庭（院）还没有将二者真正融合，但从总体上看，除判决或裁决的执行外，这两种机制似乎可以保持争议解决体系的平衡。迪拜国际金融中心法院对判决执行进行了一定的创新，有学者质疑，认为这种创新能否真正产生一种更有效的协议形式，从而绕过外国法院判决承认与执行面临的困境，仍有待观察。⑤

从微观层面看，不少国家纷纷设立国际商事法庭（院），以提高司法竞争力，扩大本国法律文化对外输出。中国国际商事法庭的适用对象不限于

---

① Sundaresh Menon, *International Commercial Courts: Towards a Transnational System of Dispute Resolution*, Accessed Jan. 3, 2022, https://www.supremecourt.gov.sg/docs/default-source/default-document-library/media-room/opening-lecture---difc-lecture-series-2015.pdf.

② Anne Tucker, *Making a Case for Business Courts: A Survey of and Proposed Framework to Evaluate Business Courts*, Georgia State University Law Review, Vol. 24, No. 2, 2007, pp. 477-479.

③ Stephan Wilske, *International Commercial Courts and Arbitration—Alternatives, Substitutes or Trojan Horse*, Contemporary Asia Arbitration Journal, Vol. 11, 2018, pp. 153-192.

④ Michael Hwang, *Commercial Courts and International Arbitration—Competitors or Partners?*, International Arbitration, Vol. 31, No. 2, 2015, pp. 193-212.

⑤ Dalma Demeter & Kayleigh M. Smith, *The Implications of International Commercial Courts on Arbitration*, International Arbitration, Vol. 33, 2016. pp. 441-470.

"一带一路"共建国家，而且该国际商事法庭只是解决"一带一路"国际商事争议的途径之一。① 建立具有中国特色的国际商事争议解决机制，不仅是在传统机制基础上做出的创新，还是国内需求和国际影响的共同产物。② 由于该法庭的设立时间较晚，在程序方面具有不确定性，缺乏中立性，故而，其他国家的当事人对设立国际商事法庭的政治利益存在担忧。反观中国，应当考虑的是，设立什么样的国际商事法庭制度可以进一步缓解中国及他国当事人对基础设施建设、投资贸易等司法保障的担忧。③ 还有学者将国际商事法庭与"一带一路"建设相结合，分析国际商事法庭管辖权、法官组成及国际商事专家委员会、国际商事法庭判决的执行性以及"诉、仲、调"一体化等问题。④

新加坡国际商事法庭于 2015 年 1 月成立，有的学者通过对该法庭设立的原理及结构进行分析，表明其特色制度能够吸引更多当事人选择，⑤ 且很有可能成为解决国际商事争议的中心，⑥ 但是该法庭面临两个潜在挑战，即来

---

① Matthew S. Erie, Update on the China International Commercial Court, Accessed Jan. 5, 2022, http：//opiniojuris. org/2019/05/13/update－on－the－china－international－commercial－court% EF% BB% BF/.

② Zachary Mollengarden, "One-stop" Dispute Resolution on the Belt and Road：Toward an International Commercial Court with Chinese Characteristic, UCLA Pacific Basin Law Journal, Vol. 36, No. 1, 2019, pp. 65－85.

③ Eriks Selga, China's New International Commercial Courts：Threat or Opportunity?, Accessed Jan. 3, 2022, https：//www. fpri. org/article/2019/05/chinas－new－international－commercial－courts－threat－or－opportunity/.

④ David Holloway, The New Chinese International Commercial Court and the Future of Dispute Resolution in the Belt and Road Initiative, Vindobona Journal of International Commercial Law & Arbitration, Vol. 22, 2018, pp. 97－123；Nicholas Lingard et al. , China Establishes International Commercial Courts to Handle Belt and Road Initiative Disputes, Accessed Jan. 3, 2022, https：//www. law. ox. ac. uk/business－law－blog/blog/2018/08/china－establishes－international－commercial－courts－handle－belt－and.

⑤ Sundaresh Menon, The Rule of Law and the SICC, Accessed Jan. 3, 2022, https：//www. sicc. gov. sg/docs/default－source/modules－document/news－and－article/b_58692c78－fc83－48e0－8da9－258928974ffc. pdf.

⑥ Andrew Godwin et al. , International Commercial Courts：The Singapore Experience, Melbourne Journal of International Law, Vol. 18, 2017, pp. 2－40.

自中国国际商事法庭的竞争和新加坡国际商事法庭判决的域外执行问题。①
还有学者研究了新加坡国际商事法庭的管辖权制度②、上诉机制③、离岸案
件④等。迪拜国际金融中心法院是效仿英国商事法院设立的，与阿拉伯国家
和地区的其他法院对比，该金融法院更具有开放性。⑤ 迪拜国际金融中心法院
审理的许多案件具有国际性，应利用其跨国法官队伍来进一步完善迪拜国际金
融中心的司法环境。⑥ 此外，一些学者分析卡塔尔国际民商事法院和迪拜金融
中心法院，认为这类法院解决商事争议的优势是外国投资者熟悉法律规则，
以普通法司法管辖区为基础，审判语言及文书形式均为英语，且有独立的司
法机构和监管机构。甚至还有学者通过对法院判决和仲裁裁决的执行分析，
认为迪拜国际金融中心法院判决更容易在域外执行。⑦

除上述有关国际商事法庭（院）的相关研究外，外国学者还对英国商事法
院、卡塔尔国际民商事法院、阿布扎比全球市场法院、美国纽约南区法院进行
了研究。其中，关于英国商事法院，有学者认为，不仅专业化的法官、律师及
管理人员必不可少，而且需要灵活且完善的诉讼规则及信息技术，英国商事法

① Man Yip, *The Singapore International Commercial Court：The Future of Litigation?*, Erasmus Law Review, Vol. 12, No. 1, 2019, pp. 82 – 97.

② Kenny Ching Wei Yao, *Exploring a New Frontier in Singapore's Private International Law*, Singapore Academy of Law Journal, Vol. 28, 2016, pp. 649 – 668；Man Yip, *Singapore International Commercial Court：A New Model for Transnational Commercial Litigation*, Chinese (Taiwan) Yearbook of International Law and Affairs, Vol. 32, 2016, pp. 155 – 175.

③ Justin Yeo, *On Appeal from Singapore International Commercial Court*, Singapore Academy of Law Journal, Vol. 29, No. 2, 2017, pp. 574 – 595.

④ Andrew Stephenson, Lindsay Hogan & Jaclyn Smith, What Constitutes an Offshore Case?：An Analysis of the Singapore International Commercial Court's Second Decision, Accessed Jan. 3, 2022, https：//www. lexology. com/library/detail. aspx? g = 5ad13469 – 8fec – 4e14 – 8efa – 138ecdaad20d.

⑤ Amgad Husein & Jonathan Burns, *Choice of Forum in Contracts with Saudi Arabian Counterparties：An Analysis of the DIFC Common Law Courts from a Saudi Arabian Perspective*, The International Lawyer, Vol. 48, No. 3, 2015, pp. 179 – 190.

⑥ Michael Hwang, The Courts of the Dubai International Finance Centre—A Common Law Island in a Civil Law Ocean, Accessed Jan. 3, 2022, https：//www. difccourts. ae/2008/11/01/the – courts – of – the – dubai – international – finance – centre – a – common – law – island – in – a – civil – law – ocean/.

⑦ Jayanth K. Krishnan, *The Story of the Dubai International Financial Centre Courts：A Retrospective*, Motivate Publishing, 2018, pp. 1 – 116.

院对此进行了大胆创新并完善了相关规则。① 关于卡塔尔国际民商事法院，其设立和运作模式是促进卡塔尔国际贸易活动并使其成为世界中心的重要措施。② 关于阿布扎比全球市场法院，有学者以该法院与阿布扎比司法机构签订的备忘录为视角，阐述该法院的设立背景，③ 并对阿布扎比全球市场结构、法官组成、受案范围及管辖权等内容进行介绍。④

综上所述，外国学者对中国国际商事法庭的研究相对较少，更多地集中于对外国国际商事法庭（院）制度的研究。而中国的国际商事法庭如何在国际商事争议解决市场上通过提供优质服务实现本国特定的经济目的，或是成为国际社会的争议解决中心，上述文献似乎没有涉及。

四、研究思路及研究方法

（一）研究思路

本书从研究对象出发，明确在经济全球化背景下国际商事法庭在国内司法体系中的定位，并对该法庭的职能提出更高预期。在对国际商事法庭进行宏观认识后，提出具休研究内容，即国际商事法庭运行机制的含义和评价标准，并从理论角度阐述该法庭运行时应遵循的价值基础，以及从中国在国际社会中的大国角色的定位出发，分析国际商事法庭运行时的司法理念。在运行机制方面，分别对国际商事法庭管辖权、"一站式"国际商事争议多元化

① Lord Thomas, Giving Business What It Wants—A Well Run Court for Commercial and Business Dispute, Accessed Jan. 3, 2022, https：//www. judiciary. uk/wp－content/uploads/2017/03/grand－court－of－the－cayman－islands－guest－lecture－march－2017. pdf. ; Simon Bushell et al. , London's Financial List：A Choice of Forum Crossroads, Accessed Jan. 3, 2022, http：//www. lw. com/thoughtLeadership/londons－financial－lisit.

② Gerald Lebovits & Delphine Miller, *Litigating in the Qatar International Court*, International law Practicum, Vol. 28, No. 1, 2015, pp. 54－60.

③ Dyfan Owen, ADGM Courts and Abu Dhabi Judicial Department Sign MoU, Accessed Jan. 10, 2022, https：//www. ashurst. com/en/news－and－insights/legal－updates/adgm－courts－and－abu－dhabi－judicial－department－sign－mou/.

④ Tarek Shrayh & Malak Nasreddine, Abu Dhabi Establishes English-Language Commercial Courts, Accessed Jan. 8, 2022, https：//www. tamimi. com/law－update－articles/abu－dhabi－establishes－english－language－commercial－courts/.

解决、国际商事专家委员会职能与运行、判决在外国的承认与执行之法律规则进行分析，发现阻碍该法庭具体运行的因素，并结合国际司法实践和中国具体国情提出相应建议，探索完善国际商事法庭运行的长效机制，培养国际商事争议专业化的审理模式，为建立稳定、可预期的涉外法律服务体制作出贡献。

（二）研究方法

第一，文献研究。本研究是在大量国内外学者研究工作的基础上进行的，通过对相关领域研究成果的查阅，使本书的研究方向得到纠偏。运用文献研究法，可以站在一定的高度上，看待本研究提出的问题。

第二，比较法研究。本书在国际商事法庭的设立目的、意义及具体运行机制研究上采用比较方法，分为三个步骤：其一，掌握不同国家在需要比较内容上的法律材料；其二，对这些法律制度进行比较并发现异同；其三，分析异同原因并予以适当评价。

第三，理论分析研究。理论分析要在相关理论的指导下进行，借助逻辑方法论证，把握问题的实质和规律。本书主要运用国际关系学、诉讼法学、国际法学的理论，综合分析国际商事法庭现存具体制度的意义与不足，从而提出国际商事法庭运行机制完善之路径。

第四，历史分析法研究。要客观真实地介绍国际商事法庭的产生和运行，就必须宏观了解世界各国国际商事法庭（院）的起源、发展、现状和未来。本书通过历史分析法，基于各国国际商事法庭（院）产生的特定背景，梳理它们产生的必要性及特色制度。通过分析可知，国际商事法庭（院）的雏形产生于中世纪，其主要目的是鼓励外地商人在该区域交易，从而为现代国际商事法庭（院）的设立奠定了基础。

五、创新点

一方面，关于学术思想创新。国际商事法庭是中国新型的争议解决机制，包括"三位一体"式争议解决机制的建立、国际商事专家委员会机制的构建和传统诉讼程序的创新，可以为构建良好的国际商事争议解决机制体系奠定基础。对国际商事法庭的运行机制进行研究，与"一带一路"法治化体系构建的主题相契合，有利于探索新型"融合式"国际商事争议解决机制。在厘清国际商事法庭在国际商事领域和国内司法体系中的重要地位的基础上，明确国际商事法庭现有运行机制，将具体规定与其他著名国际商事法庭（院）的相关制度进行比较，结合中国已经参与的以及其他具有国际影响力的条约对国内法律规定进行完善，保证二者互相联动，进一步完善具有中国特色的国际商事法庭运行机制。

另一方面，关于学术观点创新。一是总结国际商事法庭在国际社会和中国司法体系中的多元定位，对国际商事法庭的职能进行预期，指出应增加国际商事法庭的数量，厘清国际商事法庭之间以及它们与地方涉外民商事法庭、地方国际商事法庭之间的关系，设立该法庭的运行评价标准，扩大职能范围，完善国际商事法庭的审级设置，特别是进一步细化并完善再审规定，对国际商事法庭法官进行多元化探索。二是指出应明确国际商事法庭审理争议的国际性和商事性标准，适当放宽协议管辖中协议的形式要求，尝试取消诉讼标的额限制，对管辖权上移适用标准进行灵活化处理，并赋予国际商事法庭管辖权下移的裁量权，扩大国际商事法庭对国际商事仲裁审查和执行的管辖范围。三是在"一站式"争议解决机制方面，从该机制产生的调解协议与《联合国关于调解所产生的国际和解协议公约》（以下简称《新加坡调解公约》）对接、参与机构和工作人员范围、诉讼与调解机制的衔接、国际商事法庭对仲裁和调解的监督机制等角度提出建议。四是明确国际商事专家委员会的性质和服务主体范围，将商事专家委员调解程序、域外法查明咨询意见程序以及国际商事法庭发展意见程序进行细化，增加商事专家委员的聘请程序、监督程序等。五是建议从外国判决承认与执行的审查标准出发，完善中国国内法制度，对未来中国签订双边司法协助条约提出新要求，同时推动中国积极与外国法院签订备忘录，加快批准外国判决承认与执行的多边国际公约。

‖ 第一章 ‖

中国国际商事法庭的功能定位

20 世纪后半期，随着国际治理层面各个领域的法律规则的出现，国际秩序的法律化进程不断加快。这一进程中最新和最重要的阶段之一是"司法全球化"。近 20 年来，国际商事法庭（院）已经在欧洲、亚洲等地区建立。①中国作为世界第二大经济体和共建"一带一路"倡议的主体，现有商事争议解决机制并不能完全满足商事主体的需求，而设立国际商事法庭顺应时代发展趋势。通过专业化的制度设计和新型争议解决平台，将中国特色的国际法治观推向国际社会，有助于提高中国的涉外司法竞争力，获得良好的国际声誉。②本章从"一带一路"建设司法保障、营商环境法治化要求、国际司法机构专业化等角度对经济全球化背景下的国际商事法庭进行定位，分析该法庭在中国法院体系中的特殊性。明确国际商事法庭是最高人民法院的常设审判机构，建议增加国际商事法庭的数量并分析它们之间的关系，界定国际商事法庭的职能范围，细化最高人民法院再审国际商事法庭案件的条件，对国际商事法庭审判人员进行多元化探索。

第一节　国际商事法庭在经济全球化中的定位

国际商事法庭（院）最初是负责解决国际商事争议的国内法院。尽管名

---

① M. Requejo Isidro, *International Commercial Courts in the Litigation Market*, Max Planck Institute Luxembourg for Procedural Law, Vol. 2, 2019, p. 4.

② 朱怡昂：《中国国际商事法庭管辖权研究》，载《法律适用》2021 年第 7 期，第 137 页。

为国际商事法庭（院），但与国际法院、国际刑事法院不同，其仍为国家司法体系的一部分。为了解国际商事法庭（院）是如何在其业务范围内对争议解决作出反应的，笔者认为应考虑管辖权、法律适用和判决承认与执行等问题。现实中，此类法庭（院）在上述机制运行中，弥补了普通涉外民事诉讼的局限性，降低了当事各方选择国际商事仲裁的可能性。近年来，世界银行发布的《营商环境报告》中，将国际商事法庭（院）视为有利于营造良好商业环境的工具。《营商环境报告》（2019 年）提到，营商环境排名前十位的经济体在监管效率和质量方面具有共同特征，其中专业国际商事法庭（院）是一个重要的特征。① 随着"一带一路"建设不断深入，《"一带一路"意见》强调创建公平公正的营商环境，促进国际合作，依法合理解决"一带一路"建设过程中的商事争议。本节主要从"一带一路"建设、提高营商环境、全球司法机构专业化角度出发，阐述经济全球化进程中国际商事法庭的定位问题。

一、"一带一路"建设的司法保障

"一带一路"建设已经成为中国积极参与全球治理的重要实践。习近平法治思想的涉外法治话语在"一带一路"建设中起着重要的"枢纽"作用，而"一带一路"建设也为这种话语的生成提供了重要实践场域。② 司法服务在"一带一路"建设中的作用不可或缺，充分发挥法院的审判职能作用，提升司法服务水平，有益于保障中国司法的国际公信力。《"一带一路"意见》要求最高人民法院设立国际商事法庭并组建国际商事专家委员会，推动设立诉、仲、调有效衔接的多元化争议解决机制。从《"一带一路"意见》的相关内容可以看出，国际商事法庭的成立是"一带一路"建设在司法保障方面

---

① World Bank Group, Doing Business Report 2019, Accessed Jan. 26, 2022, https：//www. doingbusiness. org/content/dam/doingBusiness/media/Annual – Reports/English/DB2019 – report _ web – version. pdf.

② 吕江：《习近平法治思想中涉外法治话语生成与实践逻辑——以"一带一路"倡议为视角》，载《法学评论》2022 年第 1 期，第 1 页。

的必然选择。

（一）"一带一路"背景下国际商事争议数量增长

习近平总书记于 2013 年提出共建"丝绸之路经济带"和"21 世纪海上丝绸之路"倡议。共建"一带一路"倡议是中国主动应对全球形势变化、统筹国内和国际两个大局作出的重要决策，进一步推进了中国与共建国家的经济贸易合作与民商事交流。不同国家和地区的公民、商品、资金和服务的跨境流动或流通必然会引发大量的国际商事争议，而完善的解决机制是合理处理涉外商事争议的核心。相反，如果解决机制不完善，则可能会导致大量争议无法被高效解决，甚至可能由于程序公正问题，造成相关判决不能在其他国家和地区获得承认与执行，从而妨碍各国公民、商品、资金和服务的流动或流通，导致"五通"蓝图难以顺利落实。①

"一带一路"建设具有开放性，是一个发展潜力和发展空间巨大的经济走廊。② 据国家统计局统计，2022 年国家货物进出口总额为 418 011.6 亿元人民币，同 2013 年相比增长约 38.24%。从利用外资情况看，2022 年实际使用外资金额高达 1891.3 亿美元，比 2013 年增长 652.2 亿美元。③ 另外，中国企业在"一带一路"建设中稳步扩大"走出去"步伐，海外投资数量呈上升趋势。商务部数据显示，2019 年 1—7 月，中国境内投资者对 153 个国家和地区的 4088 家境外企业进行了非金融类直接投资，累计实现投资 4329.2 亿元人民币，同比增长 3.3%；2019 年 7 月对外直接投资 680.6 亿元人民币，同比增长 25.5%。④

上述数据只是国家之间部分跨境流动的缩影，由此不难推测国家间产生

---

① "一带一路"的"五通"目标是指政策沟通、设施联通、贸易畅通、资金融通、民心相通。

② 马浩亮：《一带一路：中国改革开放棋局的 3.0 时代》，载大公网，http：//news. takungpao. com/special/zhengjingzhoubao2015_36/？ rUvd，访问时间：2022 年 1 月 20 日。

③ 国家统计局：《中国统计年鉴 2022》，载国家统计局网，http：//www. stats. gov. cn/sj/ndsj/2023/indexch. htm，访问时间：2024 年 4 月 11 日。

④ 商务部：《商务部对外投资和经济合作司负责人谈 2019 年 1—7 月我国对外投资合作有关情况》，载商务部网，http：//www. mofcom. gov. cn/article/ae/sjjd/201908/20190802890962. shtml，访问时间：2022 年 1 月 25 日。

的争议数量必然呈增加态势。2013—2017 年，中国各级法院共审结涉外民商事案件 7.5 万件，[①] 而 2019 年一审审结的涉外民商事案件多达 1.7 万件。[②] 2023 年 3 月，在十四届全国人大一次会议上，时任最高人民法院院长周强在《最高人民法院工作报告》中指出，2022 年审结一审涉外民商事案件 9.5 万件、海事案件 7.6 万件。[③] 从整体上看，随着"一带一路"建设的继续推进，国际商事争议的数量将会持续增长，有效解决国际商事争议已成为优化营商环境、推进全球法治治理的必然要求。对于"一带一路"背景下的商事争议解决，中国应进一步提升司法和仲裁机制的吸引力和竞争力，建立一个与中国经济发展状况和加强法治建设相适应的争议解决机制。

（二）国际商事法庭为"一带一路"建设提供新型争议解决机制

"一带一路"共建国家主要通过诉讼和非诉方式解决争议，其中后者主要包括仲裁及调解，当事人有权根据争议类型和自身状况选择解决机制。在中国现行的国际商事争议解决框架下，传统国际民事诉讼、国际商事仲裁及国际商事调解各具特色，但也存在不足之处。

诉讼机制作为商事争议解决的基本途径，适用范围较为广泛，具有公正性强、透明度高等特征。但不能忽视的是，该机制的程序复杂、审理时间长、诉讼成本较高，与"一带一路"建设的高效性不相匹配。在判决承认与执行方面，中国只是与部分"一带一路"共建国家签订了双边司法协助条约，暂时未批准 2005 年《选择法院协议公约》和 2019 年《承认与执行外国民商事判决公约》，依据互惠原则承认与执行外国判决，仍具有不确定性。"一带一路"共建国家的法律体系和具体制度存在差异，甚至部分国家存在局势不稳

---

① 曹音：《最高法：提高涉外商事海事审判工作水平，加强高效便捷涉外案件诉讼服务》，载中国日报网，https：//cn. chinadaily. com. cn/a/201909/09/WS5d76312ba31099ab995dee0c. html，访问时间：2022 年 1 月 27 日。

② 曹音：《最高法：涉外民商案件持续上升，探索推进疫情防控常态下司法保障》，载中国日报网，https：//cn. chinadaily. com. cn/a/202005/25/WS5ecbbd80a310eec9c72bb46f. html，访问时间：2022 年 1 月 28 日。

③ 最高人民法院：《最高人民法院工作报告（摘要）》，载最高人民法院网，https：//www. mct. gov. cn/preview/special/2023lh/9690/202303/t20230309_940331. htm，访问时间：2023 年 3 月 10 日。

定、民族主义和排外势力强烈等问题，加之司法程序烦琐，导致判决难以在外国得到承认与执行。

国际商事仲裁机制更加突出尊重当事人的意思自治，他们有权选择仲裁地点、仲裁机构、仲裁程序、仲裁员等，其程序本身具有灵活性，能够一裁终局。在仲裁裁决承认与执行领域，截至2023年年底，《纽约公约》已有172个成员方，① 为仲裁裁决在全球的流通提供了法律保障。中国已经成立一批包括中国国际经济贸易仲裁委员会（以下简称贸仲委）、上海国际经济贸易仲裁委员会（以下简称上海国际仲裁中心）、深圳国际仲裁院在内的涉外商事仲裁机构。目前，依托上海、广东等地的自贸区建设，部分仲裁机构尝试设立临时仲裁、友好仲裁等先进制度，进一步推动了仲裁制度的国际化。但近年来，国际仲裁行业因进入"诉讼陷阱"而备受批评。在2015年的一项调查中，许多被调查者将"成本高"和"缺乏效率"列为国际商事仲裁最糟糕的两个特征。② 另外，国际商事仲裁的固有瑕疵使得该机制不适合处理一些争议。例如，仲裁机制的适用必须以当事人同意为条件，第三方无法加入仲裁庭的庭审。③ 虽然很多"一带一路"共建国家依据《联合国国际贸易法委员会国际商事仲裁示范法》（以下简称《国际商事仲裁示范法》）制定了国内仲裁法，但各国的具体仲裁制度存在差异，仲裁国际化水平参差不齐，比如在仲裁裁决承认与执行方面，马尔代夫、伊拉克、土库曼斯坦等国家没有加入《纽约公约》，而中国、俄罗斯等国家对《纽约公约》存在"互惠"保留。

调解机制在国际商事争议解决领域具有不可替代的作用。中国国际贸易

① United Nations Conference on International Commercial Arbitration, Contracting States—List of Contracting States, Accessed Apr. 12, 2024, https：//www. newyorkconvention. org/list + of + contracting + states.

② White & Case, 2015 International Arbitration Survey：Improvements and Innovations in International Arbitration, Accessed Feb. 15, 2022, https：//www. international – arbitration – attorney. com/wp – content/uploads/2018/11/White – Case – and – Queen – Mary – 2015 – survey. pdf.

③ Michael Hwang, *Commercial Courts and International Arbitration—Competitors or Partners?*, Arbitration International, Vol. 31, No. 2, 2015, p. 205.

促进委员会/中国国际商会调解中心（以下简称贸促会调解中心）、一带一路国际商事调解中心、上海经贸商事调解中心等专业商事调解机构相继设立，能够为国际商事争议提供公正、高效、灵活的争议解决服务。中国是共建"一带一路"倡议的提出国，应积极促进各国之间的国际合作关系，妥善解决"一带一路"建设过程中产生的商事争议，努力打造更好的营商环境。然而，目前调解协议的效力不能导致调解具有终局性与可执行性，2020 年 9 月《新加坡调解公约》的生效标志着国际商事争议解决机制有了重大进展，不过截至 2024 年年初，批准该公约的国家只有 12 个，即新加坡、卡塔尔、斐济、沙特阿拉伯、厄瓜多尔、洪都拉斯、土耳其、格鲁吉亚、哈萨克斯坦、尼日利亚、斯里兰卡、乌拉圭，① 虽然上述国家参与了"一带一路"建设，但数量有限且中国尚未批准该公约，难以实现调解协议在国际社会自由流通的目标。

为降低中国公司在积极参与"一带一路"贸易和投资项目过程中存在的交易风险，我国国际商事法庭在维护国内企业利益方面具有重要意义。在具体程序实施方面，对于不熟悉中国法律法规及争议解决机制的外国当事方来说，争议能否被公正高效地解决，以及通过何种方式解决更有利于维护他们的合法权益，是他们所关心的问题。如果只进入一个"大门"，就可以走完整个争议解决程序，在解决过程中还可以根据具体情况选择更适合的解决方式，是吸引外国当事方的亮点。在涉外商事领域，中国在结合具体国情且借鉴外国经验的基础上，专门设立"融合式"国际商事法庭，挑选与该法庭衔接的仲裁机构和调解机构，当事人可以基于各国政治、文化、法律、宗教等因素自愿选择诉讼、仲裁或调解，从而充分实现三种争议解决机制的优势互补。

二、考量营商环境的重要标准

营商环境概念起源于世界银行发布的《营商环境报告》（2003 年），该

① United Nations Treaty Collection, United Nations Convention on International Settlement Agreements Resulting from Mediation, Accessed Feb. 15, 2024, https：//treaties. un. org/pages/ViewDetails. aspx？src = TREATY&mtdsg_no = XXII – 4&chapter = 22&clang = _en.

报告通过对各经济体的营商法规及执行情况进行评估，将营商环境等同于私营企业生存的具体法治环境。自该报告产生以来，与投资贸易便利化、融资自由化、知识产权保护、人员自由流动等国际贸易规则相符的商事法治环境是各国竞争的重点。

（一）营商环境之法治化要求

世界银行于2001年提出制定一套衡量各国私营部门发展环境的指标体系，之后该银行成立营商环境（Doing Business）小组，负责企业营商环境的创建工作，并发布多份《营商环境报告》。这些报告将各个国家私营部门的中小企业作为受访对象，衡量其营商法规和执行情况，评估设立、运行和关闭等程序，以此提醒商事主体注意商业规则和执行制度的重要性。

世界银行对营商环境的评估，强调通过国内法改善针对国内中小型企业的商业规制，使借鉴国际经验变得较为简单，指标相对明确。"软环境"与营商环境密切相关，其是指物质条件以外的外部因素和条件，包括政治环境、经济市场环境、社会环境、法治环境等。[①] 还有学者认为，营商环境就是"软环境"，尤其是指"软环境"中的政策、制度和法律环境。[②] 世界银行将企业"生命周期"分为启动、选址、融资、日常运营、容错处理五个阶段，其中容错处理的衡量指标包括执行合同和解决破产，其二级指标主要涵盖数据收集，包括时间、成本、司法程序质量、破产法律框架的保护力度等。以执行合同为例，世界银行将初级法院解决商事争议消耗的时间、成本和程序质量作为二级指标。上述二级指标的评估依据中，争议解决时的评估标准包括起诉时间、审判时间、执行时间；争议解决成本的评估标准为诉讼费用、执行费用、平均律师费用；司法程序质量的评估标准分为法院结构和诉讼程序指标、案件管理指标、法院自动化指标、替代性争议解决机制指标。其中，

---

① 张国勇、娄成武、李兴超：《论东北老工业基地全面振兴中的软环境建设与优化策略》，载《当代经济管理》2016年第11期，第64-66页。
② 路晓霞：《法治化营商环境建设研究——以华侨试验区为样本》，上海人民出版社2018年版，第43页。

法院结构和诉讼程序指标，将商事法庭可得性、简易程序可得性、审前程序可得性及案件分配准则作为判断因素；案件管理指标，主要从法庭关键程序的时间标准、法律法规允许休庭或诉讼延期的最大次数、法院绩效评估报告的可得性、庭前会议的可得性、电子案件管理系统的可得性等方面进行评估；法院自动化指标，则是从诉状提交、诉讼费用支付、判决书公布的电子化等方面进行评估；替代性争议解决机制指标，主要是对调解和仲裁的文本和时间条件进行评估。

《营商环境报告》是国际社会对各国和各地区营商环境进行评价时最重要的指标体系，其重点是将各种监管法规对企业行为和经济结果产生的影响进行量化评价，分别从宏观和具体改革方向两个方面为营商环境的改善提供客观依据。从《营商环境报告》本身来看，公开透明、公平竞争、稳定、可预期及有效保护产权的营商环境可以被视为"法治化"的营商环境。前香港特首梁振英认为法治环境是国际金融中心发展的重要因素，提高政策和法律可预见性将使某些区域的投资概率提高30%。① 市场依赖于公开透明的法律制度，稳定可预期的法治化营商环境是经济发展的重要保证。

（二）国际商事法庭对优化中国营商环境的重要作用

保证司法机构解决商事争议程序的公正性和高效性是改善营商环境的重要途径。从2018年5月—2019年5月实施的营商便利化改革来看，大部分国家和地区在解决商事争议方面有所创新，具体包括如下方面。其一，将电子系统纳入诉讼程序，即当事人通过电子系统提交起诉材料、支付诉讼费用、送达传票及进行案件管理。例如，美国（洛杉矶）、德国、阿根廷、阿塞拜疆、巴林、印度尼西亚、巴拉圭就采取了这种方式。其二，构建替代性争议解决机制，支持调解并制定相关法律。例如，阿塞拜疆、巴巴多斯、黎巴嫩、毛里塔尼亚、塞尔维亚、乌兹别克斯坦及科索沃即是如此。其三，发布案件进展及业绩评估报告。例如，文莱、中国（上海）、科特迪瓦、牙买加、马达加

---

① 万建民：《法治是营商环境的底线》，载《中国企业家》2018年第2期，第1页。

斯加、毛里求斯、缅甸、沙特阿拉伯等在这方面进行了创新。其四，诉讼程序上的简化，如小额诉讼程序的简化、自动分配法官、召开庭前会议，涉及的国家和地区包括毛里塔尼亚、摩尔多瓦、摩洛哥、尼日利亚等。其五，设立专门的国际商事法庭（院），如巴林、多米尼加、南非。①

通过上述内容可以发现，设立专门国际商事法庭（院）是优化营商环境的主要途径之一，中国也不例外。从国际商事法庭运行的角度来看，将其特色运行机制对标《营商环境报告》中关于"执行合同"的评价标准，以表明国际商事法庭的设立及运行在优化中国营商环境方面起到的重要作用。首先，在法院审级和诉讼程序方面，国际商事法庭隶属于最高人民法院，是专门审理国际商事争议的特殊法庭，实行一审终审制。在程序简化方面，不再强调质证前的域外证据公证、认证或其他证明手续。在双方当事人同意的情况下，英文证据可以不提交中文翻译件。在判决、裁定或调解书执行方面，当事人可以直接向国际商事法庭申请执行，减少当事人诉累。另外，与国际商事法庭配套的案件管理办公室在起诉材料送达被告之日起7个工作日内召开案件管理会议，询问当事人是否有调解意愿，以保证当事人意思自治。其次，在法院系统自动化方面，国际商事法庭可以通过互联网受理、缴费、送达、调解、阅卷、证据交换、庭前准备、开庭等，该法庭作出的判决可以通过中国裁判文书网进行查询，以方便当事人进行诉讼。再次，在替代性争议解决方面，最高人民法院支持通过诉讼、仲裁、调解方式解决国际商事争议，并设立国际商事专家委员会。国际商事法庭在运行过程中，将诉讼与仲裁、调解进行衔接，尝试构建"一站式"国际商事争议多元化解决机制，充分发挥三种争议解决机制的特色和优势，满足当事人的多元化需求。营商环境优化是更好适应经济全球化发展的重要标准，国际商事法庭的设立及运行是中国积极发展涉外法律服务、培养涉外法治专业人才、保障和服务高水平对外开放的重要体现。

---

① World Bank Group, Doing Business Report 2020, Accessed Feb. 15, 2022, https://openknowledge. worldbank. org/bitstream/handle/10986/32436/9781464814402. pdf.

三、提高中国司法机构全球竞争力的现实要求

国际商事法庭（院）可以追溯至公元10世纪的西欧地区，其出现的目的是增加当地财政，鼓励外地商人在该区域交易，推动经济发展。现代社会中，各国设立国际商事法庭（院）的目的是解决更多的国际商事争议，提高司法竞争力和知名度，将本国法律文化输入国际社会。当今世界的全球治理格局正在发生调整，国际环境日趋复杂，不稳定性明显增加。随着中国日益走向世界舞台中央，中国企业和公民"走出去"的步伐不断加快，为占据不断扩大的国际商事争议解决市场，更好地保护在国内外投资的商事主体，中国设立国际商事法庭符合时代要求，有利于进一步提高国际司法竞争力。

（一）国际商事法庭（院）的历史溯源

关于国际商事法庭（院）的历史渊源，可以追溯至中世纪的"泥足法庭"或"灰脚法庭"（the Court of Pie Poudre，以下统一简称灰脚法庭）。此类法庭是欧洲公共市场或集市的特殊法庭，主要受理外国或外地商人之间、商人与消费者之间以及基于市场或交易公平引起的争议。关于"泥足"或"灰脚"的解释，学界存在不同看法。早期现代法律史学家柯克、考威尔等认为，这类法庭审理案件的时间像泥土从当事人脚上掉下来一样迅速；还有学者认为，此类法庭的当事人是从另一个市场赶来且脚上布满灰尘的商人。① 例如，萨尔兹曼认为，灰脚法庭维护行商的合法权益，这些贸易者均来自外地或外国，他们的鞋上还带着泥土就进入法庭。② 罗杰斯认为，拖着泥足的消费者来到市集与卖家讨价还价时很可能产生冲突，因此市集应当至少有一个法官对交易争议作出裁决，以维护当事人的合法权益。③ 随着公元10世纪西欧城市及商业的复兴，各地市均有大量外地商人出入，地方统治者通过对

---

① 徐浩：《中世纪西欧商人法及商事法庭探析》，载《史学月刊》2018年第1期，第60页。

② L. F. Salzman, *English Trade in the Middle Ages*, Henry Pordes Books Ltd., 1964, p.161.

③ James Edwin Thorold Rogers, *Six Centuries of Work and Wages: The History of English Labor*, Routledge, 2017, pp.145-148.

此类商人征税以增加当地财政，并采取各种措施来鼓励和保护外地商人交易，而灰脚法庭就是该表现形式之一。

公元 12—13 世纪，英国的灰脚法庭最为盛行。与普通法院相比，灰脚法庭是专门处理商事争议的法庭，在工作人员构成、管辖权范围、法律适用及审理程序方面具有特殊性。灰脚法庭实行广泛的陪审制度，在审理案件时由市长或法庭事务官主持，但他们必须与陪审员共同决定案件的审判结果。陪审员并非法律专业人士，例如城镇中的土地所有者可以成为布里斯托的陪审员，圣艾夫斯的陪审员可以由商人构成。[1] 商人实际参与庭审是灰脚法庭对商人交易习惯重视的表现，他们具有丰富的商业经验，可以更好地判断商业实践和商业习惯，根据不断变化的商业规则和需要作出符合实际的决定。灰脚法庭与普通法院最大的区别是，该法庭审判案件以快速和便利为目标，整个审判过程不拘泥于形式，在公平的基础上更易达到简易化。例如，在当事人陈述及提供证据方面，灰脚法庭更倾向于当事人的口头陈述和辩论而非书面证据，更加遵循商业规则，使整个审判程序灵活化。庞兹认为，商人法的主要内容为契约和销售，商人的销售权利受到法律保护，他们无须担心该项权利受到非法限制。[2] 当然，灰脚法庭的司法管辖权并非局限于商事争议。格罗斯提到，除土地争议外，其他所有诉讼均可以在此类法庭审理。[3] 另外，部分地区的灰脚法庭对诉讼标的额的规定也较为宽松，例如托克西的习惯法规定，灰脚法庭对审理契约、合同、侵权争议的标的额可以高于或者低于 40 先令（约合 17 元人民币）。[4] 在中世纪规范商业生活的法律并非普通法，而是商人法。商人法是关于商人及商业活动的规范和原则，它是由商人根据

---

① 赵立行：《论中世纪的"灰脚法庭"》，载《复旦学报（社会科学版）》2008 年第 1 期，第 93 页。

② Norman John Greville Pounds, *An Economic History of Medieval Europe*, Routledge, 1994, p.428.

③ Charles Gross, *The Court of Piepowder*, The Quarterly Journal of Economics, Vol.20, No.2, 1906, p.240.

④ Charles Gross, *The Court of Piepowder*, The Quarterly Journal of Economics, Vol.20, No.2, 1906, p.241.

商事活动的需要制定的不成文习惯法，尽管这种习惯法可能受到成文法影响。① 从灰脚法庭的特殊性质来看，该法庭审理案件兼具现代诉讼和仲裁之双重性质，现代商事法庭继承了灰脚法庭的部分特征，如争议商业性、程序简易性、法官专业性等。

随着民族国家的兴起，灰脚法庭所具有的地域性特征造成判决执行困难，各国商人强烈反对灰脚法庭的存在，其独立性逐渐丧失。直至 17 世纪，灰脚法庭已经被各国的普通法庭替代。总体上看，灰脚法庭为行商而设立，其推动力是商业发展，其在社会中的运行为现代商事法庭（院）奠定了良好基础。

（二）国际商事法庭（院）设立的新兴潮流

现代意义上的国际商事法庭（院）的起源可追溯至 1563 年法国商事法院的成立，它是法国司法系统中最古老的法院，其架构从那时起基本没有改变。② 在近几个世纪，欧洲和其他地方也相继设立类似的国际商事法庭（院），例如 1895 年伦敦设立国际商事法院，其目的是满足商事争议的低成本化、专业化和便捷化需求。③ 从 21 世纪初开始，欧洲各国陆续设立国际商事法庭（院），例如荷兰和德国已经建立了国际商事法庭，而瑞士正在筹备建立此类法院。④ 学者们对这些国家设立国际商事法庭（院）的动因予以解释，认为英国脱欧导致国际民事诉讼的竞争更加激烈，设立国际商事法庭（院）可以为商事司法和全球商事诉讼开辟新领域。⑤ 实际上，一些国家产生设立国际商事法庭（院）的想法早于英国脱欧，例如比利时已于 2014 年提

---

① Norman John Greville Pounds, *An Economic History of Medieval Europe*, Routledge, 1974, p. 427.

② 朱志俊：《法国商事审判的两大特色》，载《人民法院报》2011 年 6 月 17 日，第 8 版。

③ Xandra E. Kramer & John Sorabji, *International Business Courts in Europe and Beyond: A Global Competition for Justice?*, Erasmus Law Review, Vol. 12, No. 1, 2019, p. 2.

④ Xandra E. Kramer & John Sorabji, *International Business Courts in Europe and Beyond: A Global Competition for Justice?*, Erasmus Law Review, Vol. 12, No. 1, 2019, p. 2.

⑤ Xandra Kramer, International Commercial Courts: Should the EU be Next? —EP Study Building Competence in Commercial Law, Accessed Feb. 23, 2022, https://conflictoflaws.net/2018/international-commercial-courts-should-the-eu-be-next-ep-study-building-competence-in-commercial-law/.

出设立相关法庭（院）。① 也就是说，英国脱欧只是某些欧盟成员方关注的焦点，而非全部国家设立国际商事法庭（院）的动机。例如，法国巴黎建立新的国际商事法庭并修改本国合同法内容，旨在提高对国际商事各方的吸引力。② 德国在美因河畔法兰克福等地设立国际商事法庭是增强其作为商业和法律枢纽的手段之一。③

与欧洲国家类似，亚洲国家也纷纷设立国际商事法庭（院），尤其是在新加坡、阿联酋（迪拜）、卡塔尔等地，正如 Man Yip 所称，法律服务是一个非常有利可图的产业。新加坡将新型商事法庭与国际仲裁和调解中心相结合，保证诉讼、仲裁、调解争议解决机制协调发展，从而打造高级国际商事争议解决中心。④ 相较之下，印度、哈萨克斯坦设立国际商事法院的目的更倾向于完善国内商事争议审判权。例如，印度设立商事法院是将其作为更有效的争议解决机构，通过减少诉讼成本、时间及增强合同合规性，降低争议的产生概率。⑤ 哈萨克斯坦与印度类似，其在阿斯塔纳设立国际金融中心法院的目标是通过增强人们遵守法律的意识和正确理解法律规范以支持国内经济发展，⑥ 成为一个在区域和全球范围内更具竞争力的经济国家。⑦ 国际商事法庭（院）的设立反映了亚当·斯密（Adam Smith）关于劳动分工的

① Erik Peetermans & Philipp Lambrecht, *The Brussels International Business Court：Initial Overview and Analysis*, Erasmus Law Review, Vol. 12, No. 1, 2019, p. 42.

② Solène Rowan, *The New French Law of Contract*, International & Comparative Law Quarterly, Vol. 66, 2017, p. 805.

③ Burkhard Hess & Timon Boerner, *Chambers for International Commercial Disputes in Germany：The State of Affairs*, Erasmus Law Review, Vol. 12, No. 1, 2019, p. 33.

④ Man Yip, *The Singapore International Commercial Court：The Future of Litigation？*, Erasmus Law Review, Vol. 12, No. 1, 2019, p. 82.

⑤ Sai Ramani Garimella, M Z Ashraful, *The Emergence of International Commercial Courts in India：A Narrative for Ease of Doing Business？*, Erasmus Law Review, Vol. 12, No. 1, 2019, p. 110.

⑥ Nicolas Zambrana-Tevar, *The Court of the Astana International Financial Center in the Wake of Its Predecessors*, Erasmus Law Review, Vol. 12, No. 1, 2019, p. 122.

⑦ The Lord Woolf CH & Christopher Campbell-Holt, *The Emergence of International Commercial Courts and Dispute Resolution Centres in Frontier Markets：A Perspective from Kazakhstan*, in Georgios Dimitropoulos & Stavros Brekoulakis eds., International Commercial Courts：The Future of Transnational Adjudication, Cambridge University Press, 2022, p. 489.

观点，即虽然专业化法庭（院）可能存在法律文化单一、地域化严重等问题，但人们普遍将法庭（院）的专业性视为一种资产，可以提高司法程序和法院裁决的效率和质量。[①]

总体上看，国际商事法庭（院）数量增长的原因主要包括以下三个方面。其一，设立国际商事法庭（院）是扩大国内法律业务的手段。前文中已经提到，英国脱欧是欧洲国家设立国际商事法庭（院）的原因之一，但并非全部原因。在英国脱欧之前，法国、荷兰和德国的国际商事法庭（院）就已经开始发展，其理由包括提高商法领域的声誉、促进诉讼发展、加强国家经济等。综合来看，设立国际商事法庭（院）是扩大国内司法业务的方式之一。其二，设立国际商事法庭（院）是促进国内经济增长的手段。为使当事人更倾向于将本国法院作为诉讼首选，大部分国家通过"管辖权旅游地"的事实将法律服务转变为新的经济增长点。[②] 亚洲国家设立国际商事法庭（院）的原因并非英国脱欧，例如新加坡、阿联酋（迪拜）、卡塔尔设立国际商事法庭（院）均发生在 2016 年英国公投之前，它们的发展旨在促进经济增长和国家改革。增强商事活动主体对国际商事法庭（院）的信心，可以通过提高司法标准及创新机制来实现，他们将争议有效地诉至法院是经济发展的基础之一。其三，设立国际商事法庭（院）是应对国家间司法竞争的重要手段。法院之间竞争已经成为 21 世纪的公认现象，[③] 英格兰及威尔士首席大法官托马斯勋爵（Lord Thomas）曾针对国际商事法庭（院）予以评价，即每个法庭（院）都是市场，从某种程度上看，它们都是竞争对手。[④] 当事人有

---

① Elisabetta Silvestri, *Judicial Specialization: In Search of the 'Right' Judge for Each Case?*, Russian Law Journal, Vol. 2, No. 4, 2015, p. 165.

② ［加纳］理查德·弗林蓬·奥蓬，《非洲经济一体化的法律问题》，朱伟东译，社会科学文献出版社 2018 年版，第 245 - 246 页。

③ Gerhard Wagner, *Dispute Resolution as a Product: Competition between Civil Justice Systems*, in Horst Eidenmüller, Regulatory Competition in Contract Law and Dispute Resolution, Hart Publishing Ltd., 2013, p. 347.

④ Lord Thomas, *Giving Business What It Wants—A Well Run Court for Commercial and Business Disputes*, Accessed Feb. 23, 2022, https://www.judiciary.uk/wp - content/uploads/2017/03/grand - court - of - the - cayman - islands - guest - lecture - march - 2017. pdf.

权根据具体情况和自己对相关国家司法制度的了解选择合适的法庭（院），这些法庭（院）对诉讼管辖权的获取将对本国国内生产总值具有重要意义，同时本国法律服务在国际金融和商事等领域的运用导致每个国家均有设立国际商事法庭（院）的期望。① 例如，新加坡希望将国际商事法庭与国际商事仲裁中心、国际商事调解中心衔接，发展成为"溢价争议解决中心"。② 另外，各国设立国际商事法庭（院）是在互相竞争区域优势，如阿联酋（迪拜）、卡塔尔、英国、法国、美国等均在打造并着力发展国际金融中心，而国际商事法庭（院）的设立及运行是这些金融中心良好发展的司法保障。

（三）国际商事法庭是提高司法竞争力的重要途径

现代社会，司法制度成为经济全球化时代的重要竞争因素，国际商事争议的数量不断上升且种类及性质更加复杂，司法竞争十分激烈。③ 例如，美国在国际民事诉讼领域形成的长臂管辖、限制性豁免、宽松的域外送达和取证制度等；④ 又如，成熟的争议解决机制和优质的法律服务能够保证伦敦维护其国际商事中心的重要地位。⑤ 跨境商事交易数量不断增长，引起了商业的不确定性，其中涉及多个国家的监管利益并导致相关国家间的管辖权冲突。尤其是随着企业经济实力日益强化，国际框架下的争议解决不再被视为国家和国际组织的专属领域，而是将部分重点放在跨境私人商业争议解决方面。各国对国际商事争议的司法管辖权竞争日益激烈，它们设立国际商事法庭（院），旨

① TheCityUK, Legal Excellence, Internationally Renowned：UK Legal Services 2019, Accessed Feb. 25, 2022, https：//www.thecityuk.com/assets/2019/Report – PDFs/294e2be784/Legal – excellence – internationally – renowned – UK – legal – services – 2019.pdf.

② TheCityUK, Legal Excellence, Internationally Renowned：UK Legal Services 2019, Accessed Feb. 25, 2022, https：//www.thecityuk.com/assets/2019/Report – PDFs/294e2be784/Legal – excellence – internationally – renowned – UK – legal – services – 2019.pdf.

③ 姚龙华：《争取制度性国际话语权的一记大招》，载《深圳特区报》2018 年 7 月 3 日，第 A2 版。

④ Gary B. Born & Peter B. Rutledge, *International Civil Litigation in United States Courts*, Wolters Kluwer, 2018, pp. 88, 231, 867, 965.

⑤ The Law Society of England and Wales, England and Wales：The Jurisdiction of Choice, Accessed Feb. 23, 2022, https：//www.eversheds – sutherland.com/documents/LawSocietyEnglandAndWalesJurisdictionOfChoice.pdf.

在与其他国家的诉讼和国际仲裁竞争，以解决更多的跨国商事争议。[①]

虽然有学者曾提出各国法院之间不存在竞争，但国际商业以及国际商事法庭（院）间竞争的泛化趋势已经成为现实。亚欧各国都在发展实体法并进行程序改革，发展具有创新性的国际商事法庭（院），以便使其司法体系在经济全球化进程中发挥重要作用。同样，中国设立国际商事法庭既是提高司法竞争力的重要方式，也能进一步完善涉外法治体系，使中国成为亚洲地区乃至国际社会的争议解决中心。[②] 国际商事法庭（院）究竟能否提高国家的司法竞争力，其判断标准之一是对当事人的吸引力，因此程序创新成为各国关注的焦点。

国际商事法庭是"一站式"国际商事争议解决平台的重要纽带，该法庭运行机制的不断完善与多种商事争议解决机制的有效衔接密切相关，保障了国际商事争议在该平台解决的高效性和低成本优势。上述举措有利于提升中国审理国际商事争议的水平，为各国当事人提供公正的司法环境，加强中国在国际社会中的规则制定权。相反，如果中国尚未设立国际商事法庭，国内缺少审理国际商事争议的"一站式"机构，可能导致更多当事人选择司法公信力更高的国家以解决相关争议，这必然对中国的经济发展、涉外法治建设、国际竞争力产生负面影响。如果将争议解决视为市场，则落后的争议解决机制是增强国家综合竞争力的重要阻碍。[③]

第二节　国际商事法庭在中国司法体系中的定位

国际商事法庭（院）是国际和国内争议解决领域的新型机构。一方面，

[①] Masood Ahmed, *A Critical Review of the Business and Property Courts of England and Wales*, in Xandra Kramer & John Sorabji eds., International Business Courts: A European and Global Perspective, Eleven International Publishing, 2019, pp. 25 – 26.

[②] 姚龙华：《争取制度性国际话语权的一记大招》，载《深圳特区报》2018 年 7 月 3 日，第A2 版。

[③] 何其生：《大国司法理念与中国国际民事诉讼制度的发展》，载《中国社会科学》2017 年第 5 期，第 129 – 131 页。

此类法庭（院）在国内设立，但它们的管辖权与普通法院有所差异——以审理国际和商事性质的争议为特征；另一方面，它们又属于国际法庭（院），其原因是审判人员的组成和争议本身具有跨境性。中国法院分为基层人民法院、中级人民法院、高级人民法院和最高人民法院四个层级，国际商事法庭隶属于最高人民法院，是该法院的常设审判机构。本节分别从国际商事法庭在中国司法体系中的重要地位、国际商事法庭在审理争议时的作用以及国际商事法庭是"一站式"国际商事争议解决平台的核心机构出发，分析国际商事法庭在国内司法体系中的定位。

一、最高人民法院的常设审判机构

在中国法院体系中，各级人民法院的职能侧重点不同。其中，最高人民法院作为中国的最高审判机关，内设30多个机构，[①] 主要职能是审理具有国家重大影响且具有普遍法律适用意义的案件、制定司法解释和发布指导性案例等。在民事审判领域，最高人民法院管辖全国有重大影响的一审案件和认为应当由本院审理的案件。未来最高人民法院可能审理一些能够对全国法院起到指导作用的案件，不再将事实问题的审查作为重点，而将更多的精力放在统一法律适用方面。《国际商事法庭若干问题规定》第1条规定，国际商事法庭是最高人民法院的常设审判机构。最高人民法院内设机构包括四个民事审判机构和六个巡回法庭，其中民事审判第四庭的主要职能包括六个方面：①负责涉外、涉港澳台地区民商事案件以及海事、海商案件的一审和二审；②审判不服下级人民法院生效裁判的涉外、涉港澳台地区民商事以及海事、海商审判监督案件；③负责相关仲裁司法审查案件；④协调指导两个国际商

---

① 最高人民法院的内设机构主要包括立案庭、民事审判第一庭、民事审判第二庭、民事审判第三庭（知识产权审判庭）、民事审判第四庭、环境资源审判庭、刑事审判第一庭、刑事审判第二庭、刑事审判第三庭、刑事审判第四庭、刑事审判第五庭、行政审判庭、审判监督庭、第一巡回法庭、第二巡回法庭、第三巡回法庭、第四巡回法庭、第五巡回法庭、第六巡回法庭、知识产权法庭、赔偿委员会办公室、执行局（执行指挥办公室）、办公厅（新闻局）、政治部、研究室、审判管理办公室、督察局、国际合作局、司法行政装备管理局、机关党委、离退休干部局等。

事法庭工作；⑤指导国际商事专家委员会日常工作；⑥指导有关审判工作。从现有规定看，国际商事法庭与最高人民法院民事审判第四庭负责的一审国际商事案件似乎存在重合，但现有法律并未很好地区分二者职能，只是表明最高人民法院民事审判第四庭协调、指导两个国际商事法庭的工作。最高人民法院官网显示的"内设机构"中，尚未将国际商事法庭单独列出，而是在派出机构中表述为第一巡回法庭（第一国际商事法庭）、第六巡回法庭（第二国际商事法庭），这两个巡回法庭分别负责两个国际商事法庭的相关工作。① 从上述内设机构的设置中，似乎难以看出巡回法庭和国际商事法庭之间的关系，即属于独立关系、同一关系抑或包含与被包含的关系。

国际商事法庭的设立表明中国试图创建新型国际商事争议解决机制，通过借鉴他国的先进做法完善司法体系，为"一带一路"建设提供法律服务和保障。依据《中华人民共和国人民法院组织法》（以下简称《人民法院组织法》）规定和长期司法实践，常设审判机构是人民法院的内部审判庭，对相关审判活动进行管理。②《国际商事法庭若干问题规定》已经明确该法庭的常设审判机构的地位。因此，建议最高人民法院官网明确国际商事法庭与巡回法庭之间的关系，否则可能导致当事人对该法庭的定位产生异议。

二、国际商事争议的"最高院"

最高人民法院的职能包括审理在国家范围内具有重大影响的案件、制定司法解释和发布指导性案例等。由于国际商事法庭在最高人民法院中具有特殊地位，其可以被视为处理国际商事争议的"最高院"：一方面，国际商事法庭在审理争议时，实行一审终审制，法官的配备更加专业化；另一方面，该法庭可以协助最高人民法院整理相关指导案例，在最高人民法院制定司法解释时提供相关建议。

---

① 详见最高人民法院内设机构，载最高人民法院网，http://www.court.gov.cn/jigou - fayuanjigou. html，访问时间：2023 年 3 月 10 日。

② 蒋惠岭：《初论审判机构设置的审判》，载中国法院网，https://www.chinacourt.org/article/detail/2004/06/id/121717.shtml，访问时间：2022 年 2 月 21 日。

（一）审级设置的特殊性

在国际社会中，依据国际商事法庭在法院体系中的审级设置、诉讼规则和管辖争议范围，可以将其设置分为平行式、内置式和嵌入式三种模式。第一，平行式国际商事法院。该类法院与国内法院体系平行，诉讼规则独立于本国国内普通诉讼规则，对当事人协议选择该法院的商事争议享有管辖权，例如迪拜国际金融中心法院、阿布扎比全球市场法院等。以迪拜国际金融中心法院为例，其作为迪拜国际金融中心的司法机构，专门解决金融中心内所有的民商事争议以及与中心内注册机构或公司相关的民商事争议。① 第二，内置式国际商事法院。该类法院作为一国专门审理商事争议的司法机构，管辖范围从案情复杂的国内商事争议逐渐延伸至跨国商事争议，诉讼程序上适用国内普通诉讼程序，例如英国商事法院②。第三，嵌入式国际商事法庭。该类法庭嵌入国内法院体系，诉讼规则相对独立于普通民事诉讼规则且该法庭管辖具有国际性、商事性的争议，例如新加坡国际商事法庭。新加坡的法院审级为两级三层法院体制，即初级法院、高等法院和上诉法院，后两者合称为最高法院。③ 新加坡国际商事法庭设立在高等法院中，属于最高法院的第一级，该法庭遵守的规则在国内一般民事诉讼法的基础上进行弹性调整，针对其作出的判决，当事人可以自由选择是否上诉。

我国国际商事法庭专门审理特殊的国际商事争议，从形式上看，其属于嵌入式国际商事法庭，但又具有独特性质，即一审终审，该法庭作出的判决效力与最高人民法院作出的判决效力相同。与新加坡国际商事法庭存在差异，该法庭在审级设置方面属于最高级别，不存在上诉机构，审级制度为一审终

---

① Michael Hwang, The Courts of the Dubai International Finance Centre—A Common Law Island in a Civil Law Ocean, Accessed Feb. 24, 2022, https://www.difccourts.ae/2008/11/01/the-courts-of-the-dubai-international-finance-centre-a-common-law-island-in-a-civil-law-ocean/.

② 2017 年，为保障国际商事争议解决的领导地位，呼吁英国政府宣布的"12 项脱欧新政"中涉及司法改革的重要措施，将英国的商事法院与商业法院等专门审理商事争议的法院统称为英格兰及威尔士商事与财产法院。

③ 王江雨：《新加坡国际商业法庭的国际性和独立性》，载最高人民法院国际商事法庭网，http://cicc.court.gov.cn/html/1/218/62/164/864.html，访问时间：2022 年 2 月 21 日。

审，其作出的判决、裁决都具有法律效力，当事人不享有上诉救济权利，只能向最高人民法院本部申请再审。再审将纠正案件审判错误作为目的，具有重要作用。实践中，最高人民法院受理一审争议的情形十分罕见，国际商事法庭的设置打破了原来最高人民法院主要审理二审、再审案件的惯例，降低了当事人的诉讼成本，节约了司法资源，顺应了国际商事争议追求"效率性"的特点。

（二）国际商事争议审理的范围

在我国现有司法审判体系中，四个层级的人民法院都有审理涉外商事争议的职权，在国际商事法庭成立前，最高人民法院通常仅审理上诉或再审的商事案件。《国际商事法庭若干问题规定》将该法庭定位为一审国际商事争议专业化审判机构，主要审理具有全国重大影响且具有国际性和商事性的争议。但从现有规定来看，国际商事法庭审理的争议范围较窄，尚未厘清其与最高人民法院民事审判第四庭职权分配的问题，因此应划分这两者之间审理争议的界限。按照现有法律规定，国际商事法庭仅受理一审国际商事争议且实行一审终审制，上诉的国际商事案件依然由最高人民法院民事审判第四庭审理，这似乎无法突出国际商事法庭的重要性和特殊性。因此，可以尝试将国际商事争议第二审的审判职能由最高人民法院民事审判第四庭转移至国际商事法庭，赋予最高人民法院民事审判第四庭再审职能，逐渐形成涉外商事争议审判的系统化状态。《"一带一路"意见》明确指出，最高人民法院民事审判第四庭能够协调和指导国际商事法庭工作。《国际商事法庭若干问题规定》第16条强调，国际商事法庭作出的判决、裁定和调解书具有法律效力，最高人民法院本部在当事人有异议的情况下进行再审，明确最高人民法院民事审判第四庭的再审职责。

综上所述，在审理争议职责方面，进一步厘清国际商事法庭和最高人民法院民事审判第四庭之间的关系，即国际商事法庭审理第一审、第二审国际商事争议时，由于该法庭隶属于最高人民法院，管辖的争议不作行政区域划分。而最高人民法院民事审判第四庭负责涉外民事案件、涉港澳台地区民商事案件以及海事、海商案件的一审、二审及再审程序。另外，当事人对国际商事法庭的一审案件提出异议，由最高人民法院民事审判第四庭进行再审。从具体程序角度来看，当事人不服高级人民法院的一审判决并提起上诉的，应将上诉状递交至原审高级人民法院，待该法院收到上诉状、答辩状后，将全部案件材料提交至国际商事法庭。

（三）推荐相关指导案例，对制定司法解释提供建议

2010年发布的《最高人民法院关于案例指导工作的规定》中所确立的案例指导制度，既是中国特色社会主义司法制度的重要组成部分，也是司法改革的重要成果之一。该规定第4条表明，隶属于最高人民法院的各审判业务单位对该院和其他各级人民法院已经作出的生效判决，如果认为案例具有法律规定比较原则、社会广泛关注、疑难复杂或新类型等特征，可以向案例指导工作办公室推荐。[1] 最高人民法院已经发布四批涉及"一带一路"建设的典型案例，国际商事法庭属于最高人民法院，有向最高人民法院推荐指导案例的职能。随着国际商事法庭办理案件数量的增多，对于较为典型的案件，可以向最高人民法院案件指导办公室推荐。此外，根据《最高人民法院关于司法解释工作的规定》第10条，国际商事法庭有权向最高人民法院提出制定司法解释的建议。[2]《国际商事法庭若干问题规定》《国际商事法庭程序规

---

① 《最高人民法院关于案例指导工作的规定》第4条规定："最高人民法院各审判业务单位对该院和地方各级人民法院已经发生法律效力的裁判，认为符合本规定第二条规定的，可以向案例指导工作办公室推荐。各高级人民法院、解放军军事法院对该院和本辖区内人民法院已经发生法律效力的裁判，认为符合本规定第二条规定的，经该院审判委员会讨论决定，可以向最高人民法院案例指导工作办公室推荐。中级人民法院、基层人民法院对该院已经发生法律效力的裁判，认为符合本规定第二条规定的，经该院审判委员会讨论决定，层报高级人民法院，建议向最高人民法院案例指导工作办公室推荐。"

② 《最高人民法院关于司法解释工作的规定》第10条规定："最高人民法院制定司法解释的立项来源：（一）最高人民法院审判委员会提出制定司法解释的要求；（二）最高人民法院各审判业务部门提出制定司法解释的建议；（三）各高级人民法院、解放军军事法院提出制定司法解释的建议或者对法律应用问题的请求；（四）全国人大代表、全国政协委员提出制定司法解释的议案、提案；（五）有关国家机关、社会团体或者其他组织以及公民提出制定司法解释的建议；（六）最高人民法院认为需要制定司法解释的其他情形。基层人民法院和中级人民法院认为需要制定司法解释的，应当层报高级人民法院，由高级人民法院审查决定是否向最高人民法院提出制定司法解释的建议或者对法律应用问题进行请示。"

则（试行）》《国际商事专家委员会工作规则（试行）》均为关于国际商事法庭和国际商事专家委员会具体运行的司法解释。《国际商事法庭若干问题规定》共有 19 个条款，内容较为原则化；《国际商事法庭程序规则（试行）》《国际商事专家委员会工作规则（试行）》均处于"试行状态"，后期会进一步细化与完善。国际商事法庭作为上述司法解释的实施主体，在运行过程中必然能够发现现有司法解释中存在的不足，进而向最高人民法院提供相关建议。

（四）审判人员组成之特殊性

国际商事法庭（院）成功运行的保障是国际化、专业化的审判人员，正如英国律师理查德·索斯韦尔（Richard Southwell）所称，英国商事法院的成功运行离不开法官的专业素养和实践经验，以及法院运行机制的灵活性和专业律师队伍，而审判人员的专业素养和实践经验占据首位。①

从职业角度来看，国际商事法庭（院）审判人员的组成模式分为专业人士单一制、纯职业法官制以及职业法官与专业人士混合制。② 其中，专业人士单一制是法国传统商事法院采用的模式，审判人员全部由经验丰富的商人组成，其原因是商事法院最初由商人行会发展起来，代表商人的利益。③ 纯职业法官制是指审判人员均由职业法官组成，中国的国际商事法庭采用此种模式，由最高人民法院各审判庭职业法官组成，他们拥有丰富的审判经验，熟练掌握国际条约、国际惯例和国际贸易投资实务，可以将中文和英文作为工作语言。职业法官与专业人士混合制则是以职业法官审判员为主，专业人士辅助审理。目前采取这种模式的法庭是比利时拟设立的商事法庭，该法庭在布鲁塞尔设立，组成人员包括庭长、副庭长、职业法官和法官辅助人员，

① Richard Charles Southwell, *A Specialist Commercial Court in Singapore*, Singapore Academy of Law Journal, Vol. 2, 1990, pp. 274 – 275.
② 谷浩、林玉芳：《中国国际商事法庭构建初探》，载《大连海事大学学报（社会科学版）》2018 年第 4 期，第 10 页。
③ 李玉林：《论法国特殊商事审判制度——以商事法院与商事法官为中心》，载《山东审判》2008 年第 3 期，第 117 – 120 页。

其中法官辅助人员包括国际贸易法领域的专家、大学教授或者资深律师。①
从国籍角度来看，部分国际商事法庭（院）审判人员的组成包括"国内法
官＋国际法官"和"国内法官"模式。其中，第一种模式是由本国专业法
官、其他国家和地区的法官共同构成的，例如新加坡国际商事法庭、迪拜国
际金融中心法院等，它们将其他国家和地区的法官纳入本法庭（院），从而
建立一支国际化的法官队伍。新加坡国际商事法庭中的国际法官主要来自英
国、法国、美国、加拿大、澳大利亚、日本以及中国香港地区。② 迪拜国际
金融中心的国际法官主要来自新加坡、英国、澳大利亚和马来西亚。③ 第二
种模式则仅由本国专业法官组成，例如荷兰商事法庭等。荷兰商事法庭是阿
姆斯特丹地方法院和上诉法院设立的特别分庭，审判法官必须业务能力强、
经验丰富且熟练运用英语。在筹划设立商事法庭时，荷兰尚未计划聘任新的
法官或外国法官，因此该法庭的法官从国内其他法院选任，不会有外国法官
被聘任至该商事法庭。④

职业法官与专业人员混合制的模式并未在中国的国际商事法庭中适用。
依据《国际商事法庭若干问题规定》第 4 条，该法庭的法官全部由中国国籍
的职业法官组成，审判人员由最高人民法院选任。由于《国际商事法庭若干
问题规定》是最高人民法院颁布的司法解释，层级效力无法突破中国现行法
律对法官的要求，并体现在以下三个方面。其一，国籍限制。《中华人民共
和国法官法》（以下简称《法官法》）第 12 条第 1 项和第 20 条第 1 项作出对
任职法官具有中国国籍的强制要求。其二，专业资格要求。《法官法》第 14
条和第 66 条要求初任法官通过法律职业资格考试。其三，法官任免程序。

① NautaDutilh, An International Business Court in Brussels: A Modern Step Forward, Accessed Feb. 24, 2022, https://www.lexology.com/library/detail.aspx? g = f101059a – 3678 – 4797 – 8ee0 – 54c7a0487fc2.

② CICC, Judges, Accessed Feb. 21, 2022, https://www.sicc.gov.sg/about – the – sicc/judges.

③ DIFC Courts, Judges—Demo, Accessed Feb. 21, 2022, https://www.difccourts.ae/court – structure/judges – demo/#.

④ Annette Scholten, An International Netherlands Commercial Court?, Accessed Feb. 21, 2022, https://blogs.law.nyu.edu/transnational/2017/02/an – international – netherlands – commercial – court/.

《中华人民共和国宪法》第 67 条第 12 项和《法官法》第 18 条规定，人民法院的审判员由本院院长提请本级人民代表大会常务委员会任免。为解决国际商事法庭法官单一国籍的问题，最高人民法院设立国际商事专家委员会，其中的商事专家委员都是国际商事争议解决领域的专家，包括不同法系、专业、背景的法律工作者，他们负责调解相关争议，为国际商事法庭提供外国法查明以及其他咨询服务等。国际商事专家委员会与国际商事法庭相融合的制度由中国首创，其他国家暂时没有类似制度。[①] 需要注意的是，虽然中国创造性地设立了国际商事专家委员会，但商事专家委员毕竟不是审判人员，无法直接参与审判工作，这导致国际商事法庭的国际性质依然难以完全体现。

三、"一站式"国际商事争议解决平台的核心机构

国际商事法庭审理的案件不限于"一带一路"建设中产生的争议，该诉讼机制并非"一带一路"争议解决的强制要求，而是被视为在亚洲竞争日益激烈的争议解决机制之一。时任最高人民法院副院长罗东川在国际商事专家委员会成立暨首届研讨会上提出，国际商事法庭的设立应当以争议解决多元化为原则，构建"诉、仲、调"衔接的统一平台。[②] 2018 年年底，最高人民法院确认首批与国际商事法庭衔接的国际商事仲裁机构和国际商事调解机构，并将它们纳入"一站式"国际商事争议解决平台。截至 2022 年年底，"一站式"国际商事争议解决平台包括十个国际商事仲裁机构和两个国际商事调解机构。该平台最大限度地发挥了各争议解决机制的互补优势，为当事人提供了一种公正、高效、便利的争议解决机制。

以国际商事法庭为核心机构的法律服务平台，允许各方当事人选择相应的调解机构或仲裁机构解决争议，抑或在放弃调解或仲裁机制的同时，选择

---

① 杜涛、叶珊珊：《国际商事法庭：一个新型的国际商事纠纷解决机构》，载《人民法院报》2018 年 7 月 10 日，第 2 版。

② 罗东川：《集思广益，共谋发展——最高人民法院党组成员罗东川在国际商事专家委员会成立暨首届研讨会上的主题发言》，载最高人民法院国际商事法庭网，http://cicc.court.gov.cn/html/1/218/62/164/1061.html? from = singlemessage，访问时间：2022 年 2 月 24 日。

国际商事法庭进行诉讼。① 其中，诉讼与仲裁的衔接表现为，当事人通过仲裁机制解决争议时，有权向国际商事法庭申请证据、财产和行为保全，也可以向国际商事法庭申请执行或撤销已经作出的仲裁裁决。而诉讼与调解的衔接表现为，当事人在通过调解方式解决争议时，国际商事法庭可以委托商事专家委员或者被指定的某一调解机构进行调解。当事人还可以要求国际商事法庭制作具有法律效力的调解书或判决书。相较之下，其他层级的人民法院并非"一站式"国际商事争议解决平台的构成部分，虽然它们在审理涉外商事争议时也会同仲裁、调解衔接，但缺少与国际商事专家委员会的合作，当事人也不能直接向审理法庭申请执行。

第三节　国际商事法庭的职能预期

为积极贯彻涉外法治战略，新的涉外法治保障机构不断出现，例如国际商事争端预防与解决组织、苏州国际商事法庭、"一带一路"国际商事法律服务示范区等，国际商事法庭也是其中之一。国际商事法庭的特色是融合诉讼及仲裁特点，其目标当事人是那些出于某种原因不喜欢诉讼，但也因为争议解决范围问题而不接受仲裁的人。总体上看，国际商事法庭的定位较为模糊，其审级设置存在一定的弊端。从审理涉外商事案件的角度来看，如何分流国际商事法庭与其他层级法院审理的涉外商事案件，值得探讨。目前我国的两个国际商事法庭分别设立在深圳和西安，二者之间的职能分配也存在一些问题。例如，高级人民法院将案件上移至国际商事法庭的案件的途径如何？是直接移送至第一国际商事法庭或第二国际商事法庭，还是交给最高人民法院，由最高人民法院分配至国际商事法庭？如果是前者，高级人民法院转移至第一国际商事法庭或第二国际商事法庭的条件是什么？国际商事法庭属于

---

① SUN Xiangzhuang, *A Chinese Approach to International Commercial Dispute Resolution: The China International Commercial Court*, The Chinese Journal of Comparative Law, Vol. 8, No. 1, 2020, pp. 48 – 49.

最高人民法院的审判机构，审级制度为一审终审。如果当事人对判决持有异议，则有权向最高人民法院本部申请再审。但对于再审程序如何运行及如何保证程序的公正性，现有规定并不全面。另外，国际商事法庭的审判人员由最高人民法院其他法庭的法官组成，国籍具有单一性。虽然最高人民法院设立了国际商事专家委员会，聘任各国专家作为商事专家委员，但他们能够起到的作用仍有待考量。

一、国际商事法庭的职能尚未完全发挥

国际商事法庭的设立具有特殊意义，但从案件审理的情况来看，该法庭的现有职能尚未得到很好的发挥。从两个国际商事法庭设立至今，它们审理案件的数量十分有限。截至 2024 年 4 月，通过中国裁判文书网对第一国际商事法庭和第二国际商事法庭审理的案件进行查询，在该网站上以"国际商事法庭"为关键词进行搜索，共出现 50 份法律裁判文书，其中 30 份并不涉及两个国际商事法庭，其余 20 份法律文书中包括 6 份判决书和 14 份裁定书；裁定书涉及案件的事由主要包括是否由国际商事法庭管辖以及仲裁协议的有效性。

对上述法律文书进行分析，可以发现以下三个问题。其一，国际商事法庭审理的案件数量较少，该法庭的大部分特色制度尚未实践。从中国裁判文书网中仅能检索到 6 份国际商事法庭作出的判决书，前述案件中的双方当事人对国际商事法庭的管辖权均未表示异议。在法律适用方面，当事人均同意案件适用中国法律审理。在具体程序方面，判决书没有涉及当事人是否选择调解以及国际商事专家委员会是否介入等内容。其二，国际商事法庭对争议是否具有管辖权的法律依据较为原则化，不涉及协议管辖案件。大部分裁定书裁定国际商事法庭享有管辖权的理由均为具有重大影响和典型意义，但尚未明确究竟何种情况下可以被认定为具有重大影响和典型意义；另有 1 份裁定书①

---

① 参见海航金融一期有限公司与方达投资控股有限公司、钱某委托合同纠纷案，最高人民法院（2019）最高法商初 4 号民事裁定书。

的结果为国际商事法庭不适宜审理且由海口市中级人民法院审理，理由是被告下落不明，适用法律依据为 2017 年《民事诉讼法》第 38 条第 1 款和配套的《最高人民法院关于适用〈中华人民共和国民事诉讼法〉的解释》（以下简称《民事诉讼法司法解释》）第 42 条之规定。从上述法律规定来看，被告下落不明属于国际商事法庭确定管辖的其他类型案件，属于自由裁量范围，而未涉及管辖权下移的具体情形。其三，国际商事法庭对仲裁协议效力管辖的法律依据没有得到体现。从检索的法律文书来看，国际商事法庭已经审理了多起申请确认仲裁协议效力的案件，① 但《国际商事法庭若干问题规定》和《国际商事法庭程序规则（试行）》仅涉及该法庭对国际商事仲裁裁决的保全、撤销与执行审查，不包括对仲裁协议或仲裁条款效力的审查。

通过对中国裁判文书网关于国际商事法庭的相关裁判的分析，可以认为国际商事法庭审理的争议数量具有局限性，程序运行与国内普通法院相比差别不大，相关制度呈现原则化状态，预测性较弱。现有国际商事法庭的制度设计、职能发挥和运行实践不能有效地吸引外国当事人选择国际商事法庭来审理案件。因此，应当对国际商事法庭的职能定位作出合理预期，落实该法庭承担的特殊司法任务，并在此基础上对其运行机制进行细化与完善。

二、国际商事法庭数量扩大化

从国际商事法庭的数量及区域分布来看，全国设立两个国际商事法庭，地点位于深圳和西安。之所以在深圳设立第一国际商事法庭，主要是由于该城市毗邻港澳地区，在开放方面处于前沿地位。深圳以及与其密切相关的粤港澳大湾区的涉外案件数量较多，并且该地区也是"海上丝绸之路"的重要经济支撑点。西安作为古丝绸之路的起点之一，向亚欧地区辐射的经济活

---

① 例如，北京港中旅维景国际酒店管理有限公司、深圳维景京华酒店有限公司申请确认仲裁协议效力案，最高人民法院（2019）最高法民特 3 号民事裁定书；新劲企业公司、深圳市中苑城商业投资控股有限公司申请确认仲裁协议效力案，最高人民法院（2019）最高法民特 2 号民事裁定书；运裕有限公司、深圳市中苑城商业投资控股有限公司申请确认仲裁协议效力案，最高人民法院（2019）最高法民特 1 号民事裁定书。

动日益增加，争议数量也呈现上升趋势，第二国际商事法庭的设立在该地区同样具有重要意义。不可否认，现有国际商事法庭的数量相对较少，当事人只能选择上述两个城市之一的国际商事法庭，而这与当事人便利化诉讼的目标不相一致。例如，在辽宁自贸区内平等主体之间产生了投资、贸易、货物运输等国际商事争议，诉讼标的额达到 3 亿元以上人民币，如果当事人选择国际商事法庭审理，则需要到深圳和西安进行诉讼。依据《国际商事法庭若干问题规定》第 17 条，对已生效的判决、裁定和调解书，当事人要向国际商事法庭申请执行，导致花费更多诉讼成本。虽然当事人可以通过电子诉讼服务平台、审判流程信息公开平台及其他服务平台进行诉讼，但是法院尚需进一步加强信息化建设，以保证所有当事人均可通过互联网完成诉讼流程。

中国自贸区建设的核心是创建一个符合国际惯例且对国际投资贸易具有国际影响力的商业环境，这既符合当代国际贸易的新形势，也适应中国开放性经济新体制的发展。[1] 2013 年 9 月—2023 年 11 月，中国分别在上海、广东、天津、福建、辽宁、浙江、河南、湖北、陕西等地区共设立 22 个自由贸易区。[2] 随着各个自贸区的"制度创新"和"扩大开放"，国际商事争议的数量不断增多，专业性、复杂性日益凸显，当事人选择解决争议的方式也呈现多样化状态。因此，针对自贸区建立一套科学有效的国际商事争议解决机制确有必要。当事人在选择争议解决机制时，其对运行机制的运作模式是否熟悉，该运行机制能否为其提供便利，都是重要的考虑因素。国际商事法庭作为审理国际商事争议的专门化机构，法官的素质及专业能力较强，国际商事

---

① 蒲杰：《中国自由贸易试验区法律保障制度研究》，电子科技大学出版社 2017 年版，第 15 – 16 页。

② 截至 2023 年 11 月，中国自贸区包括：中国（上海）自由贸易试验区、中国（广东）自由贸易试验区、中国（天津）自由贸易试验区、中国（福建）自由贸易试验区、中国（辽宁）自由贸易试验区、中国（浙江）自由贸易试验区、中国（河南）自由贸易试验区、中国（湖北）自由贸易试验区、中国（重庆）自由贸易试验区、中国（四川）自由贸易试验区、中国（陕西）自由贸易试验区、中国（海南）自由贸易试验区、中国（山东）自由贸易试验区、中国（江苏）自由贸易试验区、中国（广西）自由贸易试验区、中国（河北）自由贸易试验区、中国（云南）自由贸易试验区、中国（黑龙江）自由贸易试验区、中国（湖南）自由贸易试验区、中国（安徽）自由贸易试验区、中国（北京）自由贸易试验区、中国（新疆）自由贸易试验区。

专家委员会和"一站式"国际商事争议多元化解决机制能够为当事人提供诉讼便利化条件。因此，可以考虑在国际投资贸易聚集区增加国际商事法庭的数量，具体可以参考最高人民法院巡回法庭设立的数量和地点。

巡回法庭的基本职能是打破地方司法保护主义，缓解最高人民法院的案件压力，就地解决纠纷，方便当事人诉讼。[①] 国际商事法庭是司法体制改革的重要举措，其功能要从"一带一路"法治化国际公共产品供给的角度去理解。该法庭与巡回法庭均为最高人民法院的常设审判机构，实行一审终审制。不同的是，巡回法庭受理案件具有司法"去地方化"的宪法功能，而国际商事法庭受理案件主要是以争议标的额为准，与政治功能没有关系。[②] 最高人民法院已经在沈阳、西安、深圳、重庆、南京、郑州设立了巡回法庭，两个国际商事法庭的地点分别与第一巡回法庭、第六巡回法庭的所在地相同，但从最高人民法院的官网来看，难以辨析二者之间的关系。实际上，除深圳和西安外，可以尝试在沈阳、重庆、南京、郑州增设国际商事法庭，分别受理来自不同地域且符合管辖条件的国际商事争议，毕竟上述区域均设立了自贸区，可能会产生更多的国际商事争议。地方法院的涉外商事审判存在审判专业能力和经验不足等问题，国际商事法庭可以对其进行有效指导，确保地方重大案件审理的专业性。同时，国际商事法庭的增设可以方便当事人诉讼，否则部分当事人需要经过长途跋涉才能进行诉讼，导致花费更多的时间和经济成本。

在增设国际商事法庭后，应及时厘清各个国际商事法庭之间的关系以及合理分配争议管辖权。这些国际商事法庭均属于最高人民法院的内设审判机构，应当具有独立地位且由最高人民法院直接管理。高级人民法院审理的案件在上移时，应当先交给最高人民法院，后由最高人民法院根据具体情况分配至某一国际商事法庭。如果某一地区的国际商事法庭认为由其他地区的国际商事法庭审理更加合适，则应向最高人民法院本部报请，由最高人民法院

---

① 刘武俊：《破除司法地方保护主义藩篱》，载《人民法院报》2016年11月5日，第2版。

② 丁祥高、陈诗华：《"一带一路"倡议下中国国际商事法庭审级制度评析》，载《昆明理工大学学报（社会科学版）》2021年第3期，第21页。

根据具体情况作出决定，将案件分配给更为合适的法庭。

近年来，全国各地逐渐出现设立涉外民商事法庭和国际商事法庭的趋势。为创造法治化、国际化、便利化的营商环境，海南第一、第二涉外民商事法庭于2019年9月正式挂牌成立。上述两个法庭隶属于海南省高级人民法院，是省级跨区域集中管辖涉外民商事案件的专门法庭，审理指定区域内诉讼标的额50亿元人民币以下第一审涉外、涉港澳台地区民商事案件的立案、审判及执行，对海南自贸区自贸港建设具有标志性意义。2020年12月，苏州国际商事法庭作为全国首个地级市国际商事法庭在苏州工业园区揭牌，管辖范围包括：苏州市诉讼标的额不满50亿元人民币的第一审涉外民商事案件；当事人就苏州工业园区人民法院作出的涉外民商事裁判提起的上诉案件；应由苏州市中级人民法院受理的其他具有涉外因素或与开放型经济相关的案件等。① 2021年12月28日，北京国际商事法庭成立，具体管辖北京市辖区内诉讼标的额在50亿元人民币以下的第一审涉外民商事案件。2023年3月15日，杭州国际商事法庭正式挂牌成立，管辖应由杭州市中级人民法院审理的案件，案件类型包括：一审、二审涉外民商事案件；涉外商独资企业案件，信用证纠纷、保函纠纷等特定类型案件；仲裁司法审查案件、涉外调解协议确认案件；承认与执行外国仲裁裁决的审查案件；承认和执行外国法院民商事判决、裁定的审查案件；其他国际民商事司法协助案件。② 2024年12月30日，上海国际商事法庭成立，旨在依法对涉外商事案件进行集中管辖。上海市第一中级人民法院发布中英文版《上海国际商事法庭规程（试行）》和《上海国际商事法庭协议管辖示范条款》，探索完善与高水平制度型开放更加适应的国际商事审判制度，构建更加专业高效的国际商事争议解决体系。③

---

① 李嘉扬：《全国首个在地方法院设立的国际商事法庭亮相》，载杭州网，https://news. hangzhou. com. cn/gnxw/content/2020 – 12/02/content_7865663. htm，访问时间：2022年2月23日。

② 杭州市中级人民法院：《杭州国际商事法庭挂牌成立，刘捷、李占国共同揭牌》，载杭州市中级人民法院网，http://hzcourt. gov. cn/art/2023/3/16/art_1229157618_58867490. html，访问时间：2023年3月16日。

③ 张巧雨、卜玉、张睿智：《上海国际商事法庭揭牌成立》，载中国法院网，https://www. chinacourt. org/article/detail/2025/01/id/8601286. shtml，访问时间：2025年1月6日。

相较而言，国际商事法庭隶属于最高人民法院，它的设立更倾向于促进"一带一路"国际合作，妥善化解"一带一路"建设过程中的商事争议。在审理范围方面，国际商事法庭审理全国有重大影响的一审国际商事案件，而其他法院仅审理省内或市内特定区域的涉外民商事案件，只是在该地区内可能存在重大影响，如果在全国具有重大影响或高级人民法院认为应当由国际商事法庭审理，可以将案件转移至国际商事法庭。各地设立的涉外民商事法庭和国际商事法庭仍存在明显差异，并主要体现在国家范围内的影响和级别管辖方面。综上所述，国际商事法庭属于最高人民法院的常设审判机构，专门审理在全国具有重要影响的国际商事案件，与其他法院审理的涉外商事案件具有一定的差异。

三、审判救济程序具体化

公正价值和效率价值的侧重点是诉讼与仲裁的重要区别。诉讼机制更倾向于公正优先、兼顾效率原则，具体表现为案件审理程序和救济方式的设计。普通诉讼通过较为烦琐的一审、二审及再审程序来维护诉讼公正。与诉讼相比，仲裁"一裁终局"之特征体现了效率价值，有利于保证当事人参与诉讼的便利性。最高人民法院将国际商事法庭作为常设审判机构并采用一审终审制，主要是希望将该法庭作为审理涉外案件的"最高院"。[①]

国际商事法庭的成立对创建公平、稳定、便利的法治化营商环境，服务于"一带一路"建设，具有重要意义。将其设立在最高人民法院内部，既凸显了中国对外开放战略以及对"一带一路"建设、法治化营商环境的重视程度，也是提高司法权威及国际社会公信力的重要体现。中国法院的审级设置为四级两审制度，目前最高人民法院审理的一审案件均不能上诉，国际商事法庭也是最高人民法院的审判机构，按照现有法律规定，应当实行一审终审制。值得注意的是，当事人选择国际商事法庭诉讼不是以效率本位为基础，

---

① 刘俊敏、童铮恺：《"一带一路"背景下我国国际商事法庭的建设与完善》，载《河北法学》2019 年第 8 期，第 53 页。

而是更追求公正。国际商事法庭尚未赋予当事人上诉权，在很大程度上限制了当事人对法庭判决不认同的救济模式。另外，国际商事诉讼的优势是诉讼程序的严谨性及审理判决的权威性，国际商事法庭的判决实现了终局性效果，但在程序方面并没有仲裁灵活，有损诉讼程序特有的公信力。有学者建议，最高人民法院设立一级两审制或者使国际商事法庭设立的审级与高级人民法院等同，甚至通过意思自治最优先原则、上诉许可制等适当限制当事人上诉救济权利，[①] 但笔者认为在国际商事法庭已经设立并构建相应法律制度的情况下，更值得关注的是《国际商事法庭若干问题规定》中关于再审规定的细化，以保证当事人的救济权。

依据《国际商事法庭若干问题规定》第 16 条第 1 款的规定，当事人有权针对国际商事法庭作出的生效裁决向最高人民法院本部申请再审。《国际商事法庭若干问题规定》赋予当事人向最高人民法院申请再审的权利，但内容十分简略，因此建议进一步细化并完善再审相关规定。在此之前，需要明确再审程序应当遵循的法的价值，即正义性价值和安定性价值。前者要求再审程序以纠正实体裁判错误为核心，后者则要求依据正当程序作出的生效裁判具有稳定效力，不能轻易变动。再审是对可能或者已经发生的司法错误进行补救的程序，其设置对实现司法公正具有重要意义。当然，诉讼结果不可能达到终极真实和正义，只能在程序公正的基础上实现实体公正，为追求个别真实而牺牲程序公正作出的判决可能损害法的安定性。[②] 在完善具体内容方面，包括如下内容。

其一，依据不同主体对再审事由进行分类。当事人申请再审的原因是新发现证据和事实，不涉及对原审审判权判断的监督，而检查监督性再审是对原审审判权能否依法行使，对审判权违法导致裁判不公正的纠正。《民事诉

---

① 丁祥高、陈诗华：《"一带一路"倡议下中国国际商事法庭审级制度评析》，载《昆明理工大学学报（社会科学版）》2021 年第 3 期，第 23 页。

② 王俊杰：《法的正义价值理论与民事再审程序构建》，人民法院出版社 2007 年版，第 136 - 137 页。

讼法》(2023 年修正）第 211 条规定的 13 项民事再审事由①中，第 2 项、第 6 项是对原审审判权判断的监督，其本质属性与当事人申请再审的本质完全背离。因此，建议在《国际商事法庭程序规则（试行)》中明确对当事人申请再审事由与检察机关抗诉事由进行区分。当事人申请再审的事由主要包括：有新证据且足以推翻原审判决、裁定；原裁判主要证据是伪造的；原裁判遗漏或超出诉讼请求等，如《民事诉讼法》第 211 条第 4 项、第 5 项、第 7 项、第 8 项、第 9 项和第 10 项等。最高人民检察院的抗诉事由主要包括：原裁判事实和证据认定不符合法律规定，基本事实认定错误；原判决或裁定法律适用存在错误；原裁判损害国家利益、社会公共利益。而审判人员贪污受贿、徇私舞弊、枉法裁判以及原判决、裁定严重违反法定程序这两项事由，既是当事人申请再审的事由，也是检察机关抗诉的事由。

其二，明确最高人民法院对再审申请的合法性审查。当事人对国际商事法庭作出的生效裁决不服，向最高人民法院提起再审之诉，法院应进行形式审查和实质审查，对此建议在《国际商事法庭程序规则（试行)》中细化。在形式审查方面，审查内容主要包括当事人书面再审申请的规范性、提起再审之诉的主体是否符合要求、是否在再审期间内提起等。如果不符合再审条件，应作如下处理：再审申请能够补正的，告知当事人在一定期限内补正，否则裁定不予受理；再审案件不符合期限要求，不予受理并告知当事人理由；再审理由不符合法律规定，告知当事人按照法律规定事由提起，当事人逾期不更正的，裁定不予受理。在实质审查过程中，则应将重点放在当事人的

① 《民事诉讼法》第 211 条规定："当事人的申请符合下列情形之一的，人民法院应当再审：（一）有新的证据，足以推翻原判决、裁定的；（二）原判决、裁定认定的基本事实缺乏证据证明的；（三）原判决、裁定认定事实的主要证据是伪造的；（四）原判决、裁定认定事实的主要证据未经质证的；（五）对审理案件需要的主要证据，当事人因客观原因不能自行收集，书面申请人民法院调查收集，人民法院未调查收集的；（六）原判决、裁定适用法律确有错误的；（七）审判组织的组成不合法或者依法应当回避的审判人员没有回避的；（八）无诉讼行为能力人未经法定代理人代为诉讼或者应当参加诉讼的当事人，因不能归责于本人或者其诉讼代理人的事由，未参加诉讼的；（九）违反法律规定，剥夺当事人辩论权利的；（十）未经传票传唤，缺席判决的；（十一）原判决、裁定遗漏或者超出诉讼请求的；（十二）据以作出原判决、裁定的法律文书被撤销或者变更的；（十三）审判人员审理该案件时有贪污受贿，徇私舞弊，枉法裁判行为的。"

法定再审理由是否存在及是否成立，审查程序应遵循公开、透明、效率等原则。

四、审判人员的多元化配备

国际商事法庭（院）取得成功的一项基本要求是国际公认的合法性，这与法官的身份和行为密切相关，审判法官专业化有助于提升国际商事法庭（院）的可信度和公正性。商事活动和商人法的国际化，要求法官在审判跨国商事争议时，具有国际化视野，通晓相关国家法律，具有国际商事法律素养。[①] 关于是否引进国际法官及如何引进国际法官，则有待商榷。如果引进国际法官，则需妥善解决本制度与现行法律之间的冲突，例如外国法官是否列入公务员队伍、如何管理外国法官以及如何修改《法官法》等相关法律；如果不引进国际法官，则需要考虑在不修改现行法律制度的前提下，如何选任法官来处理国际化、专业化的争议，以进一步提高国际商事法庭的公信力。笔者认为，修改现行法律制度，程序复杂、考虑因素众多，并非易事，因此在暂时不对现行法律制度进行修改的情况下，国际商事法庭可以分阶段进行如下改革。

一方面，培养专门性的国际商事法庭法官。国际商事法庭已成立近六年，所有法官都是从最高人民法院其他审判庭中选出的法官，具有兼职性质，难以保证法官人员的稳定性。因此，建议培养国际商事法庭专门性的全职法官。《最高人民法院关于人民法院为"一带一路"建设提供司法服务和保障的若干意见》（法发〔2015〕9 号，以下简称《为"一带一路"建设提供司法服务和保障的若干意见》）第 15 条规定，应当加强专业人才培养和专门审判队伍，增强司法综合素质，拓展法官国际视野，鼓励法官参加国际交流，努力培养国际商事海事审判领域具有国际影响力的法官。同时，还应注重培养和储备国际化法律人才，建立"一带一路"涉外法律人才库，加强对国际商事

---

① 范健：《商事审判独立性研究》，载《南京师大学报（社会科学版）》2013 年第 3 期，第 83 - 84 页。

争议解决相关问题研究，努力将研究成果转化为实践工作。国际商事法庭发展的基础是培养专业化且具有国际视野的法官，可以考虑在全国法院范围内遴选一批熟悉商事交易惯例，能够将英语作为庭审和法律文书语言的法官进行专业化培训。国际商事法庭与其他国家的国际商事法庭（院），如英国商事法院、荷兰商事法庭、新加坡国际商事法庭、迪拜国际金融中心法院等，可以建立合作机制，即国际商事法庭（院）的法官可以定期到上述国际商事法庭访问、学习，以保证国际商事法庭法官队伍的精英化。另外，对法学专业学生的培养而言，全国高校法学院系可以与国际商事法庭进行合作，加强法学专业学生对专业英语、涉外法律实务、国际商事惯例等方面的培养，选拔较为优秀的学生去国际商事法庭定期实习，甚至可以在法律职业资格考试中增加专业英语、涉外法律实务、国际商事惯例等方面的考试，有意向成为职业法官的学生可以自愿选择此门学科的考试，通过此考试并成为法官的学生，在同等条件下可以优先成为国际商事法庭专业法官的候选人。

另一方面，考虑选任我国港澳台地区商业领域的精英人士作为国际商事法庭的人民陪审员，创建聘任港澳台地区法官制度。人民陪审制度是人民参与司法、实现司法独立与司法民主融合的最佳形式。人民陪审员可以在尚未通过法律职业资格考试的情况下参与司法审判，具有与法官同等的职责，依法参加审判活动、独立发表意见、对案件进行了解及处理等。实际上，中国已经存在法院选任港澳台地区的专家作为人民陪审员的经验，例如漳州、厦门、珠海、深圳等地的多个法院等。以深圳市前海合作区人民法院（以下简称前海法院）为例，截至 2019 年 9 月，该法院共选任 32 名香港地区陪审员，涉及领域包括金融、投资、物流、证券期货、知识产权、医学等。[①] 对于一般涉外或者涉我国港澳台地区案件，从香港地区陪审员名单中随机抽取并安排参与庭审；而对于法律关系较为复杂的案件，法院可以依据专业分类从相应陪审员名单中随机抽取，保证庭审人员的多元化和专业性。从庭审效果方

---

① 刘畅：《深圳前海法院推进港籍陪审员制度成绩斐然》，载中国法院网，https://www.chinacourt.org/article/detail/2019/09/id/4478782.shtml，访问时间：2022 年 2 月 25 日。

面看，香港地区专家陪审员不仅在庭前会议和法庭调查时可以就专业问题进行提问，还可以在合议庭评议时发表权威性意见，并在主审法官制作法律文书时给予建议。前文中提到，将国际商事法庭设立在巡回法庭所在的22个省（自治区和直辖市），可以与它们的基层人民法院对接，由基层人民法院选任港澳台地区中符合法律要求的专家作为人民陪审员。当事人有权在国际商事法庭审判案件时，选择"法官审理"或"合议庭审理"模式；如果选择后者，则国际商事法庭在相关人民陪审员名单中随机抽取，以充分发挥相关专业人员的司法优势，推动合理有效地解决争议。另外，港澳台地区法官具有中国国籍，国际商事法庭创建聘任港澳台地区法官制度，既符合中国法律对法官国籍的要求，又能在一定程度上解决中国法官结构单一的问题。因此，国际商事法庭可以与港澳台地区法官签订聘任制合同，在合同存续期间，该法庭与法官履行合同义务，而合同解除或终止后，受聘人不再具有法官身份。聘任制法官无须纳入公务员体系，不仅可以避免法官选拔之程序障碍，还可以在暂时不修改法律的情况下，保证国际商事法庭法官的多元化，提高公信力。当然，中国首创的国际商事专家委员会也是保证外国专家与国际商事法庭对接的途径之一，但这些国际商事专家委员不能参与国际商事案件的庭审，因此为更好地发挥该委员会应有的作用，笔者认为，应当对其运行机制进行完善，这部分将在本书第五章中具体阐述。

‖ 第二章 ‖

国际商事法庭运行机制的学理分析

国际商事争议的解决不仅关系国家治理体系和治理能力的现代化，还是中国参与全球治理和提升司法竞争力的重要因素。近年来，国际商事法庭在制度创新、运行机制建设、审判工作、国际合作等方面采取了一些举措，但由于该法庭成立时间较短且审理案件数量有限，在未来运行过程中难免产生阻碍，因此不断完善国际商事法庭的运行机制是十分必要的。国际商事法庭审理的对象是国际商事争议，其根据国内法和相应国际条约启动并运行，以实现解决争议之目的。本章主要对国际商事争议和国际商事争议解决机制进行定义，尝试设定国际商事法庭运行的评价标准，挖掘该法庭运行时遵循的理论基础以及应当遵循的司法理念。对域外国际商事法庭（院）特色制度进行总结，从比较法视角厘清我国国际商事法庭运行机制存在的立法局限性。

第一节　国际商事法庭运行机制的理解与评价标准

为创造更好的营商环境、扩大司法影响力，各国纷纷设立国际商事法庭（院）且制定与其运行相适应的法律。我国国际商事法庭于 2018 年成立，运行过程中遵循的制度依然存在不完善之处，亟须通过研究对比其他著名的国际商事法庭（院）的相关运行机制，并结合中国审理争议的类型及复杂程度来完善现有制度。在此之前，应当在明确国际商事争议解决机制的基础上，探索国际商事法庭运行机制的含义。另外，国际商事法庭成立并运行，通过一定标准判断运行过程中的优势与劣势，是完善该法庭运行机制的重要依据。

一、国际商事争议与国际商事争议解决机制

国际商事交易活动较为复杂且当事人利益存在差异，由此经常会产生争议，对国际经济贸易活动的有效运转造成很大的负面影响。为促进国际商事贸易开展，维护当事人合法权益，须采取有效方式以妥善解决各类商事争议。本部分从国际商事争议的概念出发，梳理国际商事争议解决机制的含义，制定该法庭运行的评价标准，进而引出现行运行机制存在的问题。

（一）国际商事争议的概念

争议属于广义概念，包括宗教争议、政治争议等，法律争议只是其中一类。以争议是否跨越国界为依据，如果争议没有涉外因素或国际性因素，则为国内争议，否则被称为涉外争议或国际争议。国际争议依赖于国家和国际社会形成，其还可以进一步分类，如国际法著作中经常提到的国际法主体之间产生的争议，即国际争端、国际民商事争议等。[①] 国际商事争议产生的前提是国际商事交往，其主要原因有两点：其一，在国际商事活动中，各方当事人的国籍、文化传统、法律观念及语言表达等存在差异；其二，民事活动涉及多个国家，各国政治、经济、法律背景会对当事人利益造成影响。基于上述原因，当事人可能对同一事宜存在不同理解，导致出现权益冲突及对抗行为。国际商事争议应当具有国际性和商事性。一般而言，国际性是指超越某一国境，从国家角度看，这就是具有涉外性质；商事性则较为复杂，由于各国立法体系存在民商合一和民商分立的区别，而国际私法尚未将民事、商事和民商事作出具体规定，因此没有统一的定义。目前，各国对国际性和商事性的范围界定有所不同，甚至国际公约的规定也存在差异。关于对国际性

---

① 黄进：《国际商事争议解决机制研究》，武汉大学出版社 2010 年版，第 4 页。

和商事性的理解，将在本书第三章具体论述，在此不再赘述。因此，可以将国际商事争议的基本概念理解为，国际私法主体在跨国商事活动中发生的涉及财产关系的权利和义务纠纷。

（二）国际商事争议解决机制的现状

争议解决机制是社会为解决争议建立的由规则、程序、机构和活动组成的系统。一般而言，争议解决方式因争议类型不同而存在差异，例如国际法主体间的争端应依据国际法和平解决，主要包括谈判、调查、调停、司法解决等。相对于国际公法调整的国际秩序，国际商事秩序更多地表现为国内商事关系的延伸。

国际商事争议解决机制，主要分为国内机制和国际机制两类。除世界贸易组织争端解决机制以及投资者与东道国之间的投资仲裁等国际机制外，还包括国际民事诉讼、国际商事仲裁和国际商事调解等国内机制。目前不存在超越国家的国际性法院来专门处理商事争议，通过诉讼程序解决的争议应由各国国内法院管辖。通常情况下，受理争议的法院为一方当事人所在国法院，对另一方当事人来说，可能存在诉讼不便、不熟悉相关法律等情况。法官更加熟悉本国法律，虽然有时案件会适用外国实体法，但法官更可能从本国的法律观念来理解与适用外国法。另外，判决在其他国家的承认与执行也存在限制条件，进而影响当事人诉讼目的的实现。与国际民事诉讼相比，国际商事仲裁更受欢迎。采取仲裁方式解决的争议占全球商事争议的70%以上。这种争议解决方式的自治性和民间性不涉及各国司法管辖权的分配。在裁决承认与执行方面，《纽约公约》的成员方基本包括90%以上的跨国商事活动的国家和地区。但从仲裁行业本身来看，国际商事争议主要由设立于欧美国家的仲裁机构审理，[1] 而中国仲裁机构具备的社会团体法人性质、适用的商事法律规则以及采用的仲裁语言等可能会成为当事人选择该机构的阻碍。除此之外，调解在国际商事争议解决领域也发挥着重要作用。国际商会仲裁院、

---

① 王贵国：《"一带一路"争端解决制度研究》，载《中国法学》2017年第6期，第58-59页。

美国仲裁协会能够为当事人提供调解服务，克罗地亚经济商会调解中心、新加坡国际商事调解中心等专门机构的设立进一步推动了调解机制的发展。关于调解的公约，1980 年 12 月通过的《联合国国际贸易法委员会调解规则》影响广泛。国际商会于 1988 年制定了《国际商会调解与仲裁规则》，2001 年对此规则进行修改并公布《国际商会友好争议解决规则》。为更好地扩大调解在国际商事争议解决领域的影响力，联合国国际贸易法委员会于 2002 年通过《联合国国际贸易法委员会国际商事调解示范法》，2018 年通过《新加坡调解公约》。

综上所述，在解决国际商事争议的国内机制中，传统诉讼占主导地位，国际商事仲裁逐渐成为主流，调解是新兴机制，[1] 但在司法实践中，传统诉讼模式较为"僵化"[2] 且各国程序存在差异，国际商事仲裁逐渐趋于诉讼化，调解仍需进一步发展。因而，为提升国际商事法庭（院）在国际商事争议解决领域的公信力和竞争力，部分国家已经或正在建立该类法庭（院），以期在正式司法争议解决（传统诉讼）和非正式司法争议解决（国际商事仲裁）之间发挥桥梁作用，同时在管辖权、审判程序、判决承认与执行等方面进行创新。

二、国际商事法庭运行机制的含义及评价标准

经济全球化发展从传统的国际分工体系、产业分工体系逐渐转向全球价值链分工体系，各国加入全球价值链的角色不同，这主要取决于本国的创新能力和竞争力。[3] "一带一路"建设在全球商事领域发挥着越来越重要的作用，不仅推动基础设施建设，而且与其他国家和地区的经济关系进一步融合，

---

[1] V. K. Rajah, *W（h）ither Adversarial Commercial Dispute Resolution*？, Arbitration International, Vol. 33, No. 1, 2017, pp. 18 – 22.

[2] Sundaresh Menon, *The Future is Now：Legal Trends in the Global Village*, Keio Law Journal, Vol. 36, 2006, p. 8.

[3] 苏宁等：《"一带一路"倡议与中国参与全球治理新突破》，上海社会科学院出版社 2018 年版，第 2 – 3 页。

这种发展主要取决于三个因素，即价值观、行动力以及相应机制。① 为创造一个稳定、透明、法治的国际商事环境，构建公平、高效、方便、低成本的国际商事争议解决机制是十分必要的。设立国际商事法庭是中国司法领域的大胆创新，也为中国深度参与国际商事争议的解决提供机遇。② 目前，国际商事法庭的成立时间不久，运行机制有待完善，其前置条件是更好地理解国际商事法庭运行机制的含义以及评价运行机制的优劣。

（一）国际商事法庭运行机制的含义

"机制"一词最早源于古希腊文（Mechane），含义为工具和机械，即人类为达到特定目的而制造的装置，该词语最先在工程学领域使用。马克思首次将"机制"一词运用于社会科学领域，并在《资本论》中多次出现。③ 现代社会中，"机制"在社会科学及日常生活中频繁出现，如市场机制、社会机制、工作机制等，那么究竟如何解释该词语的含义？《牛津高阶英汉双解词典》将"机制"一词予以简单解释，即机械装置、机理和构造、常规方法和程序。④ 1979 年版上海辞书出版社出版的《辞海》将"机制"解释为机器的构造和运作原理，生物学和医学领域也类比借用本词语。⑤ 还有词典将"机制"理解为三种含义：机器的构造和工作原理；有机体的构造、功能和相互关系；复杂工作系统和自然现象的物理与化学规律。⑥ 笔者认为，"机制"是按照一定规律运行的调节机能，它贯穿于整个系统内部，本身具有结构、特性和功能之义，更加强调系统化和综合化。"运行"本质上具有程序正在被使用的意思，因此运行机制可以被理解为机构的内在机能和程序的运

---

① GONG Hongliu, *The Belt and Road Initiative*（*BRI*）: *A China-Specific Approach for Global Governance*, Journal of WTO and China, Vol. 8, 2018, p. 37.

② Freshfields Bruckhans Deringer, China Establishes International Commercial Courts to Handle Belt and Road Initiative Disputes, Accessed Feb. 5, 2022, https://www.law.ox.ac.uk/business-law-blog/blog/2018/08/china-establishes-international-commercial-courts-handle-belt-and.

③ 罗晋辉、郭建庆：《谈"机制"的内涵、演化和特性》，载《社会》1989 年第 6 期，第 5 页。

④ ［英］霍恩比：《牛津高阶英汉双解词典》（第 8 版），赵翠莲、邹晓玲译，商务印书馆 2014 年版，第 1291 页。

⑤ 辞海编辑委员会编：《辞海》，上海辞书出版社 1979 年版，第 2861 页。

⑥ 陈晨等主编：《简明汉语逆序词典》，知识产权出版社 1986 年版，第 246 页。

行方式，是引导和制约本机构发挥积极作用、决定机构合法活动的内在因素及相互关系的总称。

为服务和保障"一带一路"建设，创建更加中立化、国际化、公信力强、高效且透明的争议解决平台，国际商事法庭应运而生，以专门解决复杂且具有重大影响的国际商事争议。国际商事法庭运行机制是一个复杂的工作体系或系统，以具体法律制度为依据，在合理设置内部结构的基础上发挥法庭的审判职能，引导当事人顺利完成诉讼的系统化程序。

（二）国际商事法庭运行机制的评价标准

现代程序法学者普遍认为，争议解决机制的评价标准应当分为宏观标准和微观标准。[1] 其中，宏观标准包括公正和效率。公正赋予双方当事人平等主义等基本要求，效率包括时间和成本两个要素，如果维护当事人权利的决定作出的期限太长，或者当事人解决争议时需花费高额成本，则均不符合效率要求。相应地，微观标准是从争议解决的不同方面进行审视。顾培东教授认为，公正和效率无法全面检验具体制度和司法行为的标准。[2] 齐树洁教授进一步划分争议解决机制的微观标准，即争议主体对解决程序的参与性、争议解决者的正当性和权威性。[3] 国际商事法庭作为最高人民法院的组成部分，专门审理国际商事争议，其运行效果与中国在国际社会的司法竞争力和公信力密切相关。虽然《国际商事法庭程序规则（试行）》明确规定该法庭运行的主要目的是公正、高效、便捷、低成本地解决争议，但以何种标准衡量上述目的是否达到，在本规定中并没有很好地体现。因此，针对国际商事法庭的运行机制，设定相应的评价标准，在一定程度上能够促进该法庭运行机制的改革与完善。对于如何设定评价标准，建议与国际社会的有关实践相衔接，毕竟国际商事法庭运行作为司法机制的组成部分，已经成为经济全球化背景下的重要竞争因素，也是《全球竞争力报告》的重要衡量指标。

---

[1] 张艳丽：《民事诉讼理论与制度》，法律出版社 2017 年版，第 6 页。

[2] 顾培东：《论我国民事权利和司法保护的流失》，载《法学研究》2002 年第 6 期，第 99 页。

[3] 齐树洁主编：《纠纷解决与和谐社会》，厦门大学出版社 2010 年版，第 12 - 15 页。

欧洲、亚洲、澳大利亚和美国的法院及研究机构于 2007 年共同成立卓越法院国际框架标准联合会，其目标是通过确立价值观、概念和工具框架，吸引更多国家的法院自愿评估，以提高法院的管理质量。该联合会于 2020 年 5 月发布的《卓越法院国际框架标准》（第 3 版）是国际司法领域中衡量司法正义质量、法院工作水平、公众满意度较为客观的评价体系，截至 2022 年 2 月底，卓越法院国际框架标准联合会成员的数量高达 52 个，其中有两个国际商事法庭（院），即新加坡最高法院和迪拜国际金融中心法院。① 《卓越法院国际框架标准》在内容上，包括卓越法院国际框架标准联合会的介绍、法院价值、标准及实施、业绩与进展的衡量。暂且不论中国是否加入卓越法院国际框架标准联合会，国际商事法庭在审理具有国际性质的案件时，其运行衡量标准应当与国际对标，以提高该法庭在国际社会的公信力。因此，建议以《卓越法院国际框架标准》的七个衡量指标为参考，制定评判国际商事法庭综合实力的标准，对该法庭的特殊定位和价值追求作出全面理解，为该法庭运行机制的完善提供方向。

　　具体而言，国际商事法庭的衡量指标或者未来建设中考虑的重点，应包括以下七个方面。第一，最高人民法院在法庭建设方面的创新性。最高人民法院的指导是国际商事法庭愿景、使命和价值观输入的主要途径。国际商事法庭作为一个司法机构，具有特别的属性，最高人民法院需从该法庭未来发展的角度出发，提出其运行的价值观，通过与当事人互动来了解他们的需求，同时与国际商事仲裁机构、国际商事调解机构、国际商事专家委员会等密切合作，弥补国际商事法庭运行之不足。第二，积极的法庭发展政策。卓越法院改善司法业绩的目标，需通过完善的司法政策和工作计划来实现。② 国际商事法庭的政策需要兼顾短期目标和长期目标，让法官、国际商事专家委员、法院行政人员参与制定法院政策，毕竟上述人员对各自领域的专业知识和实

---

　　① International Consortium for Court Excellence, Current Members, Accessed Feb. 20, 2022, https://www.courtexcellence.com/members/current - members.

　　② 林娜：《"卓越法院"的国际评价标准（上）》，载《人民法院报》2013 年 3 月 1 日，第 8 版。

践内容非常熟悉，可以具体分析该法庭运行存在的风险、未来定位及发展。第三，国际商事法庭法官的有效管理。在分配案件时，应考虑每个法官的预计工作量和案件需要的平均时间，以保证他们合理高效地审理每一起案件。最高人民法院根据国际商事法庭法官的专业和职业发展需要，定期进行内部培训、研讨以及外出交流。第四，舒适的审判环境和公正高效的诉讼程序。在审判环境方面，不仅要有足够的审判庭以确保案件能够合理安排，还要让当事人在该法庭的环境中感到放心，如优化进入法院的安检系统设置等；在审判程序方面，公正和高效是基本目标，可以通过分析工作流程，发现国际商事法庭运行过程中存在的障碍并制定改进计划。另外，鼓励争议通过非诉讼纠纷解决程序（ADR）解决，国际商事法庭与相关仲裁机构、调解机构衔接，为当事人提供"一站式"多元化解决平台。第五，维护法庭服务对象的满意程度。当事人选择在国际商事法庭解决争议是提高公众对其信任的重要途径，法庭服务对象的需求和感受是该法庭致力于提供优质法律服务的主要体现。第六，提供便捷的司法服务。在诉讼费用设计方面，保证大部分当事人能够负担诉讼费用；在信息提供方面，综合考虑各方当事人的具体情况，制定诉讼程序流程图、小册子以及相关表格等；在信息化管理方面，提供中英文网站，使当事人可以在网上立案和参加视频会议，为不通晓语言的当事人提供翻译服务等。第七，获得国际社会公信力。国际商事法庭程序的透明性和有效性是衡量公正性的标准之一，庭审过程和判决应当公开，当事人有权对该法庭的程序和判决结果提出疑问，对此法庭应及时且公平地处理。以《卓越法院国际框架标准》评价指标为依据，制定国际商事法庭建设与运行的标准，在维护司法程序正当性的基础上，保障当事人获得平等保护，为该法庭的有效运行提供方向。

第二节 国际商事法庭运行机制的价值基础

国际商事法庭集中审理全国重大、复杂的第一审国际商事案件。为保证判决权威性，提高法庭审判的吸引力，促进判决在域外能够顺利被承认与执行，国际商事法庭运行机制的基本理论显得十分重要。本节主要从当事人平等的诉讼权利、意思自治、诉讼公正与诉讼效益的平衡等基本理论出发，论述国际商事法庭在运行过程中如何依法维护当事人合法权益、尊重当事人意思自治，以达到终极价值目标——对公正与效率的追求。

一、当事人平等的诉讼权利

在国际民事诉讼活动中，当事人诉讼权利的平等，要求他们具有平等地位，享有诉讼权利和承担诉讼义务。如果一方当事人是外国人或外国企业，那么诉讼权利必须以对等为基础，各国在对等的前提下赋予他国当事人平等诉讼权利。国际商事法庭审理的是跨国商事争议，而当事人平等的诉讼权利是实现国际民事诉讼目的必须考虑的诉讼价值，因此如何在国际商事法庭运行过程中体现上述价值，保证中国司法在国际社会中的公信力，就显得十分重要。

（一）平等诉讼权利的含义

关于平等的含义，学界存在不同观点。让－雅克·卢梭（Jean-Jacques Rousseau）认为，平等不能以权力和财富衡量。① 当代美国著名学者莫提默·J. 艾德勒（Mortimer J. Adler）认为，当事物在某一认同方面不多于也不少于其他事物时，它们之间是平等的。② 现代法学家 E. 博登海默（E. Bodenheimer）提到，平等具有多种含义，可以是政治参与权利、收入分配制度，也可以是不得势群体的社会地位和法律地位，包括法律待遇平等、机会平等、人类基本需要的平等。③ 法的平等是平等的表现方式之一，是相对意义上的平等，

---

① ［荷］亨利·范·马尔赛文、格尔·范·德·唐：《成文宪法的比较研究》，陈云生译，华夏出版社 1987 年版，第 251、255 页。

② ［美］穆蒂莫·艾德勒：《六大观念》，郗庆华等译，生活·读书·新知三联书店 1991 年版，第 161 页。

③ ［美］E. 博登海默：《法理学——法哲学及其方法》，邓正来、姬敬武译，华夏出版社 1987 年版，第 285 页。

主要包括立法之外的平等和法律面前的平等。关于立法之外的平等，中国学术界的主流思想认为，法的平等只是司法平等和执法平等，不包括立法平等，其主要归结于法是统治阶级意志的体现，是阶级统治的工具。[①] 笔者认为这种观点失之偏颇，司法、执法平等必须以立法上的平等为根据，如果只有司法、执法和法律适用方面的平等，而缺乏立法平等，这并非法之平等的完整体现。法律面前人人平等的适用主体是社会成员，他们在法律面前不因民族、种族、职业、性别、社会出身、教育程度、宗教信仰、政治面貌等因素而有所差异，其主要包括四个方面的平等，即平等保护、平等遵守、平等适用和平等制裁。法律应当维护所有社会成员的合法权益，他们平等地享有法的权利、履行法的义务，对于违法犯罪行为，应予以同等追究或处罚。

《民事诉讼法》从程序正义角度确立了当事人平等的诉讼权利，旨在实现当事人的合法权益，要求当事人在法律适用方面一律平等，同时应当保障当事人平等地行使诉讼权利。对于当事人享有平等诉讼权利的含义，学界亦存在不同理解。例如，陈桂明教授认为诉讼权利平等，不仅包括原被告的诉讼地位平等，还包括实体权利人和实体义务人、不同身份的人、不同国籍和无国籍当事人之间的平等诉讼地位。[②] 还有学者从法理角度出发，认为当事人平等的诉讼权利主要包含两层含义，即《民事诉讼法》赋予当事人平等诉讼和受法院审判权平等保护的权利。[③] 其中，前者主要表现为当事人共同享有且可独立行使的权利、双方共同享有且共同行使的权利、一方当事人单独享有的权利等；后者则从法院角度出发，向当事人提供平等的诉讼机会，对当事人的主张给予同样重视。笔者认为，当事人平等的诉讼权利以地位平等为前提，在整个诉讼过程中享有同等权利且承担同等义务，如果一个国家对另一国当事人的诉讼权利加以限制，则另一国可能对该国当事人诉讼权利作

---

① 卓泽渊：《法的价值论》（第2版），法律出版社2006年版，第304页。
② 陈桂明：《诉讼公正与程序保障》，法律出版社1996年版，第6页。
③ 张红侠：《民事诉讼平等原则的法哲学思考》，载《南京工业大学学报（社会科学版）》2003年第2期，第31-34页。

出同样的限制。

（二）当事人享有平等诉讼权利的原因及重要意义

《民事诉讼法》第 8 条将当事人平等作为基本原则之一，其主要原因有以下两点。其一，平等的诉讼权利在一定程度上满足当事人同等对待的心理需求。人类有希望受到别人尊重的心理，如果自认为同他人在法律上享有平等权利的人受到不平等待遇时，他们可能认为自己的人格和共同的人性受到侵害，但促使更为平等的法律制度发展的力量是人类不愿受他人统治。[①] 满足当事人的平等心理是民事诉讼实现其目的的重要前提。其二，平等的诉讼权利是实现程序公正的必然要求。程序公正价值包括程序主体地位的确立、以客观事实为判案依据和司法机关的中立地位。从当事人与法院之间的关系来看，法院行使审判权的前提是当事人提起民事诉讼，当事人与法院对民事诉讼活动具有重要的推进作用，保障当事人地位平等是实现程序公正、确立平等原则的重要前提。

程序法是关于诉讼权利和义务的法律，我们不能否认诉讼权利与实体权利的密切关系。只有在当事人的民事实体权利处于非正常状态或权利义务不明确的情况下，他们才享有诉讼权利。双方当事人与法院之间的关系应呈等腰三角形状态，法院居于等腰三角形顶点，与当事人保持相等距离，当事人分别在等腰三角形的两个底角，处于平等对抗状态。在民事诉讼中，当事人诉讼权利平等具有重大意义。首先，民事诉讼对象是因民事权利义务产生的争议，民商法调整的社会关系性质决定主体法律地位平等之公理性原则，[②] 此原则在民商事争议解决领域中亦得到延伸。其次，当事人诉讼地位平等。法官平等地保障当事人行使诉讼权利，在双方平等的情况下，形成对立性和竞争性，[③] 以达到公平、公正的诉讼效果。最后，平等的诉讼地位可以节约

---

① ［美］E. 博登海默：《法理学——法哲学及其方法》，邓正来等译，华夏出版社 1999 年版，第 199 页。

② 常怡：《比较民事诉讼法》，中国政法大学出版社 2002 年版，第 283 – 284 页。

③ 陈桂明：《诉讼公正与程序保障》，法制出版社 1996 年版，第 4 页。

诉讼成本。如果法律仅赋予原告起诉权而未赋予被告反诉权，那么可能导致本应合并审理的反诉案件只能"另案处理"，这不仅影响司法资源的合理利用，而且增加当事人诉累。

（三）当事人平等诉讼权利是国际商事法庭公正运行的基础

一方面，平等保护中外当事人的合法权益是国际商事法庭运行的宗旨之一。《国际商事法庭若干问题规定》将平等保护中外当事人的合法权益，与依法公正及时审理国际商事案件、营造法治化国际营商环境和服务"一带一路"建设，一并作为国际商事法庭设立及运行的宗旨。另外，《国际商事法庭程序规则（试行）》第3条进一步规定，国际商事法庭平等保护当事人的合法权益，保障中外当事人充分行使诉讼权利。当事人的法律地位是他们享有诉讼权利及承担义务的前提，其立法本意是确定当事人在诉讼中的平等地位，保证他们在诉讼中均衡对抗。国际商事法庭在受理案件时，当事人法律地位平等主要体现为以下两点。第一，双方当事人享有平等的诉讼权利。中国法律规定当事人共同享有的诉讼权利，根据当事人在诉讼中扮演的特定角色，赋予一方当事人诉讼权利以及对方当事人的对等性权利，保证民事诉讼法律关系中等腰三角形的诉讼结构。例如，国际商事法庭的审判语言为汉语，为保障外国当事人的合法权益，维护中外当事人在法庭中的平等地位，《国际商事法庭程序规则（试行）》规定双方当事人有权向法庭申请提供翻译服务。第二，双方当事人承担诉讼义务的平等性。义务与权利是相对应的，国际商事法庭在审理争议时，当事人享有平等权利且承担平等义务。当然，平等义务并非指原告承担的义务与被告承担的义务完全相同，而是指在立法上某一方当事人不应当承担比另一方当事人过重的诉讼义务。例如，国际商事专家委员调解案件的费用由双方当事人协商解决，如果协商不成，则由双方当事人共同承担，而非由某一方承担。

另一方面，国际商事法庭将平等保护中外当事人的合法权益的宗旨体现在审判过程中。《民事诉讼法》第8条赋予当事人在诉讼中的平等权利，法院在审理案件时应保障和便利当事人诉讼，在适用法律方面确保一律平等。

在国际商事法庭运行过程中，保障当事人平等的诉讼权利，主要表现为以下两点。一是无论当事人是否为中国国籍，是自然人还是法人，他们在民事诉讼中均享有平等的诉讼权利，如委托代理人、提供证据、请求和解、申请再审等。二是国际商事法庭审判权的中立性。法官作为国际商事法庭行使审判权的主体，在整个诉讼程序中，应当与当事人保持同等的司法距离，对案件持客观态度。① 同时，法官与其审理的国际商事争议之间应不存在关联性，不能将其个人价值取向作为审理和裁判的基础，否则可能影响司法公正。

二、意思自治理论

意思自治是当事人在私法范畴内享有的自由意志，他们根据自己的意愿创设、变更或者消灭民事法律关系，不受他人非法干预。其实质含义是尊重当事人的真实意愿和个人权利，使当事人有权摆脱法律为他们提供的固定模式，自由地设置法律关系。在程序法中，意思自治则表现为当事人可以自由协议选择管辖合同纠纷的法院或仲裁机构。

（一）意思自治理论的发展

意思自治的萌芽起源于古希腊时期。当时古希腊就其与埃及法庭管辖权颁布了法令，该法令允许埃及人在其本国法庭使用埃及文字签订合同和对希腊人提起诉讼。他们可以将合同所使用的语言作为连结点，即通过某种惯用语言挑选法院且进一步选择法律。② 直到 16 世纪，法国学者查理·杜摩林（Charles Dumoulin）在"夫妻财产关系适用夫妻共同住所地法"规则中使用"应与当事人默示或可能的意向相符"之表述，被后来的学者称为"意思自治之父"。③ 从 17 世纪开始，意思自治理论被不同国家学者予以补充和完善，

---

① 章武生等：《司法现代化与民事诉讼制度的建构》，法律出版社 2000 年版，第 56 页。
② 肖永平：《肖永平论冲突法》，武汉大学出版社 2003 年版，第 186 页。
③ ［法］亨利·巴蒂福尔、保罗·拉加德：《国际私法总论》，陈洪武等译，中国对外翻译公司 1989 年版，第 310 页。

并逐渐成为解决国际法冲突的理论。荷兰法学家优利克·胡伯（Ulicus Huber）首先接受当事人意思自治理论，之后美国最高法院大法官约瑟夫·斯托里（Joseph Story）和德国法学家弗里德里希·卡尔·冯·萨维尼（Friedrich Carl von Savigny）均对意思自治理论予以进一步研究，但是他们都主张应当考虑当事人的意思自治，却没有直接提出适用当事人选择的法律或纠纷由被选择的法院管辖。意大利学者孟西尼（Mancini）首次明确提出当事人意思自治理论，他认为国籍是国际私法最基本的连结因素，主张国籍国法支配私人之间的法律关系，而合同的其他方面可以适用当事人共同选择的法律。无论是国籍国法律还是当事人选择的法律，均不能违反法院地国的公共秩序和最高利益。① 在孟西尼的推动下，《意大利民法典》将意思自治作为法律原则纳入法典，并通过明确的条款形式予以体现。除英国、意大利等少数国家外，大多数国家直至 20 世纪才把意思自治作为合同法律适用的原则。

就中国而言，意思自治是西方国际私法理论的舶来品。新中国成立前，并不存在明确规定当事人意思自治的法律条款。直到 1953 年，我国台湾地区对北洋政府于 1918 年颁布的"法律适用条例"进行修订，才明确了意思自治原则。② 自 1978 年改革开放以来，我国学者在专著、论文、教材中多次肯定当事人的意思自治，并根据具体国情不断完善该原则。1986 年颁布的《中华人民共和国民法通则》（已失效）对包括契约自由和意思自治的合同自由作出简单而抽象的规定，但总体上看，其尚不能充分反映意思自治所体现的私法本质。随着民主法治逐步深化，中国实现了计划经济向市场经济的转变，自此意思自治蕴含的基本理念与精神逐渐为中国法律与实践所接受。目前来看，无论是从当事人选择法律解决涉外合同纠纷方面，还是从涉外协议管辖方面，当事人的意思自治均发挥着十分重要的作用。

（二）当事人意思自治的价值和发展基础

意思自治是各国国际私法中的基本原则之一，该原则对促进现代国际私

---

① 许军珂：《国际私法上的意思自治》，法律出版社 2006 年版，第 18－19 页。
② 梅仲协：《国际私法新论》，三民书局 1974 年版，第 274 页。

法制度的完善具有重要作用。作为法的现象，意思自治还具有国家意志性、社会规范性及普通有效性，① 其价值主要包括以下两个方面。一方面，意思自治是自由价值的体现。从哲学角度来看，意思自治属于实践活动，人们将意思自治的行为作为存在方式，并通过特定行为实现人们的选择自由。大部分学者认为权利的核心内容是自由，如托马斯·霍布斯（Thomas Hobbes）把自由视为权利的本质，② 伊曼努尔·康德（Immanuel Kant）强调权利是意志的自由行使，③ 也就是说，人在任何条件下都通过自己的意志行使法定权利。另一方面，意思自治之权利本位价值。权利属于人性范畴，来源于人之诉求。从司法领域来看，意思自治贯穿诉讼的目的是实现自由价值且突出权利本位。对于长期实行意思自治的国家，强调其价值追求十分重要，只有正确深刻地认识了意思自治的本质，才能保证其在司法领域的稳定性和权威性。

另外，意思自治理论的形成与发展有着哲学、经济、社会方面的基础。首先，意思自治的哲学基础，即人生而自由平等。14世纪，意大利的人文主义思想奠定了契约自由的哲学基础，它强调自由、平等、人权，提倡人应当有独立人格和自由意志，而非依附于神。④ 此外，英国学者的不干涉主义哲学思想和亚当·斯密的经济自由主义理论等作为意思自治发展和完善的理论先导，为意思自治的发展奠定了哲学根源。⑤ 其次，意思自治的经济基础，即自由经济理念。契约自由与市场经济存在十分密切的联系，是市场经济得以发挥作用的基本法律模式。市场既是参与者发生交易的结果，也是个人利益得以实现的场所，而法律保护了市场参与者地位平等、意愿表达自由及自

---

① 胡伟：《意思自治的法哲学研究》，中国社会科学出版社2012年版，第188页。

② 郭道晖：《法理学精义》，湖南人民出版社2005年版，第87页。

③ ［德］康德：《法的形而上学原理——权利的科学》，沈叔平译，商务印书馆1991年版，第40页。

④ 赵万一：《对民法意思自治原则的伦理分析》，载《河南财经政法大学学报》2003年第5期，第17页。

⑤ 王春荣：《亚当·斯密与经济自由主义思想》，载《北京电子科技学院学报》2009年第3期，第10－11页。

由竞争秩序。最后，市民社会是意思自治的社会基础。市民社会是由契约性关系网络组成的社会系统，而意思自治是连接契约当事人的重要纽带，为市民社会注入了新鲜活力。① 市民社会的现实基础为商品经济、自治组织和文化整合，且该社会的基本理念为自由、平等、天赋人权等，为意思自治提供了社会基础。

（三）国际商事法庭运行中的意思自治理论体现

各国纷纷在国际商事审判领域设置国际商事法庭（院），试图获取争议解决领域的话语权。② 而如何吸引更多的当事人选择中国国际商事法庭来解决争议，以及怎样提升其在国际社会的公信力和影响力，是需要重点考虑的问题。中国对国际商事法庭运行机制依据的文本设计，应当在当事人实际地位平等的基础上，凸显私法自治和当事人的意思自治，并在维护国家主权原则的前提下，尽可能地尊重当事人意思自治。《国际商事法庭若干问题规定》和《国际商事法庭程序规则（试行）》均包含维护当事人意思自治的条款，主要包括如下四点内容。其一，在国际商事法庭运行过程中，应对当事人意思自治予以充分尊重。《国际商事法庭程序规则（试行）》第 2 条强调，该法庭依法尊重当事人意思自治，赋予他们选择争议解决方式的权利。其二，协议管辖方面的意思自治。《国际商事法庭若干问题规定》第 2 条第 1 项明确当事人协议选择国际商事法庭的权利并规定具体条件，即符合《民事诉讼法》第 277 条规定，诉讼标的额的下限为 3 亿元人民币，争议性质具有国际性和商事性，选择对象为最高人民法院。③ 其三，准据法选择方面的意思自

---

① 赵万一：《对民法意思自治原则的伦理分析》，载《河南财经政法大学学报》2003 年第 5 期，第 16 页。

② 石静霞、董暖：《我国国际商事法庭的若干核心问题》，载《西安交通大学学报（社会科学版）》2019 年第 3 期，第 117 页。

③ 关于当事人协议管辖对象的问题，虽然《国际商事法庭若干问题规定》第 2 条第 1 项明确表示当事人应当选择最高人民法院，但《国际商事法庭程序规则（试行）》第 8 条第 2 项进一步规定，原告向国际商事法庭提交的材料之一为选择最高人民法院或第一国际商事法庭、第二国际商事法庭管辖的书面协议。通过上述条款可以看出，最高人民法院或第一国际商事法庭、第二国际商事法庭均是当事人书面协议的对象。

治。《国际商事法庭若干问题规定》第7条强调，当事人在国际商事法庭诉讼时，可以选择准据法。在准据法适用方面，如果当事人根据法律规定共同选择适用法律，则应当认可并适用当事人选择的法律。其四，"一站式"争议解决机制之意思自治体现。"一站式"国际商事争议多元化解决机制是中国化解国际商事争议的重要途径，能更好地为当事人提供高效、便利、多元化的司法服务。《国际商事法庭若干问题规定》第11条是对"一站式"国际商事争议多元化解决机制的具体规定，即国际商事法庭支持当事人选择多元化争议解决平台，通过更合适的方式解决争议。另外，《国际商事法庭程序规则（试行）》第四章明确了审前调解内容，其中，第17条规定当事人有权自愿选择调解与否，如果同意调解，可商定调解期限（一般不超过20个工作日），并选择国际商事专家委员作为调解员。如果当事人同意审前调解，可以在最高人民法院公布的调解机构名单中选择具体机构。第20条规定则强调国际商事专家委员在调解时应遵守相关规定，调解的前提必须是当事人自愿。上述规定是国际商事法庭尊重当事人意思自治的体现，符合私法自治和契约自由的价值追求，有利于保障当事人享有平等诉讼的机会，符合自由平等的价值取向。

三、诉讼公正与效率价值

诉讼程序真正永恒的生命基础在于公正性，而公正在解决争议的过程中，具有更高的价值，也是实现法律争议的根本保障。[①] 相应地，诉讼程序需要投入大量的人力、物力和财力，诉讼效率体现为程序运行过程中的经济合理性。国际商事法庭的运行程序与普通法院存在一定的差异，如前者须与国际商事调解机构和国际商事仲裁机构对接，要求域外证据非公证质证等，在整个过程中更加突出诉讼公正与效率价值的对立统一关系。

---

① 顾培东：《社会冲突与诉讼机制》，法律出版社2016年版，第54页。

（一）对诉讼公正与诉讼效率价值的理解

公正即正义，在法哲学中几乎一直被认为是法律的唯一价值目标。如何理解公正，也是困扰学者的最为古老的话题之一。有学者称，正义像希腊神话中海神普罗透斯那张不定的脸，随时可呈现不同的形状，具有各不相同的面容。① 柏拉图认为正义就是"和谐"，每个公民应在各自角色中尽自己的义务，做与其本性最相适应的事情；赫伯特·斯宾塞（Herbert Spencer）认为正义即"自由"，每个人都可以自由选择，做自己想做的事情，前提是不侵犯他人相同的自由；亚里士多德认为正义的核心是"平等"，同等的东西给予相同的人，不同等的东西给予不同的人；而托马斯·霍布斯将"安全"作为正义论的基点，认为保护财产和契约安全是法律有序化的目标，自由和平等应服从这一目标。② 此外，我国学者对公正价值也有不同认识，例如张文显教授将西方法哲学家的观点分为社会正义论、相对正义论、形式正义论和资格正义论，③ 而顾培东教授将公正分为实体正义和程序正义。④

从上述各学者的观点可以看出，公正是一个崇高而又有些混乱的概念，其蕴意十分丰富。具体到民事诉讼领域，为达到人们追求的法律正义要求，需要注重两个方面的内容，即诉讼结果公正和审判过程的待遇公正。其中，前者与当事人实体权益相联系，被称为实质公正，其基本标准为法官在确认实体权利义务时，应遵循平等、自愿、等价有偿原则，并在接近或符合客观情况的条件下作出判决；后者与当事人的程序利益相关，被称为程序公正，即在司法程序运作过程中应遵循相关价值标准。只有上述内容结合并达到公正要求，民事诉讼的目的才可以真正实现。效率体现了成本与受益之间的关

---

① ［美］E. 博登海默：《法理学——法哲学及其法律方法》，邓正来、姬敬武译，华夏出版社1987年版，第238页。
② ［美］E. 博登海默：《法理学——法哲学及其法律方法》，邓正来、姬敬武译，华夏出版社1987年版，第239－243页。
③ 张文显：《二十世纪西方法哲学思潮研究》，法律出版社1996年版，第321页。
④ 柴发邦主编：《体制改革与完善诉讼制度》，中国人民公安大学出版社1991年版，第39－63页。

系,① 而诉讼效率体现的是诉讼中投入的司法资源与案件处理数量和处理难易程度的比例。诉讼效率价值的实现,意味着需要投入司法资源,尽可能地处理更多的案件,同时应适当降低诉讼成本,加快诉讼进程,减少案件的拖延和积压。虽然诉讼公正价值是民事诉讼的首要价值,但诉讼效率价值也不可缺少,正如美国学者理查德·A. 波斯纳 (Richard A. Posner) 所称,法律中公正的第二种含义是效率,在资源稀缺的社会中,浪费属于不道德行为。② 诉讼效率包括两个要素,即诉讼成本和诉讼时间。其中,前者是诉讼主体在进行诉讼行为时耗费的所有司法资源,倾向于投入较少的诉讼资源以达到最低诉讼成本;后者则是整个诉讼运行中消耗的时间,倾向于以最短的时间解决争议,诉讼周期拖延一般是诉讼活动效率降低的表现,将会造成整个程序中人力、物力或财力的耗费。

(二) 诉讼公正与效率价值的关系

公正和效率是诉讼追求的两大价值,二者关系是对立且统一的。为实现诉讼程序和诉讼结果的公正,法院和当事人必然消耗大量的物力、财力和时间等,而为追求效率价值,法院和当事人又必须使司法资源的消耗下调至最低限度,这导致诉讼公正和效率这两种价值的对立,具体如下所述。其一,对诉讼公正的追求程度与诉讼效率成反比。诉讼公正价值的提高将更加充分地保护诉讼参与者的权利,但程序可能由此变得更为烦琐与复杂,导致审判速度降低和资源消耗的增加。其二,司法资源的有限性导致法院审判过程无法实现绝对公正。民事诉讼活动需要投入大量司法资源,当事人也要承担相应的诉讼费用,而上述资源和费用具有有限性,例如法院不会为查明某一案件真相而无限制地进行法庭调查和法庭辩论,他们认为实现正义也需要一定的限度。③

---

① 周世中、黄竹胜:《法的价值及其实现》,广西师范大学出版社 1998 年版,第 238 页。
② [美] 理查德·A. 波斯纳:《法律的经济分析》(上),蒋兆康译,中国大百科全书出版社 1997 年版,第 31–32 页。
③ 陈瑞华:《刑事审判原理论》,北京大学出版社 1997 年版,第 95 页。

当然，诉讼公正与效率价值并非完全对立，而是互相融合且不可分割的，人们追求诉讼效率的终极目标是实现诉讼公正，并具体表现为如下两点内容。其一，诉讼公正价值与效率价值相互依存。在民事诉讼领域，保证诉讼效率是指通过更加经济的方式实现公正价值，如果提高诉讼效率导致结果不公正，则所涉程序无效。同时，诉讼公正也能够通过诉讼效率体现，公正的诉讼程序和诉讼结果通过社会资源最有效的利用方式而实现，毕竟程序公正要求尽量减少案件审理时间的延误，减少不必要的损失和浪费。因此，诉讼公正与效率价值只是强调的侧重点不同，二者实质上是统一的。其二，诉讼公正和效率价值相互促进。诉讼公正在一定程度上有助于提升诉讼效率。法院通过公正程序作出公正的裁决，能够避免因诉讼不公正引起的上诉、再审等程序，败诉方因信服诉讼程序公正而自觉履行发生法律效力的文书，从而间接地降低司法成本和当事人的花费，节省诉讼时间，提高诉讼效率。同样，诉讼效率有利于促进诉讼公正。提高诉讼效率会缩短诉讼活动的审理期限，通过诉讼程序及时产生裁判结果，避免因诉讼迟延给当事人带来损失，使其不会受到不公正对待。

（三）诉讼公正与效率价值在国际商事法庭运行中的体现

司法公正是立法公正转化为社会现实的桥梁，它的实现离不开高素质司法官员以及公正司法程序等。[①]《"一带一路"意见》强调妥善解决国际商事争议，平等保护当事人的合法权益，坚持公正、高效、便利的原则，设立与"一带一路"共建国家的具体国情相契合并被国际社会所接受的国际商事争议解决机制。国际商事法庭的设立和运行体现了司法公正的基本理念。其一，国际商事法庭中的法官均来自最高人民法院，具有丰富的实践经验，熟悉法律及商事规则，能够将中文和英文作为工作语言，这些法官是适用法律和商事规则的中坚力量。其二，国际商事法庭运行的基本程序是实现法律公正的程序保障。例如，《国际商事法庭程序规则（试行）》第三章专

---

① 卓泽渊：《法的价值论》（第2版），法律出版社2006年版，第304页。

门规定了送达事项，要求国际商事法庭应尽到通知义务，保证利害关系者有充分参加诉讼的机会；在域外法适用方面，国际商事法庭可以通过多种途径查明，将获取的资料以及专家意见在法庭上出示，充分听取各方当事人的意见。

就诉讼效率而言，国际商事法庭在审理争议时，应充分考虑适宜的诉讼周期及信息现代化的建设与运用。其一，诉讼周期是诉讼程序发生至终结的时间延续过程，不仅关系当事人在诉讼中的实际耗费，而且争议持续存在也是导致某种社会关系不稳定和产生消极后果的因素。国际商事法庭审理国际商事争议时，采用一审终审制，有利于提高诉讼效率，缩短整个诉讼周期。如果当事人对法庭作出的生效裁判和调解书存在异议，则可以向最高人民法院申请再审。其二，信息现代化的建设与运用是国际商事法庭诉讼效益的体现。信息化建设是提升国际商事争议解决高效性、便捷性的途径之一。国际商事法庭可以通过电子诉讼服务平台、审判流程信息公开平台以及其他诉讼服务平台为当事人提供便利，支持网络立案、缴费、阅卷、证据交换、送达及开庭等。将信息技术运用至国际商事法庭的工作中，不仅有利于提高法庭工作人员的办案效率，还使当事人无须耗费更多的时间和金钱奔波于国际商事法庭和住所地之间，从而节约诉讼成本，提高诉讼效率。

第三节　国际商事法庭运行的基本理念

司法理念主要包括司法的理想和观念、维护司法公正的必要条件、关于司法的基本价值和追求以及司法的基本指导思想。正如黑格尔所称，司法理念是人们系统思考司法的功能、性质和作用的价值观和信念，是司法制度、程序设计和司法活动的宏观指导。① 就中国而言，有学者认为司法理念是法

---

① ［德］黑格尔：《法哲学原理》，范杨、张企泰译，商务印书馆1996年版，第253－259页。

治理念的分支，是对司法理论、观念、意识和文化的集中表述，对司法活动起着定位作用，直接影响司法的方向和效果。① 还有学者强调，司法理念是人们对司法理论规律的理性与整体认识，是指导制度设计和实际运作的理论基础和主导价值观，也是人们基于不同意识形态对司法功能、性质的系统思考。② 总体上看，司法理念伴随历史发展而不断演变，它是关于司法精神、司法本质特征的组合，也是司法主体、司法制度和司法过程三者内在价值的统一，具体主要包括法律权威、公平公正、平等对待、公开透明、司法独立、司法效率、司法终局、司法方法科学、人权本位以及权力制约等。③ 从上述内容来看，司法理念和司法价值存在重合之处。上一节讨论了国际商事法庭运行机制的理论价值，本节则将司法理念融入国际商事法庭运行机制，阐述该法庭运行时应当遵循的基本理念。

一、国际商事法庭遵循基本理念的必要性

国际商事法庭作为"一带一路"建设新兴的争议解决机构，应当具有独特的司法理念。首先，国际商事法庭运行机制的设计和构建需以司法理念为基调。理念是任何制度设计的先导，在理念指导的基础上才可以展开适当的制度设计。中国传统的诉讼制度较为僵化，国际商事仲裁呈"诉讼化趋势"，调解正在发展，在这样的背景下，设立国际商事法庭十分必要。由于国际商事法庭的设立时间较短，司法制度本身不完善，还需要进一步改革，而改革应当以基本理念为导向。其次，现行国际商事法庭运行机制及法律规范具有局限性。在此情况下，应尽可能考虑以何种方式、标准、观念弥补相关法律制度，而司法理念具有指导性意义。最后，国际商事法庭的法官具有一定的自由裁量空间。在国际社会商事交往极为复杂、变动较为频繁的情况下，法

---

① 李方民：《司法理念与方法》，法律出版社 2010 年版，第 1 - 2 页。
② 卞建林编：《现代司法理念研究》，中国人民公安大学出版社 2012 年版，第 4 页。
③ 高少勇：《现代司法理念的基本概念与主要构件》，载中国法院网，https://www.chinacourt. org/article/detail/2005/06/id/164647. shtml，访问时间：2022 年 2 月 26 日。

律法规无法穷尽所有的相关规定，而适当的司法理念是国际商事法庭正确实施自由裁量权的指引。

二、提高国家司法公信力并扩大国际商事法庭的国际影响力

法治是一国软实力的重要方面，成功的大国法治建设与本国在国际社会中发挥的重要作用密切相关，并直接影响国际法治的发展进程。① 国际商事法庭设立及运行机制的完善，应以进一步提高人们对司法的信任程度作为主导观念，增强司法公正和效率，扩大本国在全球司法领域中的影响力。国际商事争议解决机制的影响力离不开国家司法公信力，因此有必要在厘清中国司法公信力的基础上，进一步讨论扩大国际商事法庭的影响力。

（一）中国司法公信力之现状

司法公信力是指在司法权力和司法权威的影响下，社会公众对司法制度和审判职能的信心和信任程度，其主要包括以下四个方面的内容。第一，司法判断力。司法判断力的主体是职业化法官，法官在审理争议时，必须排除受自身因素的影响，仅依据当事人提交的证据和相关法律规定，以法律良知和内心判定裁决争议。另外，现代法治社会要求法官必须具有较高的职业素养，具体包括：①人文品质，即对人本性的领悟和把控能力、公平正义的意识、概括分析及表达能力等；②司法品质，即法官具有的关于实体法、程序法、证据法等方面的专业知识和技能。② 第二，司法工作人员的自律力。它是法官职业伦理的必然要求，司法活动是一种被视为伸张正义、主持公道的过程，是社会正义的最后一道防线。相较于外在监督，职业道德和行业自律是有效的保证机制，要求严格遵守实体法和程序法的相关规定。在没有明确规则的情况下，应维护法官的职业信誉，树立和维护公众对法官公正、独立的信任感。第三，裁判说服力。争议解决是司法最主要的功能，裁判说服力

---

① 蔡从燕：《国际法上的大国问题》，载《法学研究》2012 年第 6 期，第 205－206 页。

② Livingston Armytage, *Educating Judges: Towards a New Model of Continuing Judicial Learning*, Brill Nijhoff, 1996, p. 48.

的根源是正当司法程序，其基础是公民的法律意识，裁判书的风格在某种程度上也能反映裁判说服力。第四，司法约束力。这主要体现为司法裁决的终局性、既判力以及可执行性。

中国从党和国家工作全局的战略高度强调司法公信力建设，将其作为深化改革开放的重要目标。目前，中国的司法公信力建设依然有待提高，我们在前文讨论了司法公信力的内在构成问题，本部分对司法公信力的现状依然从上述几个方面讨论。

首先，司法判断力有待提高。法官在法治社会中具有重要作用，正如罗纳德·德沃金（Ronald Dworkin）所称，"法院是法律帝国的首都，法官是帝国的王侯"。① 司法是理性裁判的过程，法官专业素养的高低直接决定一国法治目标的实现。作为一名职业法官，其不仅应当有大量实践经验，还要熟练地依据法学理论等知识解决审判实践中遇到的问题，将不同案件准确适用相应的法律规定。我国大部分法官的素质较高，法学理论基础和审判实践经验丰富，但不能否认的是，此类高标准法官尚未达到一定比例，可能导致司法判断力存在瑕疵。② 其次，部分司法工作人员的自律力不足，并主要表现为司法腐败。个别司法工作人员在司法活动中为谋求或保护非法的私人利益和部门利益，可能会利用司法职能做出损害国家、社会和当事人合法权益的行为。虽然有人认为司法腐败是个别现象，③ 但其消极影响却具有普遍性。国际透明组织发布的 2020 年腐败感知指数表明，过去几年中国腐败指数有所改善，但在抽样调查的 180 个国家中，中国依然排名第 78 位。④ 再次，司法裁决说服力有限。司法行为说服力欠缺的主要表现是，司法机关在审理争议时，仅追求实体真实而忽略程序公正，损害了当事人的合法权益。究其原因，司

---

① 王利明：《司法改革研究》，法律出版社 2000 年版，第 178 页。

② 关玫：《司法公信力研究》，人民法院出版社 2008 年版，第 133 页。

③ LI Ling, The "Production" of Corruption in China's Courts: Judicial Politics and Decision Making in a One-Party State, Law & Social Inquiry, Vol. 37, No. 4, 2012, p. 848 – 877.

④ Transparency International, The Corruption Perceptions Index 2017, Accessed Feb. 21, 2022, https://www.transparency.org/en/cpi/2020/index/chn.

法制度内部缺乏民主机制，导致司法机关无法实现有效监督。最后，司法约束力不足。司法机关和相关工作人员可能受到行政权力干预。例如，在司法活动中，司法机关可能会做出偏向于本地利益或本国当事人利益的行为，形成地方性司法保护主义等。

（二）提高中国司法公信力并扩大国际商事法庭的国际影响力

近年来，中国司法取得的成就已经获得国际社会认可，提升公信力能够推动中国创造更好的营商环境。《营商环境报告》（2020年）对国际社会中的190个经济体的营商环境进行评估，中国营商环境排名第31位，被列为全球优化营商环境改善幅度最大的十大经济体。① 作为商事审判的重要组成部分，中国法院的商事审判直接涉及外国商事主体的合法权益是否能够有效得到维护。因此，最高人民法院在涉外审判领域不断推出创新性举措，如成立国际商事专家委员会，邀请不同法系的专家来为国际商事法庭审理争议提供法律咨询，鼓励当事人通过调解、仲裁等非诉方式解决争议，建立"一站式"争议解决平台。只有中国涉外民商事审判获得更大的进步，才可提高中国司法的国际公信力。美国、德国等曾多次承认与执行中国法院作出的民商事判决，逐渐改变了长期以来某些国家对中国司法的偏见。当前国际经济贸易面临严重的单边主义和保护主义挑战，而"一带一路"建设有利于加强共建国家互联互通关系，构建全方位、多层次合作，从而实现各国自主、平衡且可持续的发展。中国作为共建"一带一路"的倡议国，应当承担更多的义务，例如通过司法营造公平、公正的商业环境等。因此，扩大国际商事法庭的国际影响力，提高中国司法公信力，十分关键。中国加强平等保护、合作共赢、开放高效的司法理念，构建更加公平、创新、和谐的国际商事法庭制度，充分保护各方当事人的诉讼权利，使国际商事法庭的管辖条件灵活化，拓宽外国法查明途径，主动确认存在互惠关系，依法全面准确地适用国际条

---

① World Bank Group, Doing Business Report 2020, Accessed Feb. 21, 2022, https://www. doingbusiness. org/content/dam/doingBusiness/media/Annual – Reports/English/DB2020 – report _web – version. pdf.

约和国际惯例，弘扬包容司法文化。最高人民法院设立国际商事法庭和国际商事专家委员会，支持发展"诉、仲、调"一站式争议解决机制，通过扩大国际商事法庭影响力的方式，提升中国司法公信力。

三、重点突出国际商事法庭运行的专业化程度

部分国家相继设立国际商事法庭（院）的目的是增加当事人选择商事争议解决的途径，提高本国作为商事中心的声誉，进而促进国民经济发展。国际商事法庭作为"一带一路"建设发展的重要司法保障途径，在运行过程中应当更加突出专业性，其主要原因是涉外商事争议数量多，具有国际性且类型更加复杂。首先，在经济开放程度提高、资本和劳动力流动性增强的背景下，商事主体范围涉及更多的国家和地区，跨国商事争议的数量不断增加。2013—2017 年，各级人民法院共审执结 20 余万件涉外民商事案件，相较于过去五年，增长一倍以上。[1] 其次，"一带一路"建设产生的国际争议与国内争议存在差异。争议的国际性特点体现为各国法律制度错综复杂及语言适用多样化。"一带一路"共建国家的法律文化及制度不同，还有部分国家适用十分繁杂的混合法律制度，中国当事人了解相关国家的法律存在较大困难。在语言适用方面，国际商事领域中的当事人以英语为主，即货物销售、企业并购、服务提供等合同所采用的语言均为英语。[2] 最后，"一带一路"共建国家的合作主要集中在能源开发及合作、大型基础设施建设、物流交通等领域。以上海为例，上海市高级人民法院于 2017 年发布的《上海法院涉外涉港澳台商事审判白皮书（2012—2016）》中显示，除传统国际商事合同外，新兴涉外服务合同也呈现增长趋势，如建筑设计、居间、安保等

---

[1] 侯强：《最高人民法院负责人就〈关于建立"一带一路"国际商事争端解决机制和机构的意见〉答记者问》，载新华网，http://www.xinhuanet.com/2018-06/28/c_1123046444.htm，访问时间：2022 年 2 月 11 日。

[2] Christoph A. Kern, *English as a Court Language in Continental Courts*, Erasmus Law Review, Vol. 5, No. 3, 2012, p. 188.

合同。① 2018 年 10 月 10 日发布的《上海法院服务保障"一带一路"建设典型案例》主要包括商标侵权纠纷、演艺经纪合同纠纷、申请承认和执行外国仲裁裁决等，不少法律案件具有很强的代表性。②

国际商事法庭在审理跨国商事争议方面发挥着重大作用，其在运行过程中具备国际化视野和专业司法服务能力，有助于国际商事争议获得公正、高效的解决。具体而言，在司法工作人员构成、受案范围、具体审理程序、判决承认与执行等方面，国际商事法庭均应从全球视野和全球思维的角度出发，对国际法和国际商事实践进行深入的了解和研究，打造全球一流的司法机构。例如，在国际专家方面，专门成立国际商事专家委员会，有利于打破中国法律对法官国籍要求的限制，平衡中国司法主权保护和国际商事法庭国际化需求之间的关系。在判决承认与执行方面，中国与近 40 个国家签订双边司法协助条约，正在积极研究《选择法院协议公约》《承认与执行外国民商事判决公约》的批准事宜，努力放宽互惠原则适用标准，以推动判决在全球范围内的承认与执行。另外，当事人向国际商事法庭提交域外形成的证据，可以直接在法庭上质证，不再办理公证认证。在当事人同意的情况下，可以直接提供英文证据材料。目前，为满足国际商事争议审判的专业化及高效率，国际商事法庭通过打造精英化法官队伍，对诉讼进行专业化改革，能够保证判决具有更强的说服力。截至 2024 年 3 月，最高人民法院任命国际商事法庭法官共计 12 名，③ 这些法官精通国际法，涉外民商事审判经验丰富，外语能力强且具有国际化视野。

---

① 《高院发布 2012—2016 上海法院涉外、涉港澳台商事审判白皮书及十大典型案例》，载上海法院网：http：//shfy. chinacourt. gov. cn/article/detail/2017/09/id/3001681. shtml，访问时间：2022 年 2 月 11 日。

② 王文娟、高远：《上海高院发布〈典型案例〉服务保障"一带一路"建设》，载一带一路网，http：//www. yidaiyilu. gov. cn/p/68366. html，访问时间：2020 年 8 月 5 日。

③ 12 名法官分别是高晓力、沈红雨、朱理、胡方、丁广宇、吴向阳、孙祥壮、余晓汉、张雪楳、郭载宇、杜军和黄西武。

作为中国历史上第一个最高司法层级的专业国际商事法庭，其应当在现有基础上进一步探讨国际商事专家委员与国际商事法庭法官的权利义务的关系，适当扩大国际商事专家委员的职能，放宽管辖条件，在特定情况下尝试使用英语等。同时，建立精英化法官队伍，满足商事争议当事人注重专业和效率的需求，打造专业性的"一站式"争议解决机制，突出国际商事法庭在国际社会中的影响力。

四、发挥国际商事法庭在国内法院体系中的优势

国际商事法庭是最高人民法院的常设审判机构，专门审理具有跨国性质的一审商事案件。在该法庭成立前，涉外商事案件一般由特定基层人民法院、中级人民法院和高级人民法院集中审理，但由于中国法院体系中处理涉外商事争议的专业法官较为分散、各地法院涉外法庭的审判水平参差不齐，司法资源不能很好地配置于各地区、各级别法院。相较而言，我国应当发挥国际商事法庭的独特优势。

（一）国际商事法庭运行的法律依据和基本流程

国际商事法庭运行机制是一个系统工程，不仅涉及法庭内部的架构问题，还需要将相关制度与法律相协调，避免发生法律冲突。该法庭是最高人民法院的组成部分，在运行过程中主要依据的法律文件包括《民事诉讼法》《人民法院组织法》《国际商事法庭若干问题规定》《国际商事法庭程序规则（试行）》和《国际商事专家委员会工作规则（试行）》等。国际商事法庭运行主要体现为，国际商事法庭审理符合规定的国际商事争议，融入国际商事仲裁和国际商事调解机制，建立"一站式"国际商事争议解决平台。

从现有法律规定来看，国际商事法庭受理案件的来源包括原告提起诉讼和由最高人民法院分配这两种情况。当事人向国际商事法庭提起诉讼时，应当提交起诉状、管辖协议、身份证明、基本证据材料、《送达地址确认书》和《审前分流程序征询意见表》、授权委托书和代理人身份证明等。

国际商事法庭收到上述材料后，应出具相关凭证。高级人民法院认为案件应当由国际商事法庭审理时，应当向最高人民法院报请并说明具体理由，再由最高人民法院分配至某一具体的国际商事法庭。另外，最高人民法院还可以将全国有重大影响的案件或认为应当由国际商事法庭审理的案件交给该法庭。无论通过上述哪种方式受理，案件必须具有国际性质和商事性质。在原告起诉并同意调解的情况下，国际商事法庭暂不立案且不收取案件受理费，否则进入诉讼阶段。之后，国际商事法庭应及时向被告和其他当事人送达诉讼材料。案件被受理后，案件管理办公室召集当事人或委托代理人举行案件管理会议，讨论、确定审前调解方式。在此阶段，国际商事法庭鼓励当事人选择国际商事专家委员会或最高人民法院指定的国际商事调解机构进行调解。当事人达成调解协议的，国际商事法庭依法审查后，制发调解书；当事人要求发给判决书的，可以制发判决书。在当事人未能达成调解协议或者基于其他原因终止调解的，继续恢复审理程序，合议庭应由三名或三名以上法官组成。在审理国际商事争议过程中，国际商事法庭依次开展法律适用、举证质证、外国法的查明等程序并作出终审判决。在审理过程中，如果当事人愿意通过调解机制解决争议，那么合议庭有权依据国际商事争议的具体情况进行调解，调解成功后，其作出具有法律约束力的调解书并送达当事人。由于国际商事法庭实行一审终审制，作出的裁决、调解书具有法律效力，当事人对此可以申请执行；如果被执行人或财产在中国领域外，则依据《民事诉讼法》第297条规定向外国法院请求执行生效判决。如果当事人对已经生效的裁判文书存在异议，可以向最高人民法院本部申请再审。在支持仲裁解决争议方面，国际商事法庭与在全国有重要影响的国际商事仲裁机构对接，相关仲裁当事人可以通过仲裁机构向国际商事法庭申请保全、裁定撤销或执行。

以下为我国国际商事法庭运行机制的基本流程（见图1）。

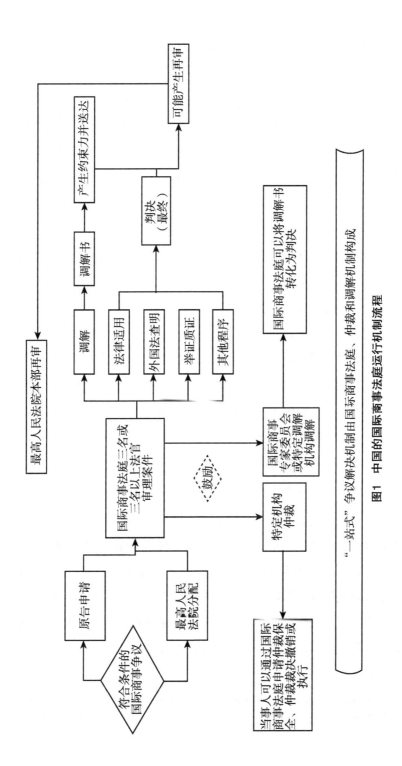

图1 中国的国际商事法庭运行机制流程

（二）国际商事法庭在管辖权方面的突破

根据级别管辖规则，普通涉外商事案件的一审由基层人民法院审理，重大一审涉外商事案件由中级人民法院审理。特殊情况下，高级人民法院有权审理一审涉外商事案件，但是这些案件在发生地的管辖范围内应当存在重大影响。最高人民法院行使审判权有两个条件，即在全国有重大影响和最高人民法院认为该争议应当由其进行管辖。然而，自新中国成立以来，最高人民法院尚未审理过一审涉外商事案件。① 实际上，最高人民法院已经表明一审国际商事案件由下级人民法院审理的态度，如《最高人民法院关于涉外民商事案件诉讼管辖若干问题的规定》（2020 年修正）第 1 条将最高人民法院排除在审理涉外民商事案件的管辖法院之外。另外，《最高人民法院关于明确第一审涉外民商事案件级别管辖标准以及归口办理有关问题的通知》（法〔2017〕359 号）以诉讼标的额为划分标准，将一审涉外商事案件分配给基层人民法院、中级人民法院或高级人民法院，但尚未包括最高人民法院。由此可以看出，在设立国际商事法庭之前，当事人不能选择最高人民法院来受理一审国际商事争议，而国际商事法庭的成立及运行创建了最高人民法院审理一审涉外商事争议的先例，该法庭作出的判决属于最高人民法院的判决。如果当事人想进一步寻求救济，则当事人有权向最高人民法院本部申请再审。

（三）突出国际商事法庭在"一站式"争议解决机制中的重要地位

多元化是国际商事争议解决的重要方式之一。《民事诉讼法》对此尚未规定相关制度，而《国际商事法庭若干问题规定》第 11 条明确规定，"最高人民法院组建国际商事专家委员会，并选定符合条件的国际商事调解机构、国际商事仲裁机构和国际商事法庭共同构建调解、仲裁、诉讼有机衔接的纠纷解决平台，形成'一站式'国际商事纠纷解决机制"。《国际商事法庭若干问题规定》第 12～14 条简单阐述了解决国际商事争议的诉讼、仲裁和调解机

---

① HUO Zhengxin & Man Yip, *Comparing the International Commercial Courts of China with the Singapore International Commercial Court*, International & Comparative Law Quarterly, Vol. 68, No. 4, 2019, p. 914.

制的衔接。此外，2023 年 12 月 22 日，最高人民法院发布《"一站式"平台工作指引（试行）》，对优化诉讼、仲裁和调解有机衔接的国际商事争议解决机制具有重要现实意义。因此，国际商事法庭在"一站式"争议解决机制中具有重要地位，而普通法院涉外法庭不是"一站式"争议解决机制的主体。多元化争议解决机制分为三个阶段，即松散联系阶段、固定平台阶段和"一站式"运行阶段。其中，在松散联系阶段，各争议解决机制独立运行，通过诉讼和调解衔接、诉讼支持仲裁等程序进行联系；固定平台阶段旨在建立统一化平台，各解决争议机制均在该平台进行，机制之间的联系更加紧密，优势互补性较强；"一站式"运行阶段是在前述阶段的基础上，通过设立 ADR 机制、互联网在线平台等辅助方式，实行"一站式"运行。根据《国际商事法庭若干问题规定》和《国际商事法庭程序规则（试行）》的内容，国际商事法庭在"一站式"争议解决机制中具有重要作用，例如该法庭审理特定条件下的国际商事争议，为争议提供诉讼解决方式，使国际商事争议当事人获得包括诉讼在内的多元化争议解决服务，同时该法庭是衔接诉讼、仲裁、调解机制的纽带，有助于实现"一站式"解决国际商事争议等。

（四）保证国际商事法庭运行机制在国内法院体系中的其他优势

国际商事法庭作为新兴争议解决机构，具有传统商事诉讼机制所不具备的优势。首先，裁判文书中可以载明合议庭的少数意见。国际商事法庭成立前，法院在审理案件时，合议庭的少数意见只是在合议笔录中记载，并不体现在裁判文书中。因此，已经公布在网上的裁判文书都是合议庭的一致意见或多数意见，而国际商事法庭作出的裁判文书涉及合议庭的全部意见，更具有说服力。其次，在对方当事人同意的情况下，一方当事人提交的证据材料可以是英文材料。《民事诉讼法》规定，中国法院审理争议时必须使用中文，但在国际商事活动中，很多格式文本使用的语言为英文，如果当事人将相关材料翻译成中文，则增加诉讼成本。相应地，国际商事法庭审理争议时，在双方当事人同意的情况下，证据材料可以为英文材料，能在一定程度上为当事人提供便利。最后，国际商事法庭发挥智慧法院职能，在立案、送达、审理等环节通过视频、电子方式展开工作，提高审判工作效率。

第四节　域外国际商事法庭（院）运行机制比较

目前已经有很多国家设立了国际商事法庭（院），各国设立的目的存在差异，设置的具体规则略有不同。总体来看，现代国际商事法庭（院）更多地体现了国家主动为之的态度，大多数国家都希望为国际商事争议提供更好的司法服务资源。更重要的是，各国通过设立这类法庭（院），旨在成为国际商事主体挑选法院的首选。很多国家修改现行法律或制定专门法律以保证国际商事法庭（院）顺利运行，并在法官选任、管辖权、诉讼程序、判决承认与执行等方面取得进展。相较而言，中国设立国际商事法庭主要考虑"走出去"的中国企业的争议解决需求，其设立及运行机制以现有法律规定为基础，制度创新的空间较小。因此，如何更好地完善相关法律规定是现阶段国际商事法庭顺利发展的重点。

一、各国国际商事法庭（院）的定位

国际商事法庭（院）与普通的国内法院并存，也与其他国内和国际混合形式的争端解决方式共存。国际商事法庭（院）设立的主要目的是为解决国际商事争议提供法律服务，其在吸引商事活动主体到本国国际商事法庭（院）解决纠纷方面，采取了不同方式，有利于保证诉讼程序的便捷化。不能否认的是，各国国际商事法庭（院）的定位存在部分差异。例如，荷兰商事法庭和法国巴黎上诉法院的国际商事法庭都是在英国脱欧之后兴起的，其根本目的都是鼓励更多商人到本国解决争议，而争夺英国脱欧后伦敦法律服务机构可能流失的业务是其直接动力。① 根据新加坡国际商事法庭委员会报告所述，该法庭作为新加坡高等法院的分支，在新加坡国际仲裁中心的基础

---

① 乔慧娟：《我国国际商事法庭创设和运作的思考——基于域外经验与本土化建设》，载《对外经贸》2020 年第 10 期，第 97 页。

上，不仅增加了新加坡法院审理国际案件的工作量，还为亚洲地区的跨境贸易和投资提供更多中立的争议解决服务。① 新加坡国际商事法庭的服务打破了传统诉讼机制的束缚，开辟了将诉讼和仲裁机制相融合的新路径，有利于打造能够提供更加优质、高效的法律服务且无国界限制的法庭。② 迪拜国际金融中心法院是以英国普通法体系为基础的独立法院，主要解决海湾地区和地中海地区的商事争议，更加追求商事争议解决的灵活性和效率性，且已经取得良好效果。根据时任迪拜国际金融中心法院纠纷解决委员会的首席执行官马克·比尔（Mark Beer）的介绍，截至 2016 年年底，中东地区的英文商业合同纠纷由伦敦作为争议解决地的比例从 2015 年的 52% 下降至 25%，而选择迪拜国际金融中心法院的比例上升至 42%。③

二、域外国际商事法庭（院）诉讼程序的特色

虽然我国的国际商事法庭在运行上已经有坚实的价值基础和基本理念，在制度上也发挥了独特性和创新性，但与域外其他相对成熟的国际商事法庭（院）相比，其仍需继续完善。本部分主要从管辖权、法官国际化、诉讼程序灵活便利化、判决流通便利化等方面梳理全球较为典型的国际商事法庭（院）的制度及运行经验。

其一，管辖权范围的扩大。大部分国际商事法庭（院）对争议的管辖条件设置得较为宽松，它们更希望扩大受理案件的范围，吸引更多的当事人选择本国法庭（院）解决争议。例如，迪拜国际金融中心法院以英国普通法体系为基础，不再仅受理该中心内发生的商事争议，而是将地域范围扩大至其他国家和地区。新加坡国际商事法庭不仅审理协议管辖产生的具有国

---

① SICC Committee, The Report of the Singapore International Commercial Court Committee, Accessed Feb. 13, 2022, https://www.mlaw.gov.sg/files/Annex – A – SICC – Committee – Report.pdf/.

② 赵蕾、葛黄斌：《新加坡国际商事法庭的运行与发展》，载《人民法院报》2017 年 7 月 7 日，第 8 版。

③ 程慧芳编译：《迪拜国际金融中心法院纠纷解决委员会首席执行官介绍迪拜未来的法院》，载《世界司法信息化研究专刊》2018 年第 4 期，第 16 页。

际性和商事性的争议，还可以受理仲裁裁决执行和撤销等与国际商事仲裁相关的事宜。国际商事法庭（院）管辖争议的通常标准是国际性、商事性和当事人选择，不要求争议与本国存在实际联系。例如，当事人交由新加坡国际商事法庭审理的案件，所涉争议与新加坡存在联系不是必然条件。关于国际性标准，则将案件债务履行地、最密切联系地存在涉外性的情况也纳入该范畴。

其二，法官国际化。国际化、专业化、精英化的法官队伍是国际商事法庭顺利运行的保障。大部分国际商事法庭（院）主动吸收不同法系、不同国家的法官来参与案件审理，体现了法庭的开放性和多元性。[1] 新加坡为引入外籍法官，还专门修订了《新加坡共和国宪法》，该法第95条规定总统在总理和首席法官的推荐下，有权任命具有专业知识、经验和资格的专家作为国际法官，保证他们与高等法院法官的职权等同。除此之外，迪拜对法官的任命条件为，具有阿联酋政府承认的司法管辖权高级职位，在普通法系中拥有丰富的法官或律师经历。德国联邦司法部在设立法兰克福国际商事法庭的建议书中，要求法官具备商法知识和英语技能，而且金融、审计等非法律专业且英语水平较高的专业人士也可以被任命为非职业法官。

其三，诉讼程序灵活便利化。传统诉讼设置上诉程序作为对当事人权利的救济，但花费时间较长。而仲裁程序更加灵活简便，却依旧难以避免一裁终局的结果。大多数国际商事法庭（院）可以合理地避免诉讼机制弊端，将仲裁机制的元素融入庭审程序，在法官和律师参与、审判语言、证据规则等方面更多地体现当事人意思自治。例如，更多的国际商事法庭（院）都接收英文证据材料，可以使用英语进行庭审，甚至作出英文判决书或者将判决书附有英文译本。在证据规则方面，新加坡国际商事法庭可以依当事人的申请适用除本国以外的其他证据规则。[2]《荷兰商事法庭程序规则》明确规定，当

① 卜璐：《"一带一路"背景下我国国际商事法庭的运行》，载《求是学刊》2018年第5期，第93页。

② KC Lye & Darius Chan, Launch of the Singapore International Commercial Court, Accessed Feb. 15, 2022, https：//www.lexology.com/library/detail. aspx？g＝b47f453c－16e9－44b3－9fcd－af042e6803df.

事人提交的证据语言可以为英语、法语、德语、荷兰语等。在庭审语言方面，迪拜国际金融中心法院将英语作为诉讼的官方语言，卡塔尔国际民商事法院和争端解决中心的审判语言原则上为英语，但当事人也可以共同选择阿拉伯语。① 在巴黎商事法院国际庭进行诉讼时，当事人不需要提供证据材料翻译版，当事人、证人、专家的举证、辩论及其他程序均可以使用英语，外国律师出庭时亦可采用英语。② 另外，部分国家的国际商事法庭（院）放宽了律师代理限制。例如，新加坡国际商事法庭附条件允许登记在册的外国律师代理案件。又如，依据《荷兰商事法庭程序规则》的规定，当事人在参与诉讼时，应当委托荷兰律师协会的成员代理，除非法律另有规定；欧洲经济区和瑞士的律师不能像荷兰本国律师一样履行程序行为，但并不禁止他们通过其他方式为当事人代理案件；即便上述地区的律师不能为当事人代理，法院也允许他们在听证会上发表意见。③

其四，判决流通便利化。实现判决在全球范围内的承认与执行是商事争议解决的关键。如果国际商事法庭（院）作出的判决不能获得承认与执行，则本国的司法公信力和国际竞争力将会受到很大影响。因此，各国会充分利用优势条件，探索国际商事法庭（院）判决如何在域外获得承认与执行。例如，迪拜国际金融中心法院依据的是《阿拉伯联盟国家间司法合作公约》《阿拉伯联盟关于执行判决和仲裁裁决的公约》《海湾合作委员会关于执行判决、委托和司法通知的公约》等区域性公约，甚至还尝试将法院判决转化为仲裁裁决以推动该法院判决的执行。④

---

① 殷敏：《"一带一路"实践下中国国际商事法庭面临的挑战及应对》，载《国际商务研究》2022 年第 4 期，第 52 - 53 页。

② 张新庆：《中国国际商事法庭建设发展路径探析》，载《法律适用》2021 年第 3 期，第 138 页。

③ Rules of Procedure for the International Commercial Chambers of the Amsterdam District Court（NCC District Court）and the Amsterdam Court of Appeal（NCC Court of Appeal），Article 3.1.

④ Charles Lilley & Callum Johnson，"Converting" DIFC Court Judgments into Arbitral Awards，Accessed Feb. 15，2022，https://www.bclplaw.com/en - US/insights/update - converting - difc - court - judgments - into - arbitral - awards.html.

三、国际商事法庭运行机制的局限性

国际商事法庭的功能是解决国际性商事纠纷，它是在传统诉讼机制基础上作出的创新。朱伟东教授将国际商事法庭分为激进型和保守型，前者是通过修改法律或制定专门法律而设立的国际商事法庭（院），例如新加坡、哈萨克斯坦、卡塔尔、阿联酋（迪拜）等，而后者仅在现有法律基础上进行细微变动。① 中国的国际商事法庭属于保守型的法庭，在现有法律框架下，难以对管辖权扩张、专业法官引入、程序灵活化以及判决流通便利化等方面予以创新性规定。从现有司法解释来看，该法庭运行机制没有很好地吸收诉讼和仲裁机制的优势，显得较为保守。具体而言，选任的法官需熟悉国际条约、国际惯例且具有丰富的审判工作经验，能够将中文和英文作为工作语言，却没有引入国际法官聘任制度；在协议管辖方面，国际商事法庭审理的争议需要与中国存在实际联系；规定可以对域外证据取消公证和认证，在当事人同意时，不再提交外文证据的中文翻译版本，但庭审语言依然为中文，未赋予当事人选择权，且证据规则也必须适用中国法律；一审终审制尽管提高了国际商事争议的解决效率，但难以避免对判决公正性和争议救济性的合理怀疑，剥夺了当事人的上诉权。

综上所述，大部分国家通过单独制定法律或者修改现行法律的方式，保证国际商事法庭（院）顺利运行。由于司法解释不能违反《民事诉讼法》《法官法》等上位法律，所以我国的国际商事法庭只能在现行法律框架下运行。但值得明确的是，国际商事法庭是中国司法体系中的新兴机构，其设立不仅体现了我国涉外商事争议审判理念的革新，还为法律服务市场竞争奠定了基础。因此，国际商事法庭的特色化、专业化是其运行机制完善的根本所在。

---

① 朱伟东：《国际商事法庭：基于域外经验与本土发展的思考》，载《河北法学》2019 年第 10 期，第 82 - 83 页。

第三章

国际商事法庭的管辖权制度

与普通国内商事案件相比，国际商事案件在审判过程中，尤其需要解决法律适用和程序等特殊问题。国际民商事发展中，公平且可预见的管辖权机制可以为当事人提供指引，如果他们通过诉讼解决争议，至少应明确在哪国起诉以及如何避免诉讼程序重复。[①] 但是，由于各国国际民事诉讼管辖权规定与国家主权原则相关联，所以可能会在协调和统一国际民事诉讼管辖权依据时出现矛盾。因此，各国应当尽量完善国际民事诉讼管辖权方面的立法，确立具有预防性、系统性、创造性的管辖权依据。

为提高案件管理的专业化程度，各国对于国际商事案件，基本上采取集中管辖的方式来行使管辖权，中国也不例外。国际商事法庭是最高人民法院创设的内部法庭，其管辖权在最高人民法院管辖权的基础上进行细化，体现了该法庭审理案件的独特性。国际商事法庭作为国际商事争议解决领域的新兴机构，与国内普通法院相比，存在一定的创新性，管辖的案件亦具有国际性和商事性，基本上以属地管辖、协议管辖、管辖权转移、对国际商事仲裁审查和执行管辖为依据，但该法庭在行使管辖权过程中，仅仅依据现有法律规定，仍具有局限性。本章从国际商事法庭管辖权的基本理论出发，阐述了国际社会中著名国际商事法庭（院）的管辖权依据及具体表现；之后，聚焦于中国的国际商事法庭，从国际商事法庭管辖权争议的范围、协议管辖、裁

---

① 汉斯·范·鲁、粟烟涛：《迈向一个关于民商事件国际管辖权及外国判决效力的世界性公约》，载《中国国际私法与比较法年刊》（第3卷），法律出版社2000年版，第97页。

定管辖方面，分析其管辖权机制运行的法律依据，提出存在的问题并试图给予相应的建议。

第一节　国际商事法庭管辖权的基本理论及制度探讨

确定管辖权是解决国际商事争议的首要问题，其重要性体现在以下三个方面：其一，国际民事诉讼管辖权作为国家主权原则的体现，各国立法存在差异；其二，国际民事诉讼管辖权是诉讼程序开始的关键，关涉整个争议解决过程和私人利益保障；其三，国际民事诉讼管辖权与判决的域外承认和执行密切相关。随着国际社会民商事交流愈加频繁，国际商事争议的数量不断增长，如何正确处理这些争议，将直接影响一国的国际形象和国际化进程。本节从管辖权的基本概念、特征和意义出发，旨在厘清国际商事法庭管辖权产生的理论基础，梳理各国国际商事法庭（院）的管辖权规定，并最终落脚于中国国际商事法庭管辖权的现有设计，对此提出问题并给予建议，以期为国际商事法庭管辖权的具体规定奠定理论基础。

一、国际商事法庭管辖权的理解

国际商事法庭作为国家司法机构，其管辖权是国际民事管辖权的具体体现。国际民事管辖权是法院根据本国缔结的国际条约和国内法对特定涉外民商事案件进行审判的权力，其目的是在国际社会中进行管辖权分配。从国际民事诉讼角度来看，管辖权涉及三个方面的问题：一是国际民商事争议应由司法机构还是仲裁机构审理；二是如果由法院管辖，则应当由哪个国家的法院受理；三是在确定某国法院受理后，应明确由哪一级法院管辖。也就是说，国际民事诉讼管辖权应首先确定管辖国家，再由该国家依据国内法确定具体管辖法院。国际民事管辖权的国际法依据，包括专门性的双边国际条约、多边国际条约以及其他国际条约中的国际民事管辖权条款。

国际民事诉讼管辖权是国家主权派生的权力，任何主权国家均享有属人管辖权和属地管辖权，该管辖权的主要依据包括国籍和领土。国家主权在诉讼领域的体现之一就是管辖权的行使，正如《国家权利和义务宣言草案》第2条规定，除国际法公认的豁免者外，各国对领土以及境内的一切人和物有管辖权力。另外，该管辖权属于司法管辖权，行使主体是法院，这与国际商事仲裁的管辖存在区别。仲裁管辖权只能依据双方的仲裁协议行使，行使主体为具有民间性质的仲裁机构。管辖权在国际民事诉讼中占据重要地位，合理分配管辖权与国家主权、本国公民及法人的民事权益密切相关。根据国家主权原则，国家享有属人管辖权和属地管辖权，涉外民商事案件管辖权的行使直接反映该国的主权状况。只有在确定享有对涉外民商事案件的管辖权后，诉讼文书送达、取证质证、判决承认与执行等其他程序才可能被涉及。不同国家审理同一案件时，可能会由于法律规定不同而取得不同的审判结果，从而影响当事人的权利义务。因此，确定国际商事案件管辖权，不仅能维护本国的法律权威性，还有利于保护当事人的合法权益。国际商事法庭属于国内司法机构，管辖权是审理争议的重要依据，这不仅影响法律适用与判决的承认和执行，还与国家主权密切相关。在当事人选择最高人民法院或者国际商事法庭作为管辖机构的情况下，应当厘清该法庭与其他国家法院的管辖权冲突以及其与下级人民法院的管辖权冲突问题。

二、国际商事法庭管辖权的理论基础

19世纪前，权力理论在管辖权领域占有十分重要的地位，该理论强调一国法院有权通过对被告直接或间接控制以获取管辖权。在权力理论的作用下，国家对领土内的人和财产享有专属管辖权，法院的诉讼活动不得侵犯他国主权。[1] 当事人签订的选择管辖法院协议几乎没有效力，不能限制或改变某一国法院行使管辖权。直至20世纪五六十年代，僵硬的权力理论无法适应国际

---

[1] Pennoyer *v.* Neff, 95 U. S. 714（1878）.

民商事交往及争议解决的实际情况，公平理论开始逐步取代权力理论。公平理论强调，诉讼争议或当事人与法院地国之间存在的实际联系和程序正当，体现了实质正义的价值需求。① 另外，尊重国家主权原则、公正解决争议原则、便利诉讼原则和意思自治原则，也是各国在制定国际民事诉讼管辖权时应当遵循的基本原则。

（一）权力理论与公平理论

在国际民事诉讼方面，权力理论与国家主权原则密切相关。国家主权在管辖权方面的体现可细化为属人管辖和属地管辖，在权力理论主导下，属地管辖权强调只要主权国家"控制"被告，其就有权管辖针对该被告的民商事案件，或者只要被告财产出现在主权国家，该国就拥有对财产的管辖权。公平是人们在社会生活中追求的目标之一，也是正义价值的前提。公平理论以争议与法院地国之间的实质联系和当事人地位平等为核心，注重通过个案分析来确立管辖权。然而，权力理论是以当事人或财产与国家之间的地域联系为基础，并以属地主权观念为核心确立管辖的，这种管辖可能对当事人不公平。另外，由于不考虑争议事实与法院地国之间的真实联系，有可能使管辖具有偶然性，导致与案件相关的其他国家难以行使管辖权。值得注意的是，确立国际民事诉讼管辖权的公平理论并非完全摒弃权力理论，毕竟权力理论立足于国家主权原则，而国家主权原则是生存、发展和维护国际社会稳定不可缺少的"灵魂"。公平理论强调在确定管辖权时，应衡量多种因素，包括原告和被告利益、争议与法院地国的联系、国际法律秩序利益等。摒弃主权观念的绝对地位而强调个案公平，更有利于国际民商事管辖权的有效行使，但这种公平具有相对性。因此，权力理论和公平理论的平衡兼具"权威性和灵活性"，是国际社会对国际民事诉讼管辖权协调的重要理论基础。

（二）国际商事法庭管辖权的基本原则

国际民事诉讼管辖权由各国国内法确定，但可能造成管辖权冲突，不利

---

① 陈婉姝：《中国批准海牙〈选择法院协议公约〉的路径选择——以协议管辖之实际联系为视角》，载《中国国际私法与比较法年刊》（第25卷），法律出版社2020年版，第274－275页。

于维护当事人合法权益，这在一定程度上阻碍了国际经济贸易秩序的稳定发展。因此，在确定国际民事诉讼管辖权时，应依据立法的基本原则。其一，尊重国家主权原则。尊重国家主权包括尊重本国国家主权和外国国家主权两个方面。国内法将涉及本国重大政治、经济利益或公共政策的国际民商事案件列为专属管辖案件，以排除外国法院管辖，不允许争议双方协议变更。因此，各国之间互相尊重国家主权是确立国际民商事管辖权、预防管辖权冲突的理性做法，也是尊重国家主权的重要内容之一，英美国家制定的不方便法院原则是各国在主权方面礼让的具体表现。其二，公正解决争议原则。国际民事诉讼管辖权的确立与诉讼程序公正、合理地适用法律密切相关，诉讼权利平等和便利是公正的衡量标准，而公正解决争议也是各国确定管辖权的原则，表现为协议管辖、合并管辖等。其三，便利诉讼原则。便利当事人诉讼和便利法院管辖是该原则的体现，既要考虑当事人参加诉讼的方便程度和经济负担，也要考虑法院的工作压力、获取证据的难易程度、外国法查明难度等。① 各国立法和国际条约倾向于采用当事人住所地、经常居住地标准等取代国籍管辖标准，也是便利诉讼原则的体现。其四，意思自治原则。该原则是衡量国际民商事管辖权是否开放和诉讼便利的标准。国际民事诉讼管辖权的相关条约对此也持肯定态度，虽然这些国际条约在协议管辖限制问题上存在不同的规定，但不能否定意思自治原则在管辖权方面的地位。

三、各国国际商事法庭（院）的管辖权规定

国际商事争议的管辖，应先解决案件由本国法院系统受理还是应由外国法院系统受理的问题。只有确定应由本国法院受理，才会涉及本国法院之间的级别管辖和地域管辖问题，即具体应当由什么地域的哪一级法院管辖。从外延角度来看，国际商事案件的管辖不仅包括民事诉讼法意义上的"管辖"，还包括法院"主管"的权限，后者指法院能够受理什么类型、哪些标的及何

---

① 常怡主编：《比较民事诉讼法》，中国政法大学出版社2002年版，第818页。

种范围内的纠纷。① 国际商事法庭（院）是法院体系的重要组成部分，依据国际条约和国内法规定某国法院系统对国际商事案件享有管辖权的情况下，应根据其国内法判断哪些案件应当由国际商事法庭（院）管辖。本部分重点介绍国际商事法庭（院）的管辖制度，从管辖权法律规定和受理案件的情况来看，这些法庭（院）管辖案件的范围是跨国商事案件，管辖权依据为属地管辖、属人管辖、协议管辖和管辖权转移等，较为完善的案件管辖制度适当地解决了它们与国内其他法院之间的管辖权冲突。

（一）管辖案件的国际性和商事性

国际商事法庭（院）之所以能够吸引大量的跨国商事争议，主要归结于它们的特殊职能和管辖权制度。争议具有国际性和商事性是部分国际商事法庭（院）行使管辖权的前置条件。关于管辖案件国际性的要求，新加坡国际商事法庭、荷兰商事法庭、巴黎商事法院国际庭适用的法律均有规定，具体如下所述。

关于新加坡国际商事法庭对审理争议国际性的判断标准，《新加坡法院规则》借鉴1985年《国际商事仲裁示范法》（2006年修正）中对"国际"的界定，采用实质性连结因素标准和争议性质标准相结合的方式，专门规定了国际商事法庭审理争议的国际性质。② 其中，实质性连结因素是指当事人住所或居所、国籍、法人注册地、公司管理地等，争议涉及国际商事利益时即具有国际性。《新加坡法院规则》第110号命令第1（2）（a）条规定的案件国际性包括四个方面：①当事人营业地位于不同国家；②当事人营业地均不在新加坡境内；③履行大部分义务的地点或者与争议标的有最密切联系的地点位于各方当事人营业地点所在国以外；④当事人明确约定争议标的与一个以上国家相关。③

在新加坡国际商事法庭审理一些案件时，也会提及争议的国际性质，如

---

① 邓益洲：《跨境民商事诉讼实务要点解析》，中国法制出版社2018年版，第42页。

② UNCITRAL Model Law on International Commercial Arbitration, Article 1（3）.

③ Singapore Rules of Court, Order 110, Rule 1（2）（a）.

在新加坡第一起比特币法律纠纷案件即做市商 B2C2 起诉加密货币交易所
Quoine 的判决中，国际法官西蒙·索利（Simon Thorley）从民事诉讼中的费
用担保角度出发，提到案件应当具有国际性，即《新加坡法院规则》第 110
号命令第 45 条的基本精神是国际商事法庭审理的案件应当以国际性为前提，
外国公司的国籍不应成为是否进行担保的重点，重点应当是原告的地位或诉
讼本身。① 另外，新加坡开创"离岸案件"概念，即当事人可以不受地域或
国籍限制，从专业性及司法公信力等角度选择更加合适的国际商事法庭
（院）。关于离岸案件的判断标准，主要规定于《新加坡法院规则》第 110 号
命令第 1（1）条、第 1（2）（f）条，以及《新加坡国际商事法庭实务指南》
第 29 条。具体而言，争议标的不受新加坡法律调整，准据法不是新加坡法，
或者争议与案件的唯一联系是当事人选择适用新加坡法律并将案件提交新加
坡管辖。② 实践中，新加坡国际商事法庭于 2016 年作出首个离岸案件判
决——泰拉斯离岸有限私人贸易公司诉泰拉斯货物运输（美国）有限责任公
司判决。③ 本案国际法官亨利·伯纳德·埃尔德（Henry Bernard Eder）认为
判断离岸案件的焦点在于诉讼本身是否与新加坡存在实质联系，他依据《新
加坡国际商事法庭实务指南》第 29（3）条否定诉讼本身与新加坡存在实质
联系，确认本案属于离岸案件。④ 此创新制度基本上可以使新加坡国际商事
法庭受理国际社会范围内的商事争议。⑤

关于荷兰商事法庭对审理争议国际性的判断标准，修订后的《荷兰民事
程序法典》第 30（r）条规定了荷兰商事法庭（包括荷兰商事上诉法庭）的
诉讼要求。《荷兰商事法庭程序规则》第 1.3.1 条依据《荷兰民事程序法典》
对商事法庭的管辖权予以明确，包括四个条件：①该诉讼属于当事人自治范
围内的民事或商事事项，其他法院不享有专属管辖权；②争议为国际争议；

① B2C2 Ltd *v.* Quoine Pte Ltd., ［2018］SGHC（I）08.
② Singapore Rules of Court, Order 110, Rule 1（2）（f）.
③ Teras Offshore Pte Ltd. *v.* Teras Cargo Transport（America）LLC, ［2016］SGHC（I）02.
④ Singapore International Commercial Court Practice Directions, Article 29（3）.
⑤ 何其生主编：《国际商事法院研究》，法律出版社 2019 年版，第 100 页。

③当事人已经指定阿姆斯特丹地区法院进行管辖或阿姆斯特丹地区法院基于其他理由管辖；④当事人已经书面协议在荷兰商事法庭使用英文进行诉讼。其中，第二个条件将单纯的国内案件从荷兰商事法庭的管辖范围中排除，虽然它最初计划也包括国内商事争议。立法提案解释备忘录和《荷兰商事法庭程序规则》对争议国际性的规定进行了扩大解释。① 虽然《荷兰商事法庭程序规则》尚未对国际争议进行明确，但指出荷兰商事法庭可以对国际商事争议予以宽松解释。《荷兰商事法庭程序规则解释说明》对国际争议作出列举，具体包括七个方面的内容：①至少一方当事人居住在荷兰以外或在荷兰以外成立公司，其可能是根据外国法律成立的公司，抑或是该公司的子公司；②解决争议的依据包括国际条约或外国法律，或者协议由除荷兰语以外的语言书写；③至少有一方是一家公司，或属于一家公司集团，其中大部分雇员在荷兰以外工作；④至少有一方当事人是公司，或属于公司集团，其中超过一半的合并营业额在荷兰以外获取；⑤至少有一方诉讼当事人是公司，或属于公司集团，依据《荷兰金融监管法》规定，证券在荷兰境外受管制的市场上交易；⑥争议涉及荷兰境外的法律事实或法律行为；⑦其他涉及相关跨境利益的争议。总体上看，争议的国际性质是很容易被接受的。②

由于商事案件涉及金额巨大且可能涉及国家经济利益，因此各国际商事法庭（院）备受关注，部分国家还对争议的商事性进行了界定。例如，英国商事法院、新加坡国际商事法庭、巴黎商事法院国际庭均采取列举方式来界定商事案件范围。其中，《英国民事诉讼规则》第58.1条规定商事诉讼是因贸易和商业纠纷产生的争议并列举11项案件类型，如商事文书或合同，货物进出口，陆地、海、航空、管道的货物运输，石油、天然气储备或其他自然

---

① Harriët Schelhaas, *The Brand New Netherlands Commercial Court：A Positive Development*, in Xandra Kramer & John Sorabji eds., International Business Courts, Eleven International Publishing, 2019, p. 53.

② Netherlands Commercial Court, Rules of Procedure for the International Commercial Chambers of the Amsterdam District Court (NCC District Court) and the Amsterdam Court of Appeal (NCC Court of Appeal), Accessed Feb. 29, 2022, https：//www.rechtspraak.nl/SiteCollectionDocuments/ncc - procesreglement - en.pdf.

资源的开发，保险和再保险，银行和金融服务，市场和交易所的运作，商品的买卖，船舶的建造，业务代理和仲裁。①《新加坡法院规则》第110号命令第1（2）（b）条也详细列举了三类商事法律关系，并将当事人明确同意争议标的具有商事性作为其中之一。② 巴黎商事法院国际庭审理的商事争议也是通过列举方式表明，包括商业合同、违反商业关系、不正当竞争、运输纠纷、竞争侵权后救济行动和金融产品诉讼等相关争议。③ 迪拜国际金融中心法院尚未对商事案件赋予特殊含义，一般理解为只要在迪拜国际金融中心内发生的商事案件均归其管辖。在迪拜国际金融中心法院和迪拜其他法院签订的管辖权协议中，将交易类型限定为一般金融业务、银行金融业务、辅助活动或任何许可在本中心内进行的业务活动，④ 而刑事、家庭、婚姻等案件不在该法院的管辖范围内。⑤ 当然，并不是所有的国际商事法庭（院）仅审理被适当划分为商事性的争议。例如，卡塔尔国际民商事法院审理的民商事争议的范围较为广泛，包括银行和金融、债务回收、就业、移民、保险和再保险、破产和监管事项等。⑥

（二）案件管辖之法定依据

属人管辖和属地管辖是著名国际商事法庭（院）的法定管辖依据。国籍管辖即属人管辖，它以当事人国籍为连结因素，不管当事人现在居住于境内还是境外，他们的国籍国法院均有管辖权。以属人管辖为依据的国家主要包括法国、意大利、荷兰以及遵循1928年《布斯塔曼特法典》的部分拉丁美

---

① English Civil Procedure Rules, Rule 58. 1 (2).

② Singapore Rules of Court, Order 110, Rule 1 (2) (b).

③ Emmanuel Jeuland, *The International Chambers of Paris*: *A Gaul Village*, in Xandra Kramer & John Sorabji eds., International Business Courts, Eleven International Publishing, 2019, p. 72.

④ 何其生主编：《国际商事法院研究》，法律出版社2019年版，第100页。

⑤ Michael Hwang, The Courts of the Dubai International Finance Centre—A Common Law Island in a Civil Law Ocean, Accessed Feb. 29, 2022, https://www.difccourts.ae/2008/11/01/the－courts－of－the－dubai－international－finance－centre－a－common－law－island－in－a－civil－law－ocean/.

⑥ Qatar Financial Centre Law, Law No. (7) of 2005 (as amended), Article 8 (2) (c).

洲国家。① 现有国际商事法庭（院）也存在国籍管辖的相关规定。例如，2009年，卡塔尔国际民商事法院和争端解决中心成立，国际民商事法院是卡塔尔金融中心的一部分，也为卡塔尔建立世界级国际金融中心奠定基础。卡塔尔国际民商事法院主要对卡塔尔金融中心注册公司产生的行为进行管辖，如卡塔尔金融中心注册公司之间、卡塔尔金融中心注册公司与该中心的任何机构之间、卡塔尔金融中心注册公司与其雇员之间、卡塔尔金融中心注册公司与和其签订合同的非卡塔尔金融中心机构之间，以及卡塔尔金融中心注册公司与卡塔尔公民之间产生的民事和商事争议。② 同样，《2004 年迪拜第 12 号法令》（2011 年修订）第 5 条的目的是界定标的物管辖权、属地管辖权和属人管辖权，例如第 5（A）（1）条（a）项规定，如果当事人一方是迪拜国际金融中心设立的任何机构或者是获得迪拜国际金融中心许可的机构，法院均具有管辖权。③

"原告就被告"是国际民事诉讼中地域管辖的基本原则之一，即由原告向被告住所地国家的法院提起诉讼。属地管辖是以地域为连结因素，由该地域所属国法院行使管辖权。住所是国际民事诉讼管辖权的连接因素，将住所作为实施管辖权的连结点，被大部分国家采用，且是普遍接受的管辖依据。因各国对住所的定义不同，从 20 世纪 50 年代起就出现了以惯常居所代替住所的趋势，1955 年《海牙关于解决本国法与住所地法冲突的公约》把住所和经常居所等同适用，其第 5 条将住所定义为："一个人惯常居住的处所，除非其住所取决于他人的住所或机关所在地。"④ 被告人的出现是英美法系国家的法院实施国际民商事管辖权的重要依据，其认为只要法院能有效控制被告，该法院就有管辖权。⑤ 在对人诉讼中，即原告提起诉讼时，被告人出现在该

---

① 赵相林、宣增益：《国际民事诉讼与国际商事仲裁》，中国政法大学出版社 1994 年版，第 68 页。

② Qatar Financial Centre Law, Law No. (7) of 2005, Article 8（3）（c）.

③ Dubai Law No. 12 of 2004, Article 5（A）.

④ Convention Relating to the Settlement of the Conflicts between the Law of Nationality and the Law of Domicile, Article 5.

⑤ 赵相林主编：《国际民商事争议解决的理论与实践》，中国政法大学出版社 2009 年版，第 74 页。

国且可以向其送达传票，则法院具有管辖权。此管辖权确立后，在与诉因有关的情况下，其会保持效力，但对一个与本诉没有密切联系的诉讼来说，此管辖权不会继续有效。① 在对物诉讼中，诉讼标的物被视为被告，只要该标的物出现在本国境内，法院能够把传票贴在标的物上，该国法院就可以行使管辖权。英国商事法院取得管辖权的主要法律依据包括 1968 年《关于民商事裁判管辖权及判决执行公约》（又称《布鲁塞尔公约》）、1988 年《关于民商事管辖权和判决承认的卢加诺公约》、2012 年《关于民商事管辖权及判决承认与执行的第 1215/2012 号条例》（又称《布鲁塞尔条例 I》）以及英国普通法管辖权规则等。英国商事法院先依据《布鲁塞尔条例 I》判断案件管辖权，如果不属于该公约的适用范围，那么英国普通法管辖权规则将会适用，即法院管辖权取决于传票送达。当被告出现在该辖区内，原告有权送达传票，否则传票的送达须取得法院许可。② 《新加坡最高法院司法法案》第 16（1）条作出类似规定，即如果被告在新加坡境内被送达传票，或在法院许可的情况下，在新加坡境外被送达传票，则高等法院具有管辖权；如果被告已接受管辖，则新加坡高等法院也具有管辖权；前述规则适用于国内和跨国争议。③ 新加坡国际商事法庭隶属于高等法院，《新加坡最高法院司法法案》第 18D（1）条涉及国际商事法庭管辖权的条件，其中该条（b）项规定，诉讼是高等法院在现有民事管辖权内进行的，④ 因此新加坡国际商事法庭管辖案件时，应当符合高等法院地域管辖权的规定。

（三）案件之协议管辖依据

国际民商事争议属于私法范畴，意思自治作为私法的基本原则，要求当事人的意志在其中起到决定性作用。随着国际民商事交往的不断深入，对于与国家和社会公共利益联系不是十分紧密的案件，越来越多的国家允许民商

---

① ［英］J. H. C. 莫里斯主编：《戴西和莫里斯论冲突法》（上），李双元等译，中国大百科全书出版社 1998 年版，第 269 页。

② Adrian Briggs, *Civil Jurisdiction and Judgment*, Informa Law, 2015, pp. 379 – 380.

③ Supreme Court of Judicature Act, Section 16 (1).

④ Supreme Court of Judicature Act, Section 18D (1).

事主体有条件地选择行使管辖权，大部分国家在立法和司法实践中认可协议管辖制度。①

协议管辖分为明示协议管辖和默示协议管辖。其中，明示协议管辖是指根据意思自治，允许当事人在争议发生前或发生后，通过协议方式将争议交由某一国法院审理。这种管辖方式具有明显的优越性，不仅可以进一步明确法院管辖权，而且有利于判决的承认与执行。目前，国际社会普遍承认并采用明示协议管辖，但大多数国家在承认明示协议选择管辖时附有条件限制，如协议必须有效、选择的法院为一审法院、协议管辖限于非专属管辖案件、不得违反其国内公共秩序等。而默示协议管辖是指双方当事人之间没有签订管辖权协议或选择法院条款，只是一方当事人向某国法院起诉时，另一方对该法院行使管辖权没有异议，无条件应诉或者在该法院提出反诉等。当然，默示协议管辖也存在一定的限制，部分出庭不能作为行使管辖权的依据，例如被告出庭的目的不是将争议交给有管辖权的法院审理，或者维护已被扣押或有被扣押风险的标的物的利益，又或者要求解决扣押等。为扩大和强化国家管辖权的竞争力，各国确立协议管辖的法律效力，使其成为国际商事法庭（院）最重要和最基础的管辖根据。协议管辖是契约自由与私法自治在国际民事诉讼领域的拓展，也是民事处分原则在管辖权方面的具体表现。② 例如，依据《2004 年迪拜第 10 号法令》规定，该法院管辖迪拜国际金融中心区域内的案件，③ 而 2011 年修订后的《2004 年迪拜第 12 号法令》明确规定当事人有权通过管辖协议提起诉讼。④ 另外，德国、荷兰、新加坡的国际商事法庭在协议管辖基础上，增加了自由裁量管辖权，二者形成的主观联系因素和意向法院较为灵活，有助于避免连结点的"僵化"。⑤

---

① 刘晓红、周祺：《协议管辖制度中的实际联系原则与不方便法院原则》，载《法学》2014 年第 12 期，第 43 页。

② 韩德培主编：《国际私法新论》，武汉大学出版社 2003 年版，第 454 页。

③ Dubai Law No. 10 of 2004, Article 19 (1).

④ Dubai Law No. 12 of 2004, Article 5 (A) (2).

⑤ 吴永辉：《论国际商事法庭的管辖权——兼评中国国际商事法庭的管辖权配置》，载《法商研究》2019 年第 1 期，第 145 页。

第二节　中国的国际商事法庭管辖权制度

中国关于国际民事诉讼管辖权的法律渊源包括国际条约和国内法。其中，在国际条约方面，包括《国际铁路货物联运协定》《统一国际航空运输某些规则的公约》《国际油污损害民事责任公约》，以及双边经贸协定、双边司法协助条约等。① 在国内立法方面，跨国商事争议的管辖权坚持国家主权原则，例如属地管辖原则的适用，即人民法院对在中国境内的当事人享有管辖权。对于在中国境内没有住所的当事人，法院可以依据《民事诉讼法》第 276 条规定予以管辖，即只要能确定当事人与中国具有法定的"适当联系"，法院则享有管辖权。另外，协议管辖也是人民法院管辖跨国商事争议的重要依据之一，修改后的《国际商事法庭若干问题规定》不再要求争议必须与我国有实际联系，而是鼓励双方当事人协议选择中国法院管辖。国际商事法庭是国内法院体系的重要组成部分，行使管辖权的主要法律依据为《国际商事法庭若干问题规定》《国际商事法庭程序规则（试行）》，这些司法解释以《民事诉讼法》为基础，故本节将在此基础上以国际商事法庭为研究主体，分析管辖权行使的条件。

一、国际商事法庭管辖的争议范围

在国际商事活动中，由于当事人处于不同的国家或地区，法律制度与文化存在差异，发生争议的概率较大。从字面上看，国际商事争议是具有国际因素的商事纠纷，国际商事法庭负责解决国际商事争议，明确争议之"国际"和"商事"各自的含义，可为讨论该法庭管辖权的具体规定奠定基础。

（一）国际商事法庭管辖争议之国际性

国际商事争议通常是指涉外商事争议。《最高人民法院关于适用〈中华

---

① 刘力：《国际民事诉讼管辖权研究》，中国法制出版社 2004 年版，第 262 页。

人民共和国涉外民事关系法律适用法〉若干问题的解释（一）》（法释〔2020〕18号，以下简称《涉外民事关系法律适用法司法解释（一）》）第1条和《民事诉讼法司法解释》（2022年修正）[1] 第520条对涉外民事案件作出规定，即将外国法人改为外国企业或组织，将当事人一方或者双方的经常居所地作为连结点之一，把"外国领域"或者"国外"改为中国领域外，以及增加兜底条款。通过上述分析可以看出，中国对涉外民商事案件的认定主要基于相关法律关系有一个或一个以上涉外因素，而这些涉外因素可能是单一的，也可能是多元且复杂的，而后者往往是常态。[2]《国际商事法庭若干问题规定》第2条规定国际商事法庭受理案件的范围，表明案件应具有国际性和商事性，第3条则进一步对案件的国际性进行界定。该司法解释对国际性的认定与《民事诉讼法司法解释》和《涉外民事关系法律适用法司法解释（一）》规定的"涉外性"基本一致，只是取消了兜底条款。那么，案件"国际性"和"涉外性"的含义是否相同，值得商榷。笔者认为，涉外性是从某个国家角度来看的，而国际性更加广泛与中立，在界定民商事关系是否具有国际性时，应持更开放的态度，无论是实体法中的涉外因素还是程序法中的涉外因素，都可以纳入国际性标准。因此，《国际商事法庭若干问题规定》第3条涉及的"国际性"判断标准应当更加宽松，而非在争议涉外性的基础上取消兜底条款。

依据法律关系三要素分析涉外民商事关系，较为具体且标准清晰，但随着国家间民商事交往不断深入，涉及不同国家利益的法律关系不一定体现在主体、客体和内容三个方面，特别是在一些情况下，即使民商事法律关系的三要素不具有涉外性，也可能属于国际民商事争议，因此许多国家的做法较为灵活，即凡与本国法以外的某种法律体系发生联系，则为涉外（或国际）民商事法律关系。[3] 从国际商事仲裁角度来看，有两个主要标准被单独或联

---

① 如无特别说明，下文所称《民事诉讼法司法解释》均为2022年修正版。

② 赵相林：《国际私法》，中国政法大学出版社2005年版，第3页。

③ René van Rooij & Maurice V. Polak, *Private International Law in the Netherlands*, Kluwer Law and Taxation Publishers, 1987, p. 4.

合用来界定国际商事仲裁的国际性，即争议性质以及当事人的国籍、居所或者营业地等因素。《国际商事仲裁示范法》于 1985 年由联合国国际贸易法委员会主持制定，其宗旨是协调和统一各国调整国际商事仲裁的法律，该法第 1（3）条对国际商事仲裁的国际性予以规定，即采取当事人营业地标准以及和争议性质相关的标准。① 中国作为联合国国际贸易法委员会的成员方，在规定仲裁国际性标准时，可以参考《国际商事仲裁示范法》规定。笔者认为，诉讼和仲裁均是国际商事争议的解决机制，应当统一国内法关于争议国际性的认定。

（二）国际商事法庭管辖争议之商事性

各国对国际商事争议之商事性判断的标准存在差异。按照法系划分，大陆法系国家的法律分为公法和私法，前者包括宪法、行政法等，后者包括民法、商法等。除此之外，经济法或社会法作为新兴部门法，介于公法和私法之间。鉴于各国立法制度不同——"民商合一"或"民商分立"，各国的民商事法律显得较为复杂。普通法系国家划分为普通法和衡平法，所以不存在一个统一的"民商事"法律部门。各国对法律部门的划分存在差异，但在司法协助制度中一般将民事和商事均纳入民事领域。在程序法方面，各国在审理案件时，基本上都适用本国的民事诉讼法。

《国际商事法庭若干问题规定》仅对争议的国际性作出规定，但尚未明确商事性的含义。相应地，国内法尚未对商事性作出明确规定，而是采用广义的民事概念，其中民事行为包括商事或经济行为。1986 年中国在加入《纽约公约》后，为履行该公约，最高人民法院于 1987 年发布了《最高人民法院关于执行我国加入的〈承认及执行外国仲裁裁决公约〉的通知》（以下简称《关于执行我国加入〈纽约公约〉的通知》），该通知第 2 条对《纽约公

---

① 《国际商事仲裁示范法》第 1（3）条规定，仲裁如有下列情况即为国际仲裁：（a）仲裁协议的当事各方在缔结协议时，他们的营业地点位于不同的国家；或（b）下列地点之一位于当事各方营业地点所在国以外：（i）仲裁协议中确定的或根据仲裁协议而确定的仲裁地点；（ii）履行商事关系的大部分义务的任何地点或与争议标的关系最密切的地点；或（c）当事各方明确同意，仲裁协议的标的与一个以上的国家有关。

约》作出商事保留声明，即国内法认定属于契约性或非契约性的商事法律关系引起的争议适用该公约。契约性或非契约性商事关系包括货物买卖、财产租赁、加工承揽、合资经营、合作经营、工程承包、技术转让、劳务、保险、民用航空以及环境污染等，但将外国投资者和东道国政府的争议排除在外。①从国际条约来看，中国与其他国家签订的民事司法协助条约中，对"民商事"一般通过两种形式表达。其一，使用"民事"一词，通过专门条文对民事范围予以说明，如《中华人民共和国和保加利亚共和国关于民事司法协助的协定》第1条强调民事包括由民法、商法、家庭法和劳动法调整的事项。其二，使用"民事或商事"的表达，不再进一步解释，如《中华人民共和国和朝鲜民主主义人民共和国关于民事和刑事司法协助的条约》《中华人民共和国和法兰西共和国关于民事、商事司法协助的协定》。上述条约中都没有对商事规定进行精确定义，至于何种案件属于上述范围，仍待各国在实践中灵活处理。

二、国际商事法庭之协议管辖规则

《国际商事法庭若干问题规定》确立了国际商事法庭是最高人民法院常设审判机构的地位，该规定第2条明确了国际商事法庭的管辖权范围，即包括协议管辖、裁定管辖和对仲裁案件的审查与执行管辖。本部分仅对协议管辖内容进行分析。根据《国际商事法庭若干问题规定》第2条第1款的规定，当事人可以通过书面协议向国际商事法庭提交国际商事争议，条件是满足《民事诉讼法》第277条规定且诉讼标的额在3亿元人民币以上，这是中国在国际民事诉讼领域的重要创新。

---

① 《关于执行我国加入〈纽约公约〉的通知》第2条规定："根据我国加入该公约时所作的商事保留声明，我国仅对按照我国法律属于契约性和非契约性商事法律关系所引起的争议适用该公约。所谓'契约性和非契约性商事法律关系'，具体的是指由于合同、侵权或者根据有关法律规定而产生的经济上的权利义务关系，例如货物买卖、财产租赁、工程承包、加工承揽、技术转让、合资经营、合作经营、勘探开发自然资源、保险、信贷、劳务、代理、咨询服务和海上、民用航空、铁路、公路的客货运输以及产品责任、环境污染、海上事故和所有权争议等，但不包括外国投资者与东道国政府之间的争端。"

（一）国际商事法庭协议管辖规定的基本理念是合理的意思自治最大化

国际商事管辖权一直被视为国家主权的重要组成部分，是司法机关审理具有涉外因素之商事争议的权限范围和法律依据。① 作为国际商事管辖权的一部分，协议管辖是指在不违背内国专属管辖的情况下，当事人可以协商并选择管辖法院。② 从 16 世纪法国学者杜摩林最早提出意思自治观念开始，当事人意思自治作为一种私人权利学说逐步获得发展，目前也被各国国际私法作为一项基本准则。究其原因，当事人意思自治是人权、自由和平等权利的代表，他们享有分配和处分接受某国司法管辖的权利。协议管辖不仅能够避免国际商事领域中的管辖权冲突，还可以降低冲突法的不确定性和不可预见性等。③ 虽然协议管辖的正当性已经获得大部分国家的认可，但由于国家主权原则的影响，国际社会中的协议管辖规定仍受到一定的限制。

从协议管辖角度看，国际商事法庭制度设计应当在当事人实际地位平等的基础上，凸显私法自治；在维护国家主权原则的基础上，尽可能尊重当事人意思自治。首先，意思自治的核心是契约自由，当事人选择国际商事法庭解决争议，会间接影响当事人的合同法律权利和财产处分权利。为保障当事人的实体法权利，可以适当放宽确定管辖权协议有效的条件，即当事人具有平等意思表示的机会且意思表示真实，不存在欺诈、胁迫、损害第三方利益等实体法上导致协议无效或可撤销的因素。其次，意思自治已成为法律适用的普遍原则，而主权的限制只是例外。在仲裁协议领域，无论仲裁地是否与争议存在实质联系，当事人均可以共同协商选择仲裁地，仲裁制度也对民商事交往起到较为积极的作用。因此，最大化地维护当事人选择法院管辖协议的有效性，是国际商事法庭吸引当事人选择的重要条件之一。当然，最大程度地尊重当事人意思自治，并不是对协议管辖没有任何限制，而是仅作合理

---

① 刘力：《国际民事诉讼管辖权研究》，中国法制出版社 2004 年版，第 16 页。

② 刘力：《国际民事诉讼管辖权研究》，中国法制出版社 2004 年版，第 72 页。

③ Friedrich K. Juenger, *Choice of Law and Multistate Justice*, Martinus Nijhoff Publishers, 1993, p. 214.

且必要的限制，包括当事人协议选择法院时，应强调他们的真实意思表示，且不存在胁迫、欺诈等情况；在意思自治可能对国家或社会公共利益带来损害时，则排除意思自治的适用；出于诉讼效率的目的，协议管辖也应当遵循国内法中关于专属管辖和级别管辖制度的优先性。

（二）国际商事法庭协议管辖规定对最高人民法院审理一审案件的创新

在国际商事法庭成立前，《民事诉讼法》允许当事人协议选择中国法院管辖国际商事争议，但他们的选择受到较为严格的限制。具体而言，当事人通过协议选择的法院必须符合《民事诉讼法》中关于级别管辖的规定。根据级别管辖规则，普通涉外商事案件的一审由基层人民法院审理，重大涉外商事案件的一审则由中级人民法院管辖。特殊情况下，高级人民法院有权审理一审国际商事案件，但是这些案件在发生地的管辖范围内应当存在重大影响。而最高人民法院行使审判权的条件有两个：一是在中国具有重大影响；二是最高人民法院认为该争议应当由其管辖。加之根据《最高人民法院关于涉外民商事案件诉讼管辖若干问题的规定》《最高人民法院关于明确第一审涉外民商事案件级别管辖标准以及归口办理有关问题的通知》等规定可知，在设立国际商事法庭之前，当事人并不能选择最高人民法院来受理一审国际商事争议。

（三）国际商事法庭协议管辖规定的具体内容

国际商事法庭在最高人民法院的管辖范围内取得一些突破，即明确了对当事人协议管辖的标准。在管辖权协议的效力方面，《国际商事法庭若干问题规定》要求管辖协议必须符合《民事诉讼法》第277条规定，即当事人书面协议选择人民法院管辖，不再要求实际联系。同时，《国际商事法庭若干问题规定》对国际商事法庭审理争议的标的额作出了具体规定，这实际上是案件分流的表现形式之一，即只有标的额在3亿元人民币以上且符合其他条件时，才属于国际商事法庭的受案范围，此规定可以适当控制国际商事法庭的受案数量。在客体方面，当事人有权选择国际商事法庭或者最高人民法院作为管辖机构，其原因是国际商事法庭隶属于最高人民法院。根据《国际商事法庭若干问题规定》第 2 条第 1 款规定，当事人约定国际商事争议由最高人民法院管辖时，满足条件的争议由国际商事法庭审理。《国际商事法庭程序规则（试行)》第 8 条第 2 款进一步解释，原告向国际商事法庭提起诉讼时，须具备关于选择第一国际商事法庭、第二国际商事法庭或者最高人民法院的管辖协议。根据上述规定可以推测，管辖权协议的对象无论是国际商事法庭还是最高人民法院，国际商事法庭均享有管辖权。在管辖权协议的形式方面，《国际商事法庭若干问题规定》要求当事人签订的管辖权协议须遵守《民事诉讼法》中关于协议书面性的规定。《民事诉讼法司法解释》第 29 条规定从签订时间的角度对书面协议进行分类，即提前以书面形式约定法院管辖和在诉讼前以书面形式约定法院管辖。

综上所述，允许当事人依据意思自治原则选择国际商事法庭审理争议具有重要意义，《国际商事法庭若干问题规定》在协议管辖方面取得了一些突破，为当事人选择国际商事法庭奠定了法律基础，也为最高人民法院审理一审案件提供了契机。

三、国际商事法庭裁定管辖和对国际商事仲裁审查和执行管辖的规定

《民事诉讼法》规定的裁定管辖包括三种类型，即移送管辖、指定管辖和管辖权转移。其中，移送管辖是指，人民法院受理案件后，发现本院对案件没有管辖权，通过裁定方式将案件移送至有管辖权的人民法院。这种管辖是对错误管辖行为的纠正，其本质是移交案件，而非改变案件的法定管辖权。指定管辖是指，上级人民法院依法通过裁定方式，指定其辖区内的下级人民法院对案件进行管辖。设立该制度的目的是赋予上级人民法院权力，以便在下级人民法院管辖权出现困难或发生争议时，上级人民法院可以及时依职权指定争议由其他法院审理。管辖权转移是指，对案件有管辖权的法院依据上级法院的准许或本院裁定，将管辖权转移至原本没有管辖权的法院，包括从下级法院转移至上级法院和从上级法院转移至下级法院两种情况。

（一）国际商事法庭关于裁定管辖的规定

管辖权的转移具有调解上下级人民法院之间的级别管辖的作用，这主要体现在管辖权原则性和灵活性相结合方面。《国际商事法庭若干问题规定》第 2 条第 2 项明确规定，本应由高级人民法院审理的第一审国际商事案件，由于各种原因认为有必要交给最高人民法院审理，并且获得最高人民法院准许的，可以将案件上移至国际商事法庭。值得注意的是，《国际商事法庭若干问题规定》并没有提及该法庭将案件转移至下级人民法院的情况。高级人民法院将案件转移至最高人民法院，产生的效力主要包括以下两个方面。一方面，国际商事法庭获得对案件的管辖权。管辖权转移适用的目的是确定最终管辖法院，有学者认为，最高人民法院不能被称为本来没有管辖权的法院，因为只有在管辖权规则用尽时，未获得管辖权的法院才属于没有管辖权的法院。管辖权规则的适用，不仅使国际商事法庭获得管辖权，而且成为唯一的管辖机构。另一方面，高级人民法院失去管辖权。依据其他管辖规则可以确定有管辖权的法院，但如果存在适用管辖权转移的情况，则此管辖权处于不稳定状态，国际商事法庭因此获得管辖权，而高级人民法院也失去了对案件的管辖权，其不得以原来的管辖权为由要求确认国际商事法庭的管辖无效，或者要求重新获得对本案的管辖权。综上所述，一些国际商事案件的管辖权本不属于国际商事法庭管辖，但最高人民法院通过对案情、影响力和法官专业素质的综合考量，可以将本属于集中管辖的案件转移至国际商事法庭。这种裁定管辖不仅在一定程度上扩大了国际商事法庭的案源，还有利于增强其专业化分工。

（二）国际商事法庭对国际商事仲裁审查和执行管辖的规定

《国际商事法庭若干问题规定》第 2 条第 4 项还规定了国际商事法庭对国际商事仲裁案件进行司法审查与执行的管辖，这一内容以该规定第 14 条为基础，即当事人协议选择符合条件的国际商事仲裁机构仲裁的，可以在仲裁前或者仲裁程序开始后向国际商事法庭申请证据、财产或者行为保全，还可以申请撤销或执行仲裁裁决，国际商事法庭依据《民事诉讼法》等相关规定进行审查。《国际商事法庭程序规则（试行）》第 34 条和第 35 条细化了国际商事法庭对国际商事仲裁案件申请保全和执行的条件，即诉讼标的额在 3 亿元人民币以上或有其他重大影响，这与协议管辖案的受案范围保持一致。当然，只有被纳入"一站式"国际商事争议多元化解决机制的国际商事仲裁机构，才可以向国际商事法庭提出上述申请。相较之下，根据《中华人民共和国仲裁法》（以下简称《仲裁法》）及《民事诉讼法》的规定，普通涉外仲裁案件当事人申请证据保全的，由证据所在地的中级人民法院管辖；① 对于普通涉外仲裁机构作出的裁决，当事人有权向仲裁委员会所在地的中级人民法院申请撤销；② 如果当事人不履行仲裁裁决，另一方当事人可以向被申请人住所地或财产所在地的中级人民法院申请执行。③ 因此，国际商事法庭既为国际商事仲裁的审查和执行提供了便利，也为维护当事人合法权益发挥着重要的程序保障作用。从《国际商事法庭若干问题规定》的内容来看，该法庭的执行管辖权是构建高效国际司法协助机制的重要组成部分，为"一站式"国际商事争议解决平台的完善奠定了基础。④

第三节　国际商事法庭管辖权制度的合理性探析

《国际商事法庭若干问题规定》首次明确了国际商事法庭的管辖权内容，主要包括协议管辖、裁定管辖和对国际商事仲裁审查和执行的管辖等。依据相关司法解释的规定，国际商事法庭审理的争议应当具有国际性和商事性，协议管辖的诉讼标的额须在 3 亿元人民币以上；裁定管辖中的管辖权转移规定可以附条件地受理高级人民法院移送的案件；在对国际商事仲

---

① 《仲裁法》第 68 条。
② 《仲裁法》第 58 条。
③ 《民事诉讼法》第 290 条。
④ 吴永辉：《论国际商事法庭的管辖权——兼评中国国际商事法庭的管辖权配置》，载《法商研究》2019 年第 1 期，第 151 - 152 页。

裁的审查和执行管辖方面，国际商事法庭有权受理当事人申请仲裁保全、撤销或执行仲裁裁决的案件等。本节通过对上述规定分析，发现国际商事法庭争议范围的国际性质和商事性质不够明确、协议管辖适用存在局限性，以及国际商事法庭管辖权转移、对仲裁审查和执行的适用标准均亟待细化等问题。

一、国际商事法庭管辖的争议范围不明确

《国际商事法庭若干问题规定》第 3 条是关于案件受理范围的规定，虽然提到了商事案件，但并未进一步阐述商事案件的判断标准。对于国际性的判断，该规定在《民事诉讼法司法解释》和《涉外民事关系法律适用法司法解释（一）》关于涉外关系的认定标准的基础上，取消了"其他情形"条款，限缩了对国际性的理解，无法很好地突出国际商事法庭的国际性。

（一）争议之国际性判断标准的范围较窄

由于国际商事法庭受理的争议是从其他法院受理的涉外商事案件中分流而来，并在此基础上进行了"国际性"凝练，因此国际性成为国际商事法庭区别于普通法院管辖权的重要特征。从《国际商事法庭若干问题规定》第 3 条来看，国际商事法庭受理国际性争议的本质与普通涉外民商事法庭受理的涉外争议相同，但取消兜底条款，导致司法实践中争议之国际性的范围可能小于争议之涉外性。如果国际性争议的范围小于涉外性争议，则《国际商事法庭若干问题规定》第 3 条对争议之国际性解释可能没有任何意义，甚至在更大程度上限制了国际商事法庭的受案范围。大部分学者认为，国际民商事争议的事实情况至少包含一个外国因素，即某一民商事争议的主体、客体或内容具有涉外性。[①] 需要注意的是，虽然"三要素涉外说"适用于法院审理涉外民商事案件，但其判断标准较为"僵化"，实践中可能产生不公正的结果。最高人民法院发布的《民事诉讼法司法解释》，在现有含义的基础上纳

---

① 李浩培：《国际民事程序法概论》，法律出版社 1996 年版，第 1 页。

入兜底条款,① 以推动司法改革。相较而言,《国际商事法庭若干问题规定》强调国际商事法庭审理争议的国际性和商事性,对案件受理范围之国际性判断采取传统的法律关系"三要素涉外说",② 且在《民事诉讼法司法解释》和《涉外民事关系法律适用法司法解释(一)》关于涉外关系认定标准的基础上,取消"其他情形"这一兜底条款,导致法官在此问题上没有自由裁量空间,部分适合国际商事法庭审理的争议无法纳入其管辖范围。笔者认为,应当将国际性予以扩大解释,适用外国法、证据具有国际因素等均可视为争议具有国际性因素,当事人可以将此类争议交由国际商事法庭管辖。

一般情况下,国际商事争议指的是涉外商事争议,但从国际社会角度出发,国际性质具有中立性,不应以某个国家为参照物;而涉外性带有"本土化"色彩,以境内的角度寻找境外因素,即只要与本国之外的国家产生法律关系均可称为"涉外"。③ 虽然通过法律关系三要素判断商事争议的国际性较为清晰,但随着国际商事交往不断深入,部分国家法律及国际公约对国际性的判断标准具有开放性,即只要与本国法律之外的法律体系发生联系,就可认定争议具有国际性质。④ 在关于国际商事法庭(院)的规定方面,德国发布的《引入国际商事法庭的立法草案》第114b条规定,只有具备国际因素的争议,才可以由国际商事法庭管辖。立法者在该草案的说明部分,对国际因素进行阐释,例如当事人用英文书写合同、一方当事人经常居所地在外国、案件适用外国法等,⑤ 立法者意图赋予德国国际商事法庭法官自由裁量权,

① 《民事诉讼法司法解释》第520条规定:"有下列情形之一,人民法院可以认定为涉外民事案件:(一)当事人一方或者双方是外国人、无国籍人、外国企业或者组织的;(二)当事人一方或者双方的经常居所地在中华人民共和国领域外的;(三)标的物在中华人民共和国领域外的;(四)产生、变更或者消灭民事关系的法律事实发生在中华人民共和国领域外的;(五)可以认定为涉外民事案件的其他情形。"

② 吴永辉:《论国际商事法庭的管辖权——兼评中国国际商事法庭的管辖权配置》,载《法商研究》2019年第1期,第143页。

③ 刘力:《国际民事诉讼管辖权研究》,中国法制出版社2004年版,第3页。

④ René van Rooij & Maurice V. Polak, *Private International Law in the Netherlands*, Kluwer Law Taxtation Publishers, 1987, p. 4.

⑤ Deutscher Bundestag, Gesetzentwurf des Bundesrates—Entwurf eines Gesetzes zur Einführung von Kammern für internationale Handelssachen (KfiHG), Drucksache 19/1717, 18.04.2018, S. 10.

并根据具体案件情况判断争议的国际性与否。《新加坡法院规则》第110号命令第1（2）（a）条规定，当事人共同认为争议与多个国家相关，则新加坡国际商事法庭可将争议认定为具有国际性质。① 如果国际商事法庭仍站在境内的角度寻求境外因素，则可能导致关于法律关系的所有构成要素均位于某一外国境内的争议也符合涉外的要求。② 在国际公约方面，《选择法院协议公约》通过排除的方式界定案件国际性，规定除非当事人在同一缔约国居住并且当事人的关系以及与争议相关的其他因素均与该国有关，否则无论被选择的法院处于何地，案件均具有国际性。③《新加坡调解公约》第1条明确规定国际性的含义，要求和解协议至少有两方当事人的营业地所在国不同；和解协议当事人的营业地所在国与约定的大部分义务履行地所在国不是同一国，也与和解协议所涉事项关系最为密切的国家并非同一国。④

《国际商事法庭若干问题规定》将国际性的含义直接等同于涉外含义且不再赋予法官自由裁量权。这可以理解为，国际商事法庭管辖的案件是满足其他条件的涉外商事争议，却并没有突出该法庭审理争议的独特性，似乎不能完全满足"一带一路"国际商事争议解决的需求。

（二）尚未明确界定商事性标准

在国际商事法庭成立的新闻发布会上，时任最高人民法院审判委员会专职委员刘贵祥强调，国际商事法庭受理平等商事主体之间的国际商事争议，而国家间贸易、投资争端以及东道国和投资者之间的投资争端则排除在外。⑤ 一般情况下，当事人在比较熟悉法院地所在国法律的情况下，才会选择该国法院来行使管辖权，而《国际商事法庭若干问题规定》并未对争议的商事性

---

① Singapore Rules of Court, Order 110, Rule 1 (2) (a).

② 卜璐：《"一带一路"背景下我国国际商事法庭的运行》，载《求是学刊》2018年第5期，第95页。

③ Convention on Choice of Court Agreements, Article 1 (2).

④ United Nations Convention on International Settlement Agreements Resulting from Mediation, Article 1.

⑤《国务院新闻办就〈关于建立"一带一路"国际商事争端解决机制和机构的意见〉举行发布会》，载最高人民法院国际商事法庭网，http://cicc.court.gov.cn/html/1/218/149/192/768.html，访问时间：2022年3月5日。

作出明确定义，当事人对争议的商事性不能作出合理预期，故为保证诉讼的公正和效率，当事人可能选择法律规定更为明确的国家的法院来管辖争议。

在判断争议商事性方面，《民事诉讼法》和《仲裁法》将争议适用的范围表述为"合同或其他财产权益纠纷"①，尚未将商事性纳入法律。如何理解"合同或其他财产权益纠纷"的含义，学界存在不同看法。有学者将财产权益纠纷理解为除身份关系之外的一切争议，② 还有学者认为上述概念是指财产权的请求。③《民事诉讼法》立法者未对"财产权益纠纷"作出明确界定，只是在立法理由中予以说明，即其是因物权、知识产权中的财产权而产生的民事纠纷。④ 从上述含义可以发现，财产权益争议的范围应大于商事争议，如果国际商事法庭审理商事争议的范围扩大为"合同或其他财产权益纠纷"，则有悖于该法庭专业化的发展趋势。最高人民法院负责人曾指出国际商事法庭受理的案件主要是平等商事主体之间在贸易、投资等领域的争议，⑤ 但《国际商事法庭若干问题规定》第 3 条规定直接将国际商事案件阐述为"具有国际性的商事案件"，并没有具体解释商事性的界定标准。

二、国际商事法庭协议管辖的局限性

国际商事法庭是最高人民法院设立的专门处理国际商事争议的常设审判机构，依据《民事诉讼法》第 35 条和第 277 条⑥、《国际商事法庭若干问题

---

① 《民事诉讼法》第 35 条和《仲裁法》第 2 条。

② 江伟：《中华人民共和国民事诉讼法释义·新旧法条对比·适用》，华夏出版社 1991 年版，第 4 页。

③ 柴发邦主编：《民事诉讼法学新编》，法律出版社 1992 年版，第 540 页。

④ 全国人大常委会法制工作委员会民法室编：《〈中华人民共和国民事诉讼法〉条文说明、立法理由及相关规定》，北京大学出版社 2012 年版，第 55 页。

⑤ 侯强：《最高人民法院负责人就〈关于建立"一带一路"国际商事争端解决机制和机构的意见〉答记者问》，载新华网，http://www.xinhuanet.com/2018-06/28/c_1123046444.htm，访问时间：2022 年 3 月 5 日。

⑥ 《民事诉讼法》第 35 条规定："合同或者其他财产权益纠纷的当事人可以书面协议选择被告住所地、合同履行地、合同签订地、原告住所地、标的物所在地等与争议有实际联系的地点的人民法院管辖，但不得违反本法对级别管辖和专属管辖的规定。"第 277 条规定："涉外民事纠纷的当事人书面协议选择人民法院管辖的，可以由人民法院管辖。"

规定》第 2 条第 1 项①等规定，其有权受理当事人协议请求其管辖的国际商事争议。笔者认为，国际商事法庭协议管辖规定存在诉讼标的额要求过高以及形式要件僵化等不足。

（一）协议管辖的诉讼标的额限制不合理

依据《最高人民法院关于涉外民商事案件诉讼管辖若干问题的规定》的规定，符合条件的开发区人民法院、中级人民法院和高级人民法院均有权审理涉外民商事案件。2017 年发布的《最高人民法院关于明确第一审涉外民商事案件级别管辖标准以及归口办理有关问题的通知》中，规定依据诉讼标的额将涉外民商事案件分流至不同审级的法院管辖。由于不同区域的经济发展水平存在差异，该通知并未采取"一刀切"的方式，而是将高级人民法院一审案件的诉讼标的额的最低标准划分为 2 亿元、8000 万元、4000 万元和 2000 万元人民币。中级人民法院分为直辖市中级人民法院以及省会城市、计划单列市、经济特区所在地的市中级人民法院和其他中级人民法院，审理案件的标的额下限也不尽相同。2019 年 5 月，最高人民法院将中级人民法院和高级人民法院审理案件的标的额以 50 亿元人民币为管辖界限，前者审理案件的标的额不得超过 50 亿元人民币，而后者审理案件的标的额为 50 亿元以上（包括 50 亿元）人民币的案件，但上述规定均未涉及最高人民法院审理案件的标的金额。正如前文所述，最高人民法院的职能主要是审理全国重大影响且具有普遍法律适用意义的案件、发布司法解释和指导性案例等，而审理第一审民商事案件并非其主要任务。但不可否认的是，最高人民法院已经将国际商事法庭定性为审理国际商事争议的专业化机构，其主要职能就是审理案件，因此该法庭与最高人民法院其他法庭相比，具有特殊性。那么国际商事法庭在受理一审争议案件时，是否受上述级别管辖中诉讼标的额的限制抑或是否应当设立标的额限制，值得商榷。

---

① 根据《国际商事法庭若干问题规定》第 2 条第 1 项的规定，国际商事法庭受理当事人依照《民事诉讼法》第 277 条的规定协议选择最高人民法院管辖且标的额为 3 亿元以上人民币的第一审国际商事案件。

《国际商事法庭若干问题规定》将管辖范围限定于案情复杂、涉案金额重大的国际商事案件，并在当事人协议管辖的案件中，将诉讼标的额规定为3亿元以上人民币，却没有涉及法定管辖的诉讼标的额范围。依据《民事诉讼法》第35条关于协议管辖不能违反级别管辖的规定，最高人民法院第一审民商事案件的诉讼标的额应为3亿元以上人民币。笔者认为，这种规定可能难以吸引当事人选择该法庭来管辖争议，毕竟国际商事法庭作为中国设立的新型争议解决机构，只有在设立之初尝试审理更多的案件，通过司法实践不断完善运行机制，才会进一步提高司法公信力，否则可能导致国际商事法庭"形同虚设"，使得更多的案件流向其他国家的国际商事法庭（院）。

（二）协议管辖形式要件单一且排他性效力规定模糊

关于协议管辖的具体形式，当事人需要通过书面方式选择管辖法院。《国际商事法庭若干问题规定》第2条第1项强调管辖协议应符合《民事诉讼法》第277条规定，但是尚未解释"书面"的含义。原则上，国际商事法庭受理争议的前提是当事人事先通过书面协议条款约定或者在诉讼前以书面协议方式选择最高人民法院或国际商事法庭作为管辖机构。一般情况下，国际商事合同涉及的金额较大，谈判时间与履行期限较长，因而要求国际商事合同中的协议管辖条款采用书面形式显得极为重要，否则可能在争议发生后，难以确定是否存在管辖权协议，进而导致管辖权争议发生，影响当事人国际商事关系的发展。国际商事法庭受理重大的跨国商事争议，但《国际商事法庭若干问题规定》将协议管辖的形式严格限制为书面，导致与境内外的司法实践不符。从国内角度看，《民法典》合同编规定当事人可以通过书面、口头和其他形式订立合同，同时将书面范围扩大至有形地表现所载内容的形式。[①] 笔者认为，合同法律制度对合同形式要求的变化回应了科技进步和社会发展对法律制度的需要，这也是私法自治原则的具体体现。虽然程序法中

[①] 《民法典》第469条规定："当事人订立合同，可以采用书面形式、口头形式或者其他形式。书面形式是合同书、信件、电报、电传、传真等可以有形地表现所载内容的形式。以电子数据交换、电子邮件等方式能够有形地表现所载内容，并可以随时调取查用的数据电文，视为书面形式。"

的管辖权协议与实体合同存在差异，但协议管辖属于当事人意思自治在程序法领域的具体体现，完全忽视合同基本法律制度的发展不符合现实要求，也有违意思自治原则的发展需要。2024 年 1 月发布的《最高人民法院关于内地与香港特别行政区法院相互认可和执行民商事案件判决的安排》对协议管辖形式的要求与《民法典》合同编对书面形式的解释基本一致。《选择法院协议公约》不仅赋予当事人书面签订选择法院管辖协议的权利，还明确了其他日后可获取信息的方式。[①] 如果依然简单地将书面作为选择国际商事法庭管辖的形式要求，不进一步作出明确的扩大解释，则将不利于最大程度地尊重当事人协议选择管辖法院的意思表示，也会影响国际商事法庭的受案数量。

管辖权协议分为排他性管辖协议和非排他性管辖协议，前者赋予被选择法院管辖争议的权力且排除其他法院管辖，后者不具有排他性，其他法院原有的管辖权不受影响。[②] 认可排他性管辖协议是当事人合理意思自治最大化的具体体现，已被国际社会广泛接受。当事人选择国际商事法庭的管辖协议是否具有排他性效力，《国际商事法庭若干问题规定》及其他相关法律对此尚未明确规定。司法实践中，排他性管辖协议与非排他性管辖协议的判断情形主要包括以下三个方面。其一，当事人明确约定排他性管辖，在条款中注明"争议排他性地由某法院管辖"，则争议理应由被选择法院管辖。在南京神柏远东化工有限公司与 PMC 专业产品集团公司国际货物买卖合同纠纷案中，南京市中级人民法院认为双方当事人对管辖法院的约定明确且具体，排他性地选择了美国俄亥俄州辛辛那提市地州或联邦法院管辖，导致中国法院没有管辖权。[③] 其二，当事人明确约定非排他性管辖，即"争议由某法院非排他性管辖"，此种情况下有管辖权的中国法院依然可以管辖争议。例如，最高人民法院在中国国际钢铁投资公司与日本国株式会社劝业银行等借款合同纠纷案中，表达了该立场。[④] 其三，当事人仅约定争议由某法院管辖，并

① Convention on Choice Court Agreements, Article 3（c）.
② 张利民：《非排他性管辖协议探析》，载《政法论坛》2014 年第 5 期，第 122 页。
③ 江苏省南京市中级人民法院（2014）宁商外辖初字第 1 号民事裁定书。
④ 最高人民法院（2001）民四终字第 12 号民事裁定书。

没有说明是排他性协议管辖还是非排他性协议管辖，中国法院对此种情况的态度较为模糊。部分法院会采取排他性推定方式，即双方当事人尚未明确表示时，推定为排他性协议管辖。还有法院认为，当事人未明确约定排他性协议管辖时，应视为非排他性协议管辖，如在"德力西案"中，山东省济宁市中级人民法院对当事人协议选择的类型进行分析，认为当事人的管辖为非排他性协议管辖。[①]

国内学界及实务部门似乎更倾向于管辖权协议具有排他性，例如中国国际私法学会制定的《中华人民共和国国际私法示范法》强调管辖协议具有排他性质。[②] 有学者认为，《民事诉讼法》第35条明确法院与争议间的实际联系是对排他性管辖协议提出的要求，与非排他性管辖协议的授权功能相悖。[③] 在司法实践中，法院似乎对管辖协议的排他性质持支持态度，例如山东省高级人民法院认为当事人选择的法院必须"具体、唯一"。[④] 但《第二次全国涉外商事海事审判工作会议纪要》第12条明确，当事人约定一国法院对商事争议享有非排他性管辖权时，可以认定该管辖协议尚未排除其他法院的管辖权。如果一方当事人向中国法院提起诉讼，依据《民事诉讼法》的相关规定对争议享有管辖权的，可以受理。因此，管辖协议是否具有排他性，在处理国际商事法庭和其他法院管辖权的积极冲突时，应当给予明确规定。

三、国际商事法庭管辖权转移的适用标准亟待细化

《国际商事法庭若干问题规定》第2条第2项是关于高级人民法院管辖权转移至国际商事法庭的具体规定。在高级人民法院审理国际商事案件时，经审查认为该案应由最高人民法院审理且经最高人民法院许可的，可以转移至国际商事法庭审理。司法实践中，高级人民法院在何种情况下有权将案件

---

① 刘元元：《中国国际商事法庭司法运作中的协议管辖：挑战与应对措施》，载《经贸法律评论》2020年第6期，第7页。

② 中国国际私法学会编：《中华人民共和国国际私法示范法》，法律出版社2000年版，第12页。

③ 张利民：《非排他性管辖协议探析》，载《政法论坛》2014年第5期，第128-129页。

④ 《山东省高级人民法院关于审理民商事诉讼管辖权异议案件若干问题的意见》第19条。

转移至最高人民法院以及是否可以将案件转移至下级人民法院，该司法解释尚未明确。

（一）管辖权转移的价值探析

根据《民事诉讼法》第39条规定，管辖权转移分为上调性转移和下放性转移。其中，前者是下级人民法院的管辖权上移至上级人民法院，具体包括两种情况：其一，上级人民法院认为下级人民法院管辖的一审案件应由本院审理时，有权把案件调上来自己审理，在上级人民法院作出决定后，管辖权就发生转移；其二，下级人民法院认为其管辖的一审案件需要由上级人民法院审理时，报请上级人民法院审理，待上级人民法院同意后，管辖权才发生转移。而后者是上级人民法院的管辖权移至下级人民法院。上级人民法院发现已受理案件的案情较简单或由下级人民法院受理较为方便且认为没有必要由自己审理时，将案件交由下级人民法院审理，但应当报请上级人民法院批准；此时，要移送的人民法院不得再交由其下级人民法院审理，以维护当事人的审级利益。为进一步规范下放性转移的案件范围，《民事诉讼法司法解释》第42条规定了下放性转移的具体情形，包括破产程序中债务人的诉讼案件、当事人人数众多且不方便诉讼的案件以及最高人民法院确定的其他类型案件。关于管辖权上移的价值，个别案件的裁判结果对法律适用具有普遍性的指导作用，或者对类似案件的诉讼具有规范性意义。依据《民事诉讼法》的相关规定，上级人民法院有权上调下级人民法院管辖的一审案件，下级人民法院也可以向上级人民法院报请。一般情况下，下级人民法院的管辖权向上级人民法院转移都是对特殊案件的处理。与较低级别的法院相比，较高级别法院的审理技巧、业务经验等更加丰富，法官自身的专业素质较高，作出的判决更具有公信力和说服力。相应地，管辖权下放性转移的目的是合理分配案件，尤其是针对当事人人数较多、利益指向广泛的案件，这有利于缓解上级人民法院的办案压力。

（二）高级人民法院将争议转移至国际商事法庭的标准较为模糊

管辖权转移适用于受理案件的法院有管辖权但不方便管辖或者不能管辖

的情况，其直接结果是使原本没有管辖权的法院因此获得管辖权，而不受级别管辖和地域管辖的限制。《民事诉讼法》第 39 条规定的管辖权包括从下级人民法院转移至上级人民法院和从上级人民法院转移至下级人民法院的情况。上级人民法院对下级人民法院的一审案件进行审理，存在的困难主要体现为以下两点：一是管辖法院对它受理的一审案件，在执行政策和法律上与相关部门的争议较大，审理起来较为困难；二是管辖法院对它受理的一审案件，在处理时可能有失公平或产生不良影响。对于下级人民法院管辖的一审案件，认为需要由上级人民法院审理的，可以报请上级人民法院审理。这里的"需要"是指案件本身需要，如案情重大、特别复杂、下级人民法院审理存在困难等。《国际商事法庭若干问题规定》第 2 条第 2 项实际上是管辖权转移的具体体现，即本应由高级人民法院管辖的一审国际商事争议，认为需要由最高人民法院审理并且获得最高人民法院准许的，可以由国际商事法庭审理。那么，高级人民法院在哪些情况下可以将国际商事案件移送至最高人民法院，最高人民法院又是在何种情况下同意审理本应由高级人民法院审理的国际商事争议，该司法解释对此尚未提及。

（三）国际商事法庭缺少下放性转移管辖权

管辖权下移制度确立的初衷是在特殊情况下对级别管辖作出适当调整。上级人民法院对案件初步审查且认为案情简单，下级人民法院审理更有助于当事人参加诉讼，有必要将本院管辖的案件交至下级人民法院的，应当报请其上级人民法院批准。《民事诉讼法司法解释》第 42 条规定了下放性转移管辖的情形，其主体包括中级人民法院和高级人民法院。在中级人民法院将案件交由基层人民法院审理前，应当报请高级人民法院；在高级人民法院将案件交由中级人民法院审理前，应当报请最高人民法院，待批准后，该人民法院才有权裁定将案件交给其下级人民法院审理。不可否认的是，现有下放性转移管辖的规定也存在一定的问题。其一，《民事诉讼法》第 39 条要求只有在确实存在必要性的情况下，法院才将本应由本院管辖的一审案件交给下级人民法院审理，但立法没有明确界定"确有必要"的情形，法院与当事人、

121

上级人民法院与下级人民法院之间对其的理解可能存在差异。如果出现上述问题，在缺乏客观标准的情况下，只能由法官进行自由裁量，就可能产生审判权滥用的情况。其二，法律尚未规定最高人民法院审理一审案件的情况。报请上级人民法院批准是本法院将案件交由下级人民法院审理的条件，但最高人民法院将管辖的一审案件移送至下级人民法院时，却无法报请上级人民法院批准。《最高人民法院关于审理民事级别管辖异议案件若干问题的规定》（2020 年修正）赋予当事人对管辖权下移的裁判异议权、请求权和上诉权等，但如果最高人民法院作为一审案件的管辖法院，当事人不能就管辖权下移的裁定提起上诉，毕竟最高人民法院的审级制度为一审终审。综上所述，最高人民法院认为应当由下级人民法院审理的一审案件，是否可以移送至下级人民法院，以及移送至下级人民法院的法律依据，《民事诉讼法》对此并没有说明。国际商事法庭隶属于最高人民法院，现有司法解释尚未提及将国际商事法庭管辖的一审案件交给下级人民法院审理的情况以及管辖权转移的依据，而这可能导致该法庭在审理案件时找不到法律依据。

四、国际商事法庭对国际商事仲裁审查和执行管辖的局限性

国际商事法庭对国际商事仲裁中的申请保全、撤销或执行国际商事仲裁的裁决具有管辖权，但现有规定仍存在局限性。其一，国际商事法庭对国际商事仲裁审查和执行管辖的重要意义不明确。当事人申请撤销仲裁裁决的，管辖法院是仲裁委员会所在地的中级人民法院；申请执行仲裁裁决的，管辖法院是被申请人住所地或财产所在地的中级人民法院。关于仲裁保全事宜，分为申请证据保全和申请财产保全，当事人对此应当分别向证据所在地的中级人民法院及被申请人住所地或财产所在地的中级人民法院申请。为设立"诉、仲、调"有机衔接的国际商事争议解决平台，最高人民法院确定了与国际商事法庭对接的国际商事仲裁机构，赋予了国际商事法庭审查关于上述仲裁机构的仲裁裁决撤销、执行以及仲裁程序中保全之权力。但这种设计是否能够为当事人解决国际商事争议提供便利，抑或在原有规定的基础上具有

创新意义，值得商榷。其二，现有规定对诉前保全规定存在差异。《国际商事法庭若干问题规定》和《国际商事法庭程序规则（试行）》均规定了仲裁保全事宜，但这两个司法解释的规定存在差异，前者第14条明确规定当事人有权在仲裁前或者仲裁程序开始后申请仲裁保全，也就是说，当事人既可以申请诉前保全，也可以申请诉讼保全；而后者第34条却规定，当事人申请保全的，应当由国际商事仲裁机构将申请材料提交至国际商事法庭，这实际上排除了当事人申请诉前保全的可能性，与前者规定相矛盾。其三，相关司法解释尚未将申请仲裁协议的效力纳入国际商事法庭的管辖范围。《国际商事法庭若干问题规定》强调申请仲裁保全、申请撤销或执行国际商事仲裁裁决，却尚未提及申请仲裁协议的效力，这与最高人民法院的现有规定以及司法实践不相匹配。依据《最高人民法院关于审理仲裁司法审查案件若干问题的规定》（法释〔2017〕22号）第1条规定，申请撤销或执行仲裁裁决、申请确认仲裁裁决等均被纳入司法审查案件的范畴。[①] 由此可知，国际商事法庭对国际商事仲裁审查和执行管辖的范围应当包括仲裁协议效力的确认。从实践方面来看，国际商事法庭已经审理了若干申请确认仲裁该协议效力的案件，诸如运裕有限公司、深圳市中苑城商业投资控股有限公司申请确认仲裁协议效力案[②]，新劲企业公司、深圳市中苑城商业投资控股有限公司申请确认仲裁协议效力案[③]，北京港中旅维景国际酒店管理有限公司、深圳维景京华酒店有限公司申请确认仲裁协议效力案[④]等。其四，尚未界定申请保全的其他有重大影响的国际商事案件的范围。《国际商事法庭程序规则（试行）》第34条明确规定，该法庭受理国际商事仲裁机构保全的情形有两种：一是

---

① 《最高人民法院关于审理仲裁司法审查案件若干问题的规定》第1条规定："本规定所称仲裁司法审查案件，包括下列案件：（一）申请确认仲裁协议效力案件；（二）申请执行我国内地仲裁机构的仲裁裁决案件；（三）申请撤销我国内地仲裁机构的仲裁裁决案件；（四）申请认可和执行香港特别行政区、澳门特别行政区、台湾地区仲裁裁决案件；（五）申请承认和执行外国仲裁裁决案件；（六）其他仲裁司法审查案件。"

② 最高人民法院（2019）最高法民特1号民事裁定书。

③ 最高人民法院（2019）最高法民特2号民事裁定书。

④ 最高人民法院（2019）最高法民特3号民事裁定书。

标的额为 3 亿元以上人民币；二是其他有重大影响的国际商事案件。但对于"其他有重大影响"的阐述较为模糊，国际商事法庭尚没有具体法律依据来判断案件是否属于有重大影响，这可能造成类似案件产生不同裁定的情况。

第四节 国际商事法庭管辖权制度的完善

国际商事法庭（院）是各国涉外诉讼制度国际化、自由化及专业化的产物，对各国在提高国际社会司法服务竞争力以及创建良好的商业环境方面，发挥着重要作用。从中国角度看，笔者认为，应在现有法律规定的基础上，厘清国际商事法庭与其他人民法院关于涉外商事案件管辖权的关系。具体而言，明确国际商事法庭管辖争议之国际性和商事性的范围；在协议管辖完善方面，取消诉讼标的额限制，放宽管辖权协议的形式要求，明确协议之排他效力；在管辖权转移方面，灵活处理高级人民法院转移至国际商事法庭案件的适用标准，赋予国际商事法庭管辖权下移的裁量权；完善关于国际商事法庭对国际商事仲裁审查和执行管辖的规定，进一步细化不方便法院原则的内容。

一、明确国际商事法庭管辖的争议范围

适当放宽争议的国际性要求，明确商事性判断标准，是当事人签订管辖权协议以及国际商事法庭运行的前置性问题。如果仅依据《国际商事法庭若干问题规定》对国际性和商事性的规定来判断争议性质，可能造成原本具有国际性质的争议被排除在外，而不具有商事性的争议被纳入其中，有损中国在国际社会中的司法公信力。只有合理界定争议的国际性和商事性，国际商事法庭才能更加准确地判断当事人协议管辖争议的性质及案件受理与否。同时，当事人也可预测争议是否能够被国际商事法庭受理，并在协议选择法院

时予以慎重考虑。

（一）适当放宽争议的国际性要求

《国际商事法庭若干问题规定》第 3 条规定将"涉外三要素"作为国际性的判断标准，这与最高人民法院关于普通管辖权中"涉外"的传统划分标准类似。有关国际商事法庭的相关司法解释对国际性的划分标准较为严格，并不能体现中国司法实践的进步。[①] 因此，建议适当放宽国际商事法庭协议管辖规定中的国际性要求，以保证更多的当事人选择国际商事法庭来审理争议。

通常而言，争议之国际性判断标准包括两种：一是将实质连结因素作为认定标准；二是将争议的国际性质作为认定标准。其中，前者包括当事人的国籍、法人注册地或营业地、合同履行地等，后者则是对争议的性质进行分析，判断是否涉及国际商事利益。例如，《新加坡法院规则》第 110 号命令第 1（2）（a）条规定了争议具有国际性的四种情形：①当事人营业地位于不同国家；②当事人营业地均不在新加坡；③履行商事关系大部分义务的地点或与争议标的有最密切联系的地点位于各方当事人营业地、所在国以外；④当事人明确约定争议标的与一个以上国家相关。[②] 此定义结合了实质性连结因素认定标准和争议的国际性质认定标准，其中前两种情形是以当事人营业地为认定标准，后两种情形则以争议的性质和所涉及的国际商事利益为认定标准。实际上，《新加坡法院规则》第 110 号命令是在《国际商事仲裁示范法》以及 2002 年出台的《联合国国际贸易法委员会国际商事调解示范法》的基础上对"国际性"进行的界定，已经与国际示范法相接轨。

相比之下，《国际商事法庭若干问题规定》仅将实质性连结要素作为判断争议的国际性标准，并在《民事诉讼法司法解释》和《涉外民事关系法律适用法司法解释（一）》对涉外案件定义的基础上，取消了"其他情形"这

---

① HUO Zhengxin & Man Yip, *Comparing the International Commercial Courts of China with the Singapore International Commercial Court*, International & Comparative Law Quarterly, Vol. 68, No. 4, 2019, p. 917.

② Singapore Rules of Court, Order 110, Rule 1 (2) (a).

种兜底性条款,由此来看,该判断标准更为严格。因此,在适当放宽争议的国际性要求方面,可以考虑以下三点内容:其一,在现有规定的基础上,适当放宽国际性判断标准,即在实质性连结要素方面,适当扩大民事主体的外延,包括诉讼当事人、证人、鉴定人等诉讼参与人;其二,扩大争议性质的判断标准,例如将证据具有国际因素、外国法作为准据法、程序涉及司法协助等均纳入国际性的判断标准,以满足复杂的国际经济活动需要;其三,增加"其他情形"这一兜底条款,合理赋予国际商事法庭法官自由裁量权,根据他们对争议事实的把控以及丰富的经验,来判断争议是否具有国际性质。

(二) 明确商事性判断标准

《国际商事法庭若干问题规定》仅涵盖了国际性,却尚未考量商事性。对此,有学者提出,应在明确定义商事性的基础上,纳入投资者和东道国投资争端。[1] 相较之下,其他国际商事法庭 (院) 依据的法律对商事性进行了明确规定,例如《新加坡法院规则》第 110 号命令将货物买卖、货物运输、经销协议、商业代理、建筑工程、投资、银行、保险等领域引发的争议均纳入商事案件范围。[2] 英国商事法院依据的《英国民事诉讼规则》中的第 58.1 条强调,因商业和贸易争议产生的任何案件,主要包括商事文书或合同、货物进出口及运输、自然资源开发、保险和再保险、银行和金融服务、市场和交易所的运作、大宗商品买卖、船舶建造、商业代理和仲裁等。[3] 明确协议管辖争议的商事性,对国际商事法庭受理案件具有重要意义,对此可以融合国内现有规定和中国未来可能加入的相关公约的内容,从而界定国际商事法庭受理争议商事性的范围。

目前,中国还没有法律来明确商事性的判断标准。最高人民法院发布的《关于执行我国加入〈纽约公约〉的通知》解释了"契约性和非契约性商事

---

① 王瑛、王婧:《国际商事法庭管辖权规则的不足与完善——基于我国国际商事法庭已审结案件的分析》,载《法律适用》2020 年第 14 期,第 108 页。

② Singapore Rules of Court, Order 110, Rule 1 (2) (b).

③ The English Civil Procedure Rules, Rule 58.1 (2).

法律关系",但若将上述规定适用于国际商事法庭的受案范围,则很难突出国际商事法庭审理案件的专业化。例如,将劳务、产品责任、环境污染争议归入商事争议,就无法很好地表明争议主体的特殊性,毕竟在很多情况下,一方当事人为普通自然人,而非商事主体。① 此外,仲裁机制更多地考虑私人利益冲突,容易忽略争议背后蕴含的公共政策及未来收益。而诉讼的本质和功能与以当事人意思自治为导向的国际商事仲裁存在本质区别,国际商事法庭适用《关于执行我国加入〈纽约公约〉的通知》的商事性解释会限缩法庭形塑国际经贸秩序的广度。② 从国际条约方面来看,中国已经签订的双边司法协助条约对民商事的判断存在差异。大部分双边司法协助条约尚未规定民事和商事的范围,还有部分条约直接界定民事含义,包括由民法、商法、家庭法和劳动法调整的事宜,③ 但这些双边司法协助条约也没有明确商事性的含义。中国是《选择法院协议公约》《承认与执行外国民商事判决公约》的重要参与国,上述两个公约涉及的判决均为外国民商事判决,其以通过加强司法合作、增进国际贸易和投资为目标,对公约适用范围作出明确的规定。其中,《选择法院协议公约》第 1 条规定该公约适用于国际案件中关于民事或商事签订的排他性选择法院协议;第 2 条规定了 16 种排除适用情形,如自然人消费合同、雇佣合同、破产、运输旅客和货物、法人的效力或者解散等。《承认与执行外国民商事判决公约》第 1 条规定该公约应适用于民事或商事判决的承认和执行,不涉及税收、海关或行政事务等事项;第 2 条列举了 17 种排除适用情形。《新加坡调解公约》第 1(2)条④排除对民事领域协议的适用,即以个人、家庭或者居家目的进行交易而产生争议所订立的协议,以及与家庭法、继承法或者就业法相关的协议。

---

① 商事主体在传统商法中又称为"商人",是指依据商事法的有关规定,参加商事活动,且享有商事权利并承担商事义务的自然人和组织。

② 林福辰:《中国国际商事法庭的运行机制研究》,载《四川师范大学学报(社会科学版)》2022 年第 1 期,第 50 页。

③ 《中华人民共和国和保加利亚共和国关于民事司法协助的协定》第 1 条。

④ The United Nations Convention on International Settlement Agreements Resulting from Mediation, Article 1(2).

通过上述内容可以发现，各缔约国对商事性的理解逐渐趋同，中国作为上述三个公约的重要参与国，笔者建议在《国际商事法庭若干问题规定》第3条的基础上，增加对争议商事性的解释。其一，依据《关于执行我国加入〈纽约公约〉的通知》的内容，明确商事法律关系是指由于合同、侵权或者根据有关法律规定产生的经济权利义务关系。其二，融合《关于执行我国加入〈纽约公约〉的通知》《选择法院协议公约》《承认与执行外国民商事判决公约》《新加坡调解公约》中的内容，排除不属于商事性争议的范围，如消费合同争议、劳动争议、家庭争议、破产争议、环境污染争议、知识产权争议、海上事故争议，以及为个人、家庭或者居家目的进行交易而产生的争议等。其三，将国际商事法庭认为可以审理的其他争议作为兜底条款。

二、适当放宽国际商事法庭适用协议管辖的要求

《国际商事法庭若干问题规定》第2条第1项是在《民事诉讼法》第277条的基础上规定了国际商事法庭受理协议管辖的标准，即诉讼标的额为3亿元以上人民币的第一审案件。笔者认为此规定较为严格，应取消标的额的下限规定，进一步放宽管辖权协议的形式要求，明确协议之排他效力。

（一）取消标的额下限之规定

从国际商事法庭审理争议标准的大趋势来看，大多数国家的国际商事法庭（院）在审理案件时没有对诉讼标的额作出具体限制。例如，《荷兰商事法庭程序规则》第1.3.1条依据《民事程序法典》对商事法庭的管辖权作出规定，要求当事人已经指定阿姆斯特丹地方法院作为审理案件法院，或者阿姆斯特丹地方法院依据其他理由具有案件管辖权。[①]另外，新加坡国际商事法庭、迪拜国际金融中心法院的管辖权也都没有对审理争议的标的额作出限制。在此种背景下，中国的国际商事法庭设立3亿元人民币的标的额下限，尚不符合国际司法专业化机构的发展趋势，导致更多案件将会在其他国家审

---

① Rules of Procedure for the International Commercial Chambers of the Amsterdam District Court (NCC District Court) and the Amsterdam Court of Appeal (NCC Court of Appeal), Article 1.3.1.

理。前文提到，中国法院级别管辖的标的额呈"阶梯式"状态，并将审理案件的职能尽量下移至层级较低的人民法院，但始终没有对最高人民法院的级别管辖的标的额作出规定，而是要求最高人民法院审理在全国有重大影响的案件。中国经济水平整体发展较快，但不同省的经济发展水平仍存在差距；相较之下，中国东部地区经济发展速度更快，中西部地区与东部地区仍存在明显差异。① 国际商事法庭将诉讼标的额下限为 3 亿元人民币作为行使管辖权的依据，尚未兼顾东部地区和西部地区的经济不平衡问题，未来第一国际商事法庭和第二国际商事法庭审理案件的数量也会存在差距。因此，建议尝试取消诉讼标的额下限为 3 亿元人民币的限制，进而使更多的国际商事争议在中国审理。如果争议不符合国际商事法庭审理案件的标准，可以通过管辖权下移制度交给高级人民法院审理。

（二）放宽管辖权协议的形式要求，明确协议之排他效力

意思自治原则和"形式上尽量有效"观念已经获得国际社会的普遍认可，国际社会实践表明，仅将严格书面形式作为协议管辖的形式要件不再具有现实意义。因此，期望利用严格书面形式以保证当事人意思自治，可能脱离实际，不具有合理性。如果当事人选择国际商事法庭解决争议仍需要遵守严格的书面形式要件，则可能会对协议管辖的有效性带来消极后果。

《最高人民法院关于适用〈中华人民共和国仲裁法〉若干问题的解释》（2008 年修订）第 1 条对《仲裁法》第 16 条规定的"其他书面形式"的仲裁协议作出扩张解释，即仲裁协议可以包括合同、信件、数据电文等形式。相应地，《民事诉讼法司法解释》第 29 条从时间角度解释了书面协议形成的方式，但没有对书面协议的范围作出具体解释。《国际商事法庭若干问题规定》明确当事人有权依协议选择国际商事法庭来管辖争议，因此扩大书面协议的解释十分重要。相较而言，新加坡国际商事法庭的协议管辖为书面形式，但对该形式作出扩大解释，将口头、行为和电子形式均纳入其中。《选择法

---

① 杨锦英、郑欢、方行明：《中国东西部发展差异的理论分析与经验验证》，载《经济学动态》2012 年第 8 期，第 63 页。

院协议公约》亦对书面协议作出具体解释。因此，中国接受公约关于协议管辖形式要件的规定，不仅有利于国内法与国际条约的规定之间保持一致性，而且可以为国际商事法庭提供具体依据。笔者建议，在形式要件"尽量有效"的观念下，可以将协议管辖的形式具体化，即通过书面形式或任何日后可获取信息的其他方式。

目前，中国法律尚未界定管辖权协议的效力。从国际条约的角度来看，中国已经签署《选择法院协议公约》且正在研究批准事宜，该公约第3条对排他性选择法院协议作出解释，即其需要符合本条（c）项规定的形式要求，为解决因特定法律关系已经或可能发生的争议，指定某一缔约国法院或缔约国中的一个或多个特定法院且排除其他法院管辖。① 基于上述国内法和国际条约的规定，建议《国际商事法庭若干问题规定》明确管辖协议的效力，即当事人选择的管辖法院为最高人民法院或国际商事法庭，没有明确表示管辖协议具有排他性的，该协议具有排他性效力。

三、细化国际商事法庭管辖权转移的适用标准

《国际商事法庭若干问题规定》第2条第2项涉及管辖权上移事项，在高级人民法院和国际商事法庭之间建立对接机制，将其他法院的部分涉外商事案件分流至国际商事法庭，为拓展该法庭的案源提供法律依据。在此基础上，建议灵活规定高级人民法院将案件转移至国际商事法庭的适用标准，并将诉讼标的额作为主要判断标准，案件当事人的数量、法律关系等作为辅助判断标准。另外，增加国际商事法庭管辖权的下移裁量权，诸如对于法庭不具有管辖权、不方便管辖或者其他法院更适合审理的情况，可以裁定将案件移送至更为合适的下级人民法院审理。

（一）管辖权上移适用标准的灵活化处理

《民事诉讼法》关于一审管辖的标准包括：中级人民法院管辖重大涉外

---

① The Convention on Choice of Court Agreements, Article 3.

案件；中级以上人民法院管辖该辖区内具有重大影响的案件；专门人民法院依法管辖特殊案件，例如知识产权案件、海事海商案件等。依据《国际商事法庭若干问题规定》第 2 条第 2 项，高级人民法院管辖的一审国际商事案件，认为需要由最高人民法院审理并获批准的，国际商事法庭应受理该案件。那么，依据什么标准判定是否应当由最高人民法院管辖国际商事案件，该规定目前尚未明确，只是提到国际商事法庭有权审理全国有重大影响的第一审国际商事案件。因此，如何界定"全国有重大影响"成为重点。

《民事诉讼法》确立的级别管辖标准具有多元性，其目的是平衡上下级人民法院之间的分工，但"有重大影响"的判断标准较为模糊，导致法院在立案时难以操作，在判断是否具有重大影响时，主观性较强。大部分国家的法律更倾向于将诉讼标的额作为级别管辖的判断标准，例如日本的一审民商事案件由简易法院和地方法院管辖，前者审理案件的标的额为 90 万以下日元，后者审理案件的标的额则超过 90 万日元。①《德国法院组织法》曾规定，初级法院管辖 1500 马克②以下的一审案件和某些简单案件，法律未规定由初级法院管辖的案件，由州法院管辖。③《民事诉讼法司法解释》第 1 条对中级人民法院审理涉外案件的重要性作出界定，即标的额较大、案情复杂或一方当事人人数众多。为维护当事人的合法权益，保障开放型经济发展，《最高人民法院关于明确第一审涉外民商事案件级别管辖标准以及归口办理有关问题的通知》仅以诉讼标的额为依据，明确第一审涉外民商事案件的级别管辖标准，进一步增强了财产争议级别管辖的确定性和可操作性，但依然尚未阐明案件影响范围的标准。因此，高级人民法院将案件上移至最高人民法院或国际商事法庭，应当以多元化为指导原则，即在诉讼标的额标准的基础上，将其他要素作为补充标准。即使将标的额作为判断重大影响的主要标准，但由于各地区高级人民法院审理的一审国际商事案件的标的额的下限不同，所

---

① ［日］兼子一、竹下守夫：《民事诉讼法》，白绿铉译，法律出版社 1995 版，第 19 页。

② 自 2002 年 7 月 1 日起，德国货币马克停止流通，被欧元取代。

③ 沈达明：《比较民事诉讼法初论》（上），中信出版社 1991 版，第 163 页。

以也不应以统一的案件标的额作为衡量"全国重大影响"的标准，否则可能导致国际商事法庭审理的大部分案件由经济较发达地区的高级人民法院移送，而其他案情较为复杂但标的额没有达到标准的案件不能由国际商事法庭审理。

因此，笔者建议，高级人民法院将争议转移至国际商事法庭时，应当采取多元化的判断标准。这一判断标准应将明确性和灵活性相结合，并依据案件的繁简程度、影响范围以及是否属于新型案件等，判断第一审国际商事案件能否由国际商事法庭审理。简言之，将诉讼标的额作为管辖权上移的主要标准，案件当事人的数量以及法律关系的复杂程度是辅助要素，从而综合判断案件是否具有重大影响。

（二）赋予国际商事法庭管辖权下移的裁量权

管辖权下移制度是关于法院级别管辖的补充规定，针对2012年《民事诉讼法》对管辖权下移制度的修改，学界存在不同观点。一些学者认为，此制度的修改达到了立法目的，克服了级别管辖的硬性需求；[①] 也有学者认为，虽然制度的修改取得进步，但直接废除此制度是立法趋势。[②] 笔者认为，管辖权下移制度在中国具有存在的必要性，虽然现有管辖权下移制度存在一定的问题，但这些问题尚不意味着足以废除该规定，而是应当综合考量其存在的必要性及合理性。例如，高级别法院有权将法律关系较为简单且审理难度不大的案件交给下级人民法院管辖，这不仅不会降低案件的审判质量，还可能有利于下级人民法院对证据的调取，保证争议获得公正解决。管辖权下移制度既能弥补现行审级制度的不足，也是原则性和灵活性相结合的具体体现。司法实践中，民事审判系统性金融风险和破产案件衍生问题等群体性争议发生时，管辖级别低的法院更有利于解决争议。[③] 另外，《最高人民法院关于审

---

① 李兰、张晋红：《论民事诉讼级别管辖的立法完善》，载《法学杂志》2010年第6期，第141 - 142页。

② 宋斯文：《冲突法视野下的民事管辖权下放性转移立法研究》，载《东方企业文化》2012年第23期，第136页。

③ 宋旺兴：《管辖权下移制度的修改与再完善——以审判权与诉权的冲突与平衡为视角》，载《法律适用》2014年第12期，第96页。

理民事级别管辖异议案件若干问题的规定》也对管辖权下移进行了许多探索，例如在管辖权下移前，法院可以征求双方当事人的意见。

从其他著名国际商事法庭（院）的角度来看，英国商事法院对当事人的管辖权协议进行审查，在协议内容违反公共政策或者刻意规避与合同关系最为密切的法律体系之强制条款时，该法院会结合具体情况作出中止或拒绝管辖的裁定，且告知当事人向更为方便的法院起诉。[①] 在英国法院行使不方便法院原则的基础上，新加坡的做法显得更为积极。如果新加坡国际商事法庭认为对案件全部或者部分内容不具有听证或审判管辖权并作出裁定时，会将与争议相关的诉讼移交给新加坡高等法院审理。[②] 《卡塔尔国际民商事法院实务指引》C 部分第 1.3 条规定，如果卡塔尔国际民商事法院裁定案件不方便管辖，则有权将该案件移交给本国内的其他法院审理。[③]

国际商事法庭审理的一审国际商事争议并不适用管辖权下移的规定，《国际商事法庭若干问题规定》和《国际商事法庭程序规则（试行）》也没有关于此制度的适用说明，这可能给国际商事法庭审理案件带来不便，不能给级别管辖带来"软化"的效果。当事人基于意思自治选择国际商事法庭来审理争议，但依据《民事诉讼法司法解释》第 42 条的规定，最高人民法院有权在开庭前将确定的其他类型案件交给下级人民法院审理，而当事人很可能不清楚其中的具体原因，这在一定程度上有违意思自治，对日后其他当事人选择该法庭造成负面影响。2020 年，国际商事法庭在海航金融一期有限公司与方达投资控股有限公司、钱某委托合同纠纷案[④]中，认为由于该案件被告之一下落不明，不适合由国际商事法庭审理，而应当由海南省海口市中级人民法院管辖，其适用法律依据为 2017 年《民事诉讼法》第 38 条第 1 款和

① George A. Zaphiriou, *Choice of Forum and Choice of Law Clauses in International Commercial Agreements*, Maryland Journal of International Law, Vol. 3, No. 2, 1978, p. 331.

② Singapore Rules of Court, Order 110, Rule 10(3).

③ Qatar International Court and Dispute Resolution Centre Official Practice Guide, C. Practice, Article 1.3.

④ 最高人民法院（2019）最高法商初 4 号民事裁定书。

配套的《民事诉讼法司法解释》第42条的规定，即最高人民法院确定的其他类型案件可以交给下级人民法院审理。该裁定只是将被告钱某下落不明作为管辖权下移的理由，但从上述法律及司法解释的规定中似乎不能推出被告下落不明是国际商事法庭不方便管辖的理由。

法院的审判权和当事人的诉讼权利相互依存，应在适当限制审判权的同时，充分保障诉讼权利。由于国际商事法庭是最高人民法院的常设审判机构，不适用现行法律关于管辖权下移的规定，但实践中可能会存在国际商事法庭将案件交给下级人民法院审理的情况，因此建议赋予国际商事法庭管辖权下移的裁量权。国际商事法庭审查案件后，发现本法庭不具有管辖权、不方便管辖或者其他法院审理更合适等情况，例如管辖权协议无效等争议事项需要合并审理时，有权裁定将案件移送至更为合适的下级人民法院审理。关于"更适当法院"这一要素，国际商事法庭是从私人利益和公共利益的角度予以考虑，认为外国法院或国内其他法院若是更适当的、便利的替代法院，那么通过管辖权转移，就有利于实现司法公正之目的。另外，将不方便法院原则适用的结果规定为裁定中止诉讼，其目的是防止替代法院在没有适当的管辖权时，该法庭可以恢复诉讼且继续审理。除此之外，还应明确《国际商事法庭程序规则（试行）》第34条"其他有重大影响的国际商事案件"的标准。正如前文所述，具有重大影响的国际商事案件不仅要以标的额为依据，还应适当运用多元化的判断标准，即依据案件的繁简程度、影响范围以及是否属于新型案件等综合因素来判断案件是否具有重大影响。

四、扩大国际商事法庭对国际商事仲裁管辖的标准

除受理案件、裁决案件的管辖权外，国际商事法庭还享有对国际商事仲裁案件进行司法审查与执行的管辖权，这也是"一站式"国际商事争议多元化解决机制中诉讼和仲裁衔接的表现。关于国际商事法庭对国际商事仲裁案件的审查，笔者认为，需要从以下四个方面予以完善。其一，明确"一站式"国际商事争议多元化解决机制中诉讼和仲裁衔接的特殊性及积极意义。

仲裁保全、仲裁裁决的撤销与执行均与仲裁委员会所在地、证据所在地、被申请人住所地或财产所在地的中级人民法院衔接，而"一站式"国际商事争议解决机制要求被选定的仲裁机构与国际商事法庭对接。需要注意的是，目前国际商事法庭仅在两个城市设立，当事人只能向位于深圳和西安的第一国际商事法庭、第二国际商事法庭申请仲裁保全以及裁决撤销与执行，并不一定能给当事人带来便利。但笔者认为，以国际商事法庭为核心的"一站式"国际商事争议多元化解决机制的设立具有必然性，正如本书第一章第三节所述，可以考虑在巡回法庭所在地设立国际商事法庭。如果增加国际商事法庭的数量且扩大该法庭的辐射范围，那么就能够更好地实现诉讼与仲裁衔接。其二，建议修改《国际商事法庭程序规则（试行）》第34条规定，增加当事人在仲裁前向国际商事法庭提交保全申请的权利，以与《国际商事法庭若干问题规定》的内容保持一致。当然，在当事人向国际商事法庭申请保全时，应当提交双方签署的仲裁协议，而国际商事仲裁机构应当是"一站式"国际商事争议多元化解决机制的重要组成部分。其三，扩大对国际商事仲裁审查和执行管辖的范围，将确认仲裁协议效力的案件纳入其管辖范围，完善《国际商事法庭若干问题规定》《国际商事法庭程序规则（试行）》中关于支持仲裁争议解决的规定，既使其与司法实践相符，又能为"一站式"国际商事争议多元化解决机制的构建作出贡献。其四，对"具有重大影响"予以扩大解释，将繁简程度、影响范围、法律关系、新型争议等均视为重大影响的评价标准。

‖ 第四章 ‖

以国际商事法庭为核心的
多元化争议解决机制

国际商事法庭是多元化争议解决机制的实施主体之一，与部分国际商事仲裁机构、国际商事调解机构密切关联，它们共同运转形成"一站式"国际商事争议多元化解决机制。《国际商事法庭若干问题规定》明确规定了"一站式"国际商事争议多元化解决机制的内容，强调了诉讼、仲裁与调解相衔接的争议解决方式，从而表明该法庭在此机制中的重要作用。例如，该规定第 11 条对"一站式"国际商事争议多元化解决机制进行了原则性规定，第 12 条和第 13 条是关于诉讼和调解相衔接的内容。《国际商事法庭程序规则（试行）》和《"一站式"平台工作指引（试行）》进一步细化了诉讼、仲裁、调解和中立评估机制相互衔接及各自运行流程的内容。通过解读上述规定，可以发现国际商事法庭诉讼与国际商事仲裁、国际商事调解之间的衔接关系依然有待细化。另外，未来中国批准加入《新加坡调解公约》后，通过"一站式"国际商事争议多元化解决机制作出的调解协议是否能够适用该公约，以及如何协调二者关系，中国现有法律对此尚未涉及。针对上述问题，本章在阐明"一站式"国际商事争议多元化解决机制必要性的基础上，试图寻找该机制的理念及依据。通过解读《新加坡调解公约》适用调解协议的范围，结合"一站式"国际商事争议多元化解决机制的实际运行，提出修改现有司法解释中的相关内容。同时，根据前述分析，发现国际商事法庭与国际商事仲裁机构、国际商事调解机构在衔接方面存在的问题，提出完善以国际商事法庭为核心的"一站式"国际商事争议解决机构衔接的建议。

第一节 中国国际商事争议解决机制之多元化趋势

国际商事争议的解决方式较为单一，具有各自的独特性，亦存在不同的缺陷，由此中国在国际商事争议解决机制的国际化、专业化探索中，均凸显了"融合式"的法律服务。多元化的争议解决机制是指，依据各种争议解决方式的特点和功能，互相协调并融合，形成一种互补且满足社会主体多样化需求的程序体系和动态调整体系。① 本节从中国国际民事诉讼机制、国际商事仲裁机制以及国际商事调解机制出发，分析这三种机制的发展及衔接趋势，认为国际商事法庭在"一站式"国际商事争议多元化解决机制中具有重要地位，该法庭与其他国际商事争议解决机制进行融合，能够更好地服务于"一带一路"建设，提高中国国际商事争议解决机制在国际社会中的竞争力和影响力。

一、国际民事诉讼机制的多元化趋势

1982 年《民事诉讼法（试行）》首次规定了涉外民事诉讼的原则，但经过几次修改后，涉外民事诉讼的相关规定不仅没有增加，而且其中的一些内容被合并至国内民事诉讼中，例如在 2012 年修正时，将协议管辖和应诉管辖从涉外民事诉讼章节转移至国内民事诉讼规定中。② 《民事诉讼法》规定既难以向中国公民和企业在国外的投资与贸易活动提供适当的法律服务，也不利于保护国家的合法利益。③ 因此，近年来，以国际商事仲裁和国际商事调解

---

① 范愉：《非诉讼程序（ADR）教程》，中国人民大学出版社 2002 年版，第 10 页。
② 何其生：《比较法视野下的国际民事诉讼》，高等教育出版社 2015 年版，第 388 页。
③ 万钧：《中国国际民事诉讼法原则体系之构建》，载《武大国际法评论》2015 年第 2 期，第 162 页。

为代表的非诉讼纠纷解决机制在国际商事争议解决领域发挥着越来越重要的作用。以国际民事诉讼为基础和核心，与国际商事仲裁和国际商事调解有机衔接，弥补不同类型争议解决机制的固有缺憾，具有更重要的意义。

自共建"一带一路"倡议提出以来，中国对国际商事争议解决机制进行了重要探索。在诉讼机制方面，成立了国际商事法庭、前海法院等，而诉讼机制与调解机制、仲裁机制的融合是上述机构运行的特色之一。

（一）国际商事法庭发展及多元化争议解决机制的创新

国际商事法庭设立的初衷是平等保护中外当事人的合法权益，营造稳定、公平、透明且便捷的法治化营商环境，为"一带一路"建设提供司法保障。该法庭的主要职能是审判，审理部分国际商事案件，为国际商事争议当事人获得包括诉讼在内的多元化争议解决方式奠定基础，使诉讼、仲裁、调解等机制有机衔接，实现国际商事争议的"一站式"解决。国际商事法庭任命的商事专家委员来自中国及其他不同国家与地区，拥有不同的法系背景，熟悉国际贸易、国际投资等领域的专业知识，具有丰富的实务经验和较高的国际声誉。商事专家委员可以根据国际商事法庭的委托主持调解，是国际商事法庭诉讼机制与国际商事调解机制衔接的表现之一。在制度创新方面，最高人民法院通过推动诉讼、仲裁、调解有机衔接，形成了快捷、便利、低成本的"一站式"争议解决平台。最高人民法院构建了包括十个国际商事仲裁机构和两个国际商事调解机构在内的"一站式"国际商事纠纷多元化解决机构，进一步将诉讼、仲裁、调解融合并形成"三位一体"的争议解决机制，这也是中国传统文化中争议解决智慧的重要成果。总体上看，"一站式"国际商事争议多元化解决机制更加注重对当事人意思自治的尊重，优先将调解、仲裁作为争议解决的选择方式，然后把诉讼作为宏观保障。

（二）前海法院之多元化探索

前海法院成立于 2015 年 1 月，是最高人民法院确立的司法改革示范法院。关于前海法院国际商事争议多元化解决的探索，主要包括如下三个方面。其一，建设前海"一带一路"国际商事争议解决中心。前海法院诉调对接中心与深圳市律师协会、香港和解中心、粤港澳商事调解联盟、前海合作区内地与港澳联营律师事务所等机构开展合作，将商事调解组织、行业调解组织及其他境内外调解组织引入法院，尝试将诉讼和调解机制相衔接。前海法院于 2018 年 1 月进一步成立前海 "一带一路" 国际商事诉调对接中心，引入跨境商事调解组织并聘任外国和我国港澳台地区的专家调解员，建立律师调解员工作机制，探索建立调解前置约束机制，搭建 "一带一路" 法律公共服务平台，为完善国际商事争议解决的多元化作出贡献。其二，陪审人员组成的多元化，即创建我国香港地区人民陪审员的选任制度。前海法院于 2016 年 7 月和 2018 年 6 月分别选任我国香港地区人民陪审员 13 名和 19 名，制定《港籍陪审员选任实施办法》和《港籍陪审员管理办法》。由于我国香港地区人民陪审员对其所在地或域外当事人的交易习惯、行业情况更加了解，所以针对疑难复杂的涉外或涉我国港澳台地区案件，前海法院建立了 "专业法官 + 香港地区陪审员 + 行业专家" 的专门审判机制，采取 "分类管理 + 随机抽取" 的审理模式。[①] 对于普通的涉外或涉我国港澳台地区的案件，法官认为需要我国香港地区人民陪审员参加庭审的，可以根据需要在对应的专家库中抽取，以保证程序的公开性和我国香港地区人民陪审员的专业性。这一机制有利于更高效地管理我国香港地区人民陪审员，充分发挥他们在争议解决中的作用。其三，建立多元化的域外法查明适用机制，适用域外法审理争议。2015 年 9 月，最高人民法院在前海法院成立 "港澳台与外国法律查明研究基地"，前海法院通过理论研究制定《域外法查明办法》《适用域外法案件裁判指引》《关于审理民商事案件正确认定涉港因素的裁判指引》等，形成独特的域外法查明及适用机制。

二、国际商事仲裁机制的多元化趋势

国际仲裁属于国际公法研究的范畴，主要解决国际法主体（尤其是国

---

① 刘畅：《强化深港司法交流与合作 提升国际区际司法公信力 深圳前海法院推进港籍陪审员制度成绩斐然》，载中国法院网，https://www.chinacourt.org/article/detail/2019/09/id/4478782.shtml，访问时间：2022 年 3 月 8 日。

家）之间关于国际法上的争端。国际仲裁与国内仲裁的基本区别在于，国际仲裁具有国际性质，而国内仲裁属于国内程序法的研究范围，主要解决国内的劳动、经贸等争议。进一步来讲，国际商事仲裁是在国际商事交往中，当事人依据合同中的仲裁条款或单独达成的仲裁协议，约定将已经发生或未来可能发生的具有商事性质的争议提交至仲裁机构或临时仲裁庭进行审理，并作出具有约束力的裁定的争议解决方式。

国际商事仲裁伴随商品经济和市民社会的发展而出现，作为国际商事多元化争议解决机制的基本形式，其在国际商事关系中扮演着重要角色。在经济全球化背景下，充分发挥中国仲裁机构的作用，有助于树立本国良好的国际形象，推动对外经济贸易良性发展。近年来，贸仲委、上海国际仲裁中心、深圳国际仲裁院等仲裁机构在设立外国仲裁分支机构、与国际著名仲裁中心建立合作关系、聘请外籍仲裁员等方面做出了积极努力。

（一）贸仲委的多元化发展

贸仲委（全称为中国国际经济贸易仲裁委员会）是通过仲裁的方式，公正、独立解决经济贸易等争议的常设商事仲裁机构。该机构的设立目的是促进国际和国内商事仲裁机制的发展，不断增强国际影响力，为中外当事人提供公正、高效、便捷的法律服务。贸仲委在 2023 年审理 5237 件案件，其中包括涉外案件 645 件，涉及争议金额高达 527.65 亿元人民币，个案平均争议金额为 8180.55 万元人民币。[①] 总体上看，其审理案件的国际化因素明显增多，双方均为境外当事人的国际案件的数量显著增长，当事人选择适用国际公约和境外法律的情况增多。近年来，贸仲委在多元化争议解决机制、加强与国际仲裁机构合作以及举办交流会议和专题讲座等方面付出了诸多努力。调解和仲裁结合是贸仲委的显著特点，其做法是将诉讼和仲裁优势紧密结合，不仅能促进争议解决，还可以维持当事人的友好合作关系。调解和仲裁结合

---

① 中国国际经济贸易仲裁委员会：《中国国际经济贸易仲裁委员会 2023 年工作报告》，载中国国际经济贸易仲裁委员会网，http：//www.cietac.org.cn/index.php？m = Article&a = show&id = 20122，访问时间：2024 年 4 月 11 日。

是当事人主动请求或经双方当事人同意，仲裁庭在仲裁程序进行过程中担任调解员角色，负责对审理过程中的案件进行调解。在当事人不同意调解或者调解失败的情况下，调解程序终止且恢复仲裁程序。另外，如果当事人在仲裁程序之外，签订和解协议，则可以委托贸仲委主任指定一名独任仲裁员对仲裁协议与和解协议的内容作出最终裁决。贸仲委于 2018 年 5 月成立了调解中心，其与法院方面积极配合，大力推进调解与仲裁对接、调解与诉讼对接机制的建立，在解决社会争议、促进社会和谐、建设现代化法治营商环境方面发挥着更大的作用。[①] 2019 年"一带一路"仲裁机构领导人高端圆桌会议中，时任贸仲委副主任兼秘书长王承杰认为应加强仲裁机构之间的合作，推动跨区域和国际社会多元化争议解决机制的融合。[②] 另外，贸仲委还成立了香港仲裁中心、海峡两岸仲裁中心、北美仲裁中心，并与亚洲国际仲裁中心、迪拜国际仲裁中心、香港国际仲裁中心等建立良好的合作关系，经常邀请国内外知名专家举办讲座，为国际社会中的当事人提供更加专业、高效、便利的法律服务。贸仲委还探索了网上仲裁、域名争议解决、建设工程争议评审、国际投资争端仲裁以及调解中心调解等做法。

（二）上海国际仲裁中心的多元化发展

上海国际仲裁中心（全称为上海国际经济贸易仲裁委员会）以独立、公正、专业、高效的仲裁服务为当事人解决商事争议，随着受案数量逐年上升，除受理传统商事争议外，其还涉及航空服务、互联网金融、私募股权、能源与环境权益等新型案件。案件当事人涉及 70 余个国家和地区，仲裁裁决已在近 50 个国家和地区获得承认和执行。2024 年上海国际仲裁中心启用的《仲裁员名册》显示，共有仲裁员 1464 名，其中我国仲裁员共有 1168 名，占比

[①] 中国国际经济贸易仲裁委员会：《贸仲委成立调解中心并与全国股转公司签署合作协议》，载中国国际经济贸易仲裁委员会网，http：//www.cietac.org.cn/index.php？m＝Article&a＝show&id＝15386，访问时间：2022 年 3 月 8 日。

[②] 中国国际经济贸易仲裁委员会：《贸仲与六家国际仲裁机构在京签署合作协议并就加强合作达成共识》，载中国国际经济贸易仲裁委员会网，http：//www.cietac.org.cn/index.php？m＝Article&a＝show&id＝16285，访问时间：2022 年 3 月 8 日。

为 79.78%（中国内地仲裁员 1082 名，占比约为 73.91%；中国港澳台地区仲裁员 86 名，占比约为 5.87%）；外籍仲裁员有 296 名，占比约为 20.22%。① 在多元化争议解决机制方面，2018 年最高人民法院发布《国际商事法庭程序规则（试行）》《国际商事专家委员会工作规则（试行）》和《最高人民法院办公厅关于确定首批纳入"一站式"国际商事纠纷多元化解决机制的国际商事仲裁及调解机构的通知》（法办〔2018〕212 号），将上海国际仲裁中心作为首批纳入"一站式"国际商事争议解决平台的仲裁机构，为形成"一站式"国际商事多元化争议解决机制提供制度保障。② 2019 年 9 月，上海市浦东新区人民法院（以下简称浦东法院）成立涉外商事纠纷"诉讼、仲裁、调解"一站式解决工作室，上海国际仲裁中心与浦东法院自贸区法庭签订合作备忘录，旨在形成合理的运行机制，使诉讼与仲裁协调、转化及衔接，通过电话、网络等方式提供仲裁在线服务，且入驻上述工作室。③ 同年 11 月，上海国际仲裁中心与海南省第一中级人民法院就建立民商事案件"诉裁对接"机制等合作事宜进行交流并签订合作备忘录，推动了海南自贸区和自贸港的法治保障工作。④ 双方在互相委托、业务研讨及专业培训等方面展开合作，进一步探索调解、仲裁、诉讼相衔接的"一站式"争议解决机制。在专业化设置及与其他机构交流与合作方面，上海国际仲裁中心分别设立上海国际航空仲裁

---

① 上海国际经济贸易仲裁委员会：《上海国际经济贸易仲裁委员会（上海国际仲裁中心）》，载上海国际经济贸易仲裁委员会网，https://katmai.oss‐cn‐hangzhou.aliyuncs.com/katmai/2024‐01/214fd961‐302a‐40d3‐ad5e‐08eb54713d90.pdf? Expires = 2019887823&OSSAccessKeyId = LTAI5tKiMFbYdsCyS76onj8W&Signature = I8zX0CV0%2FfW4TCmX2gdZYjw6itw%3D，访问时间：2024 年 4 月 11 日。

② 上海国际经济贸易仲裁委员会：《上海国际经济贸易仲裁委员会纳入首批最高人民法院"一站式"国际商事纠纷多元化解决机制仲裁机构名单》，载上海国际经济贸易仲裁委员会网，http://www.shiac.org/SHIAC/news_detail.aspx? page = 12018&id = 805，访问时间：2022 年 3 月 9 日。

③ 上海国际经济贸易仲裁委员会：《上海国际仲裁中心与上海市浦东新区人民法院自贸区法庭签订合作备忘录》，载上海国际经济贸易仲裁委员会网，http://www.shiac.org/SHIAC/news_detail.aspx? page = 12019&id = 844，访问时间：2022 年 3 月 9 日。

④ 上海国际经济贸易仲裁委员会：《上海国际仲裁中心与海南省第一中级人民法院签订合作备忘录》，载上海国际经济贸易仲裁委员会网，http://www.shiac.org/SHIAC/news_detail.aspx? page = 12019&id = 857，访问时间：2022 年 3 月 9 日。

院、金砖国家争议解决上海中心、中非联合仲裁上海中心，与香港国际仲裁中心联合举办"程序令：从国际仲裁到国内仲裁"研讨会，访问迪拜国际金融中心争议解决管理局及迪拜国际金融中心—伦敦国际仲裁院等，以发挥仲裁在国际商事争议解决领域的作用，推动国际仲裁发展。

（三）深圳国际仲裁院的多元化发展

深圳国际仲裁院作为中国改革开放后设立的首家仲裁机构以及粤港澳地区第一家仲裁机构，于 1984 年率先聘请境外仲裁员，其于 1989 年作出的仲裁裁决开创了依据《纽约公约》获得境外法院执行的先例。截至 2023 年 5 月，深圳国际仲裁院的当事人已覆盖 138 个国家和地区，仲裁员覆盖 114 个国家和地区，其中境外仲裁员高达 569 名，占比超过 36.78%。① 关于仲裁规则，其率先制定《深圳国际仲裁院关于适用〈联合国国际贸易法委员会仲裁规则〉的程序指引》，运用"香港调解＋深圳仲裁""展会调解＋仲裁""商会调解＋仲裁"等多种机制，创建了"四位一体"资本市场争议解决机制。② 在多元化争议解决方面，深圳国际仲裁院于 2008 年 12 月成立深圳国际仲裁院调解中心，鼓励当事人在仲裁程序中或程序外进行调解，促进仲裁与调解有机衔接。2013 年 12 月，深圳国际仲裁院牵头发起在深圳前海共同创立的仲裁调解合作平台，粤港澳地区 15 家主要商事仲裁调解机构成为成员机构，通过加强上述服务机构之间的业务交流和合作，有利于提升粤港澳地区多元化纠纷解决服务水平，将"独立调解＋独立仲裁"作为解决跨国商事争议的创新性思路。③ 另外，深圳国际仲裁院也被最高人民法院列为"一站式"国际商事争议多元化解决机制的仲裁机构之一。

① 张燕：《深圳打造国际商事争议解决优选地 建立共商共建共享的多元化跨境纠纷解决机制》，载深圳门户网，https://www.dutenews.com/n/article/7560846，访问时间：2023 年 12 月 5 日。

② 详见深圳国际仲裁院机构简介，载深圳国际仲裁院网，http://www.scia.com.cn/home/index/aboutdetail/id/15.html，访问时间：2022 年 3 月 9 日。

③ 《前海打造国际商事争议多元化解决机制》，载腾讯新闻网，https://new.qq.com/rain/a/20201123A03R8200，访问时间：2023 年 12 月 5 日。

三、国际商事调解机制的多元化趋势

作为"一站式"国际商事争议多元化解决机制的重要环节，调解与诉讼、仲裁等"对抗式"的争议解决机制相比，更加尊重商事活动的基本规律，能够更加高效地解决争议，维护商业关系，满足国际商事争议解决的需求。[①] 目前，贸促会调解中心、上海经贸商事调解中心等组织正在进行多元化发展，有利于促进调解机制与诉讼、仲裁机制的进一步融合。

从当事人和社会公共利益角度来考量，调解机制是长期合作的商事主体选择争议解决的最佳途径，其优势表现为高效且程序简单，在整个调解过程中不存在胜诉方和败诉方，调解结果是当事人谈判获得的结果，双方都有某种程度的满意感。[②]《最高人民法院关于人民法院进一步深化多元化纠纷解决机制改革的意见》（法发〔2016〕14号，以下简称《多元化纠纷解决机制改革意见》）第16条强调加强多元化争议解决机制的国际化发展，支持当事人选择调解、仲裁等非诉讼方式解决争议，由此可以看出国家对国际商事调解的重视程度。贸促会调解中心和上海经贸商事调解中心是"一站式"国际商事争议多元化解决机制的调解机构代表，在关注调解本身发展的同时，加强与诉讼和仲裁的进一步衔接。

（一）贸促会调解中心的多元化发展

贸促会调解中心（全称为中国国际贸易促进委员会/中国国际商会调解中心）是通过调解方式，独立、公正地解决中外当事人关于商事、海事等争议的常设调解机构。在多元化争议解决方面，贸促会调解中心设立调解与仲裁、诉讼衔接的机制。当事人有权在调解协议中，签订仲裁条款，任何一方都可以将调解协议提交贸仲委，由独任仲裁员组成仲裁庭，按照其认为适当

---

① 廖永安、段明：《我国发展"一带一路"商事调解的机遇、挑战与路径选择》，载《南华大学学报（社会科学版）》2018年第4期，第29页。

② Michael Kerr, *Reflections on 50 Year's Involvement in Dispute Resolution*, Mediation and Dispute Management, Vol. 6, 1998, p. 175.

的程序和方式审理案件，并依据调解协议的内容作出仲裁裁决。另外，当事人对争议已经达成调解协议的，可以共同向有管辖权的人民法院申请司法确认，符合条件的，向人民法院申请强制执行。如果调解协议具有合同效力和给付内容，则当事人可以向人民法院申请支付令，经公证机关依法赋予强制执行力的，有权向人民法院申请强制执行。贸促会调解中心作为《最高人民法院办公厅关于确定首批纳入"一站式"国际商事纠纷多元化解决机制的国际商事仲裁及调解机构的通知》规定的调解机构之一，表明了最高人民法院对该中心的认可。2019 年 11 月，贸促会调解中心与海南省第一中级人民法院签订《海南省第一中级人民法院和中国国际贸易促进委员会调解中心合作备忘录》，以完善海南自贸区（港）建设背景下的多元化争议解决机制。① 另外，贸促会调解中心先后与英国、美国、加拿大、意大利、新加坡、韩国、日本、马来西亚以及中国香港和中国澳门等多个国家和地区建立合作关系。2019 年，贸促会调解中心与粤港澳大湾区其他九家商事争议解决机构一起签署了内地—香港—澳门联合调解机制合作备忘录，同时与粤港澳大湾区企业家联盟签订合作协议。

（二）上海经贸商事调解中心的多元化发展

上海经贸商事调解中心于 2011 年 1 月 8 日成立，是全国首家具有民非性质且专业从事商事争议调解的机构，被最高人民法院称为最具有影响力的ADR 机构。截至 2024 年 3 月，上海经贸商事调解中心的《调解员名册》显示共有 100 名在册调解员，其中包括多名外籍调解员。在调解中心国际化方面，上海经贸商事调解中心与欧盟 AIA 调解机构、新加坡调解中心、香港联合调解院线等建立战略合作关系。② 上海经贸商事调解中心与全球最大的非诉讼纠纷解决服务机构——美国司法仲裁调解服务股份有限公司（Judicial

---

① 中国国际贸易促进委员会调解中心：《中国贸促会调解中心同海南省第一中级人民法院签署合作备忘录》，载中国国际贸易促进委员会调解中心网，https：//adr. ccpit. org/articles/263，访问时间：2022 年 3 月 10 日。

② 张巍：《"一带一路"商事调解的上海实践》，载《人民法院报》2017 年 7 月 28 日，第 5 版。

Arbitration and Mediation Services，Inc.，JAMS），均为投资、贸易、知识产权、保险等领域的争议解决机构，二者在 2016 年 3 月建立合作关系。由于两个国家的文化、法律制度等存在差异，为更好地解决涉及两国的商事争议，上述两个机构建立了联合调解专家组，并共同制定《国际商事调解规则》，这是中美之间为解决跨境商事争议创建的联合调解机制，于 2020 年 9 月 15 日正式生效。① 另外，上海经贸商事调解中心与欧盟知识产权局上诉委员会于 2020 年 7 月 1 日正式实施中欧知识产权联合调解机制，并颁布《国际商事知识产权联合调解规则》《联合调解协议》《联合调解协议附件——保密声明》《联合调解员声明》等系列配套文件，此机制的运行是跨境知识产权争议解决领域的里程碑，为中欧商事主体在知识产权领域提供了多种选择。② 在多元化争议解决方面，除《最高人民法院办公厅关于确定首批纳入"一站式"国际商事纠纷多元化解决机制的国际商事仲裁及调解机构的通知》将上海经贸商事调解中心作为与国际商事法庭衔接的调解机构外，上海经贸商事调解中心还与上海市虹口区人民法院等进行诉调对接签约，旨在配合法院优化繁简分流，做好诉调对接工作。

综上所述，即使诉讼、仲裁和调解机制均呈现国际化、专业化、多元化趋势，但单一的国际商事争议解决机制仍存在固有瑕疵，仅仅依靠某一争议解决机制尚不能很好地处理国际商事争议，比如满足了程序公正却无法保证诉讼效率，调解效率较高但不一定保证结果公正。因此，发挥各争议解决机制的优势，将诉讼、仲裁和调解机制相融合，根据当事人的实际需要选择合适的解决机制，是未来国际商事争议解决领域的发展趋势。

---

① 上海经贸商事调解中心：《中美国际商事联合调解机制正式启动》，载上海经贸商事调解中心网，http：//www. scmc. org. cn/page111？article_id = 522，访问时间：2022 年 3 月 10 日。

② 上海经贸商事调解中心：《SCMC 与 EUIPO BoA 携手 开启中欧知识产权联合调解新篇章》，载上海经贸商事调解中心网，http：//www. scmc. org. cn/page111？article_id = 510，访问时间：2022 年 3 月 10 日。

第二节 "一站式"国际商事争议
多元化解决机制的运行

以国际商事法庭为中心的"一站式"国际商事争议多元化解决机制是将多种争议解决方式、制度和程序予以融合，使它们互相协调配合，进而形成一种国际商事争议解决体系。大部分国家和地区的争议解决机制将诉讼、仲裁和调解相融合，例如新加坡国际商事法庭、新加坡国际商事调解中心和新加坡国际商事仲裁中心的运行，为"诉、仲、调"多元化争议解决服务模式的构建奠定了良好的基础；英国商事法院的"金融法官名单"机制，充分融合了诉讼、仲裁、调解的优势；阿联酋的迪拜国际金融中心法院对已经受理的争议，依然鼓励当事人通过其他非诉讼程序解决争议。同样，中国在推动构建诉讼、仲裁、调解有机衔接的"一站式"国际商事争议多元化解决机制方面也有所作为，并将三种争议解决方式集中于同一平台，给予当事人更多的选择。本节将重点放在国际商事争议的多元化解决方面，分析"一站式"争议解决机制构建的基础，了解中国关于"一站式"国际商事争议多元化解决机制运行的基本方式，进而总结该机制运行的意义。

一、"一站式"国际商事争议多元化解决机制运行的必要性

中国的国际商事争议解决机制包括各级人民法院诉讼、国际商事仲裁和国际商事调解等。单一的商事争议解决机制并不能完全满足复杂的国际商事争议需求，相比之下，建立和完善多元化的国际商事争议解决机制，不仅有利于尊重当事人对争议解决方式的选择，保证这些争议灵活、快速且高效地得到解决，而且有利于成为推动中国法治建设的重要因素，为提高中国在国际社会的司法公信力奠定基础。

（一）单一的商事争议解决机制不能满足国际化需求

在较为复杂的国际环境中，通过现有机制化解商事争议的问题日益凸显，

机制内部本身存在弊端，同时又受外在环境因素的制约，难以满足现代国际商事争议解决的需求。因此，亟须完善各争议解决机制，利用它们存在的优势，将各机制有机衔接并突出"一站式"特点。中国现行国际商事争议解决机制的主要制约因素，体现为以下两点内容。

其一，国家间法律文化及制度的差异导致现存机制不能更好地发挥作用。中国于2013年成为全球货物贸易第一大国，目前已经与120多个国家和地区建立贸易伙伴关系，同时与新加坡、澳大利亚、新西兰、韩国、毛里求斯、巴基斯坦等签订自由贸易协定。上述国家和地区辐射亚欧非三大洲，社会环境有所差异，所属法系也各不相同，即主要存在普通法系、大陆法系、伊斯兰法系、印度法系等，这些国家和地区的法律制度、程序要求及司法人员的法律思维模式均不相同。单一的诉讼、仲裁或调解机制难以适应如此大的差异，难以保证良好的争议解决效果。例如，约旦的国内司法体系是普通法系、大陆法系与伊斯兰法系的混合体，国内司法裁决一般要经历三至四年，执行裁决也要花费一年到一年半的时间。① 又如，一些国家的局势较为复杂多变，像利比亚、埃及、塞尔维亚等国的法治建设存在不足，单一的争议解决机制对这些国家的商事争议不太适宜且难以达到预期效果。

其二，现存争议解决机制的国际化、专业化水平有待提高。以诉讼机制为例，虽然最高人民法院设立了国际商事法庭，但该法庭的国际化程度仍需进一步提升。现行法律和司法解释规定了国际商事专家委员会的基本职能。从制度本身来看，这些商事专家委员并不能替代外籍法官的角色。另外，国际商事法庭是否可以将英语作为审理语言以及制作英文判决书，外国法律或国际条约同中国国内法存在冲突时如何适用，现有法律及司法解释对此均尚未明确。虽然中国已经设立了一定数量的仲裁机构和调解机构，如上海国际仲裁中心、一带一路国际商事调解中心等，但总体来看，这些机构还没有得到很好的整合。与迪拜国际仲裁中心、新加坡麦克斯韦多元纠纷解决中心这

---

① 商务部：《对外投资合作国别（地区）指南》，载商务部网，http://www.mofcom.gov.cn/dl/gbdqzn/upload/yuedan.pdf，访问时间：2022年3月10日。

样的机构相比，我国的仲裁机构和调解机构在解决国际商事争议的国际化和专业化程度上依然不高。虽然目前我国的仲裁机构和调解机构有外籍工作人员，但整体上看，依然缺乏具有国际影响力的调解员和仲裁员，当事人更倾向于选择国际著名的仲裁机构和调解机构来解决国际商事争议。就争议解决机构的国际合作而言，现有机构与外国仲裁机构、调解机构以及律师事务所的跨境交流与合作较少，也不存在具体的合作方式、范围等基本性规定。

（二）单一争议解决机制的固有瑕疵

国际商事主体对构建公平、高效、便利的争议解决机制抱有很大的期望。然而，中国现有的调解、仲裁和诉讼机制均存在不足之处，"一站式"国际商事争议多元化解决机制的互动，依然处于探索阶段。

国际商事调解机制是双方当事人在第三方的主持和调解下，就争议内容自愿达成谅解协议的方式。在解决国际商事争议时，调解时间可根据当事人需求灵活安排，保密性更强。当事人作为整个调解程序的主角，可以就商事争议进行友好沟通，并最终达成双方较为满意的调解结果。① 由于难以保证调解结果的终局性，协议执行缺乏强制力，国际商事争议可能无法顺利得到解决，因此当事人直接选择调解机制的概率较小。随着《新加坡调解公约》在国际社会的认可度逐渐提高，未来国际商事调解的运用频率也会大大提升，但目前该公约缔约国数量有限且尚未获得中国批准，调解协议可能难以有效执行。实际上，为满足各方需求，调解机制在多个争议解决机制中，具有很大的发展空间。

国际商事仲裁机制具有自治、灵活、高效等优势。与诉讼相比，仲裁更加尊重当事人的意思自治，在解决国际商事争议时，仲裁员具有专业优势，但在利用仲裁解决国际商事争议时仍然需要更为灵活的制度，如临时仲裁。

---

① Marie Kelly, Weighing up Litigation, Arbitration and Mediation, Accessed Mar. 19, 2022, https://www.financierworldwide.com/weighing - up - litigation - arbitration - and - mediation #. XTrJYf ZuKhc.

《纽约公约》第 1（2）条规定，仲裁裁决既包括案件当事人指定仲裁员作出的裁决，也包括经当事人提请的常设仲裁机构作出的裁决。中国于 1987 年加入《纽约公约》时，并没有对临时仲裁制度作出保留声明，也就是说，中国法院应当按照公约规定，承认与执行临时仲裁机构作出的仲裁裁决。目前，《最高人民法院关于为自由贸易试验区建设提供司法保障的意见》（法发〔2016〕34 号）在一定程度上引用了临时仲裁理念，该意见规定在自贸区内注册登记的企业之间可以约定在中国特定地点、依据特定仲裁规则、由特定工作人员对有关争议进行仲裁。《中国国际经济贸易委员会国际投资争端仲裁规则（试行）》对调解、仲裁、临时措施、紧急仲裁员程序等作出具体规定。临时仲裁推动了仲裁机制的完善，但现有国际商事仲裁机制尚未将临时仲裁制度纳入。此外，国际商事仲裁机制具有缺乏第三人参与庭审的功能。在 2018 年伦敦大学玛丽女王学院的调查中，39% 的受访者认为对第三方缺乏权力是国际仲裁最糟糕的特征之一，该项亦成为与仲裁相关的三大投诉之一。[1]

国际民事诉讼机制存在审理周期长且司法资源有限等特征，这与当事人高效解决争议的期望、日益增多的争议数量之间存在冲突，其瑕疵主要表现在管辖权和判决承认与执行方面。在管辖权方面，协议管辖以实际联系要素为条件，可能导致司法机关审理的国际商事争议数量大大降低。另外，《民事诉讼法司法解释》规定了不方便法院原则和平行诉讼制度，对解决各国审理国际商事争议的管辖权冲突可以发挥很好的作用。但是，该司法解释第531 条规定，如果某一国际商事争议在中国和其他国家都可以管辖，一方当事人向其他国家法院起诉，另一方事人向中国起诉，则中国法院可以受理，但尚未明确同一方当事人既向外国法院起诉又向中国法院起诉的情况。作为原告的中国当事人先向外国法院提起诉讼，在外国法院拖延诉讼的情况下，

---

① Paul Friedland & Stavros Brekoulakis, 2018 International Arbitration Survey: The Evolution of International Arbitration, Accessed Mar. 8, 2023, https: // www. whitecase. com/sites/whitecase/files/files/download/publications/qmul – international – arbitration – survey – 2018 – 18. pdf.

中国法院继续不受理原告一方向国内法院重新提起的诉讼，则会导致中国当事人的合法权益不能及时获得救济。在判决承认与执行方面，中国更倾向于依据事实互惠，判断判决是否可以被承认与执行，这可能导致中国法院判决难以获得其他国家法院的承认与执行。

健全的国际商事争议解决机制是优化营商环境的有效保障，中国现有机制存在固有瑕疵，因此在国际商事法庭运行时，可以加强其与国际商事调解机构和国际商事仲裁机构的衔接，提供多元化的争议解决方式，并在这些机制的基础上进行整合、创新，为当事人提供更为高效、便捷的"一站式"争议解决机制。

（三）域外多元化争议解决机制

中国的"一站式"国际商事争议解决机制设立的时间较晚，各种制度仍需完善。相较之下，域外关于多元化争议解决机制的经验相对丰富，通过研究这些争议解决机制，可以发现中国目前存在的问题，并借鉴有益经验以完善相关制度。本部分主要对具有代表性的新加坡、英国、阿联酋（迪拜）的多元化国际商事争议解决机制进行分析。

新加坡设立了麦克斯韦多元纠纷解决中心，是世界上首个替代争议解决综合体，集合了新加坡国际仲裁中心、国际商会仲裁法院、特许仲裁员协会、国际争议解决中心、国际商会学院等机构。① 新加坡多元化争议解决机制主要包括国际商事法庭诉讼、国际商事仲裁、国际商事调解；在机制衔接方面，其主要体现为新加坡国际仲裁中心和国际商事调解中心加强合作，设置了Arb—Med—Arb 程序，即当事人约定通过国际商事仲裁中心解决争议，在仲裁开始前或者仲裁程序进行中都可以通过调解解决争议，签订的调解协议可以作为仲裁裁决并依据《纽约公约》得到承认与执行。

英国解决国际商事争议的机构包括英国商事法院、伦敦国际仲裁院等。其中，后者承担国际商事调解和仲裁双重职责，多元化服务主要体现在调解

---

① Maxwell Chambers, Accessed Mar. 18, 2022, https：//www. max wellchambers. com/about - maxwell - chambers/.

与仲裁及其他替代争议解决的衔接方面。当事人选择伦敦国际仲裁院解决争议时，有权根据自己的意愿选择仲裁或调解。如果通过调解尚未解决争议，那么当事人书面同意后就可以进入仲裁程序。除此之外，伦敦国际仲裁院还提供其他替代性争议解决服务，如早期中立评估机制等。

迪拜国际金融中心中处理国际商事争议的主要机构，包括迪拜国际金融中心法院和迪拜国际仲裁中心。其中，迪拜国际仲裁中心在 2021 年进行了重新组建，成为迪拜唯一的主要仲裁机构，具有承担国际商事仲裁、调解的双重职能。根据其调解规则，当事人通过调解解决争议尚未成功的，应通过仲裁机制解决。

二、"一站式"国际商事争议多元化解决机制运行的法律与政策

司法是争议解决的最后一道防线，法院在多元化争议解决机制中具有十分重要的作用。2015 年 4 月，时任最高人民法院院长周强在全国法院多元化争议解决机制改革工作的推进会上指出，多元化争议解决机制改革不仅是便民利民、促进社会和谐的重要方式，还是提高国际竞争力的重要手段。[①]2016 年，最高人民法院为贯彻落实《中共中央关于全面推进依法治国若干重大问题的决定》以及《中共中央办公厅、国务院办公厅关于完善矛盾纠纷多元化解机制的意见》（中办发〔2015〕60 号），针对多元化争议解决机制改革的深化以及完善诉讼与非诉讼衔接的争议解决机制，发布了《多元化纠纷解决机制改革意见》，其中第 16 条是关于多元化争议解决机制国际化发展的内容，即充分尊重当事人所属国法律文化的多元性，支持当事人选择调解、仲裁等非诉讼机制来解决争议。同时，加强中国与其他国家和地区的调解机构、仲裁机构及司法机构的交流与合作，提升中国争议解决机制的竞争力和公信力，尽量满足当事人争议解决的多元需求，为"一带一路"建设提供良

---

① 罗书臻：《周强在全国法院多元化纠纷解决机制改革工作推进会上强调 全面深化多元化纠纷解决机制改革 为维护公平正义实现人民安居乐业社会安定有序提供有力保障》，载中国法院网，https：// www.chinacourt.org/article/detail/2015/04/id/1581080.shtml，访问时间：2022 年 3 月 18 日。

好的司法服务与保障。上述文件为以国际商事法庭为中心的"一站式"国际商事争议多元化解决机制的运行奠定了良好的基础。

2018 年，中共中央办公厅、国务院办公厅印发了《"一带一路"意见》，这是中国首个关于国际商事争议解决机制和机构改革的文件，明确坚持争议解决方式的多元化是建设"一带一路"国际商事争议解决机制和机构应遵循的原则之一，要充分考虑争议主体的多样性、争议类型的复杂性，以及各国立法、司法和法律文化的差异，建设并完善诉讼、仲裁、调解有机衔接的争议解决服务保障机制。在具体实施方面，要求最高人民法院设立国际商事法庭并组建国际商事专家委员会，推动建立诉讼、仲裁和调解有效衔接的多元化争议解决机制，形成"一站式"争议解决中心。同年 6 月，最高人民法院出台了《国际商事法庭若干问题规定》，这是为国际商事法庭运行制定的司法解释，主要涉及国际商事法庭的受案范围、外国法查明、多元化争议解决方式等内容。其中，第 11～14 条以及第 17～18 条涉及"一站式"争议解决机制、委托调解、调解协议效力、支持仲裁、申请执行以及信息化平台建设等内容，上述规定均为"一站式"国际商事争议多元化解决机制的运行提供法律依据。另外，《国际商事法庭程序规则（试行）》《国际商事专家委员会工作规则（试行）》《"一站式"平台工作指引（试行）》均为对国际商事法庭运行规则的细化，确定了"一站式"争议解决机制的仲裁和调解机构，提出诉讼与仲裁、调解相衔接，明确了国际商事专家委员会的职责。

三、"一站式"国际商事争议之诉讼机制与调解机制的协调运行

调解机制与国际商事法庭的诉讼机制的联系较为密切且融合于整个诉讼阶段。《国际商事法庭若干问题规定》明确指出，国际商事法庭在受理国际商事争议后，经双方当事人同意，可以委托商事专家委员或国际商事调解机构调解争议。根据《最高人民法院办公厅关于确定首批纳入"一站式"国际商事纠纷多元化解决机制的国际商事仲裁及调解机构的通知》规定，当事人

只能选择贸促会调解中心、上海经贸商事调解中心或者商事专家委员来调解争议，而其他调解机构尚未被纳入"一站式"国际商事纠纷多元化解决平台。《国际商事法庭程序规则（试行）》进一步规定了"一站式"争议解决机制的审前调解程序，即先向当事人确定是否同意进入审前调解程序；如果一方当事人不同意调解，则继续进行诉讼，确定诉讼时间；在当事人均同意对国际商事争议进行调解的情况下，他们可以选择商事专家委员或者上述任一机构进行调解。其中，选择前者的，商事专家委员应依据《国际商事专家委员会工作规则（试行）》组织调解；选择后者的，调解机构应依据法律和当事人选择的规则进行调解。

调解过程中，应当尊重当事人意思自治和调解保密两大原则，调解机构不能强制调解争议或拖延调解程序，在调解无法继续进行的情况下，应及时进入司法程序，减少当事人争议解决的成本。诉讼机制与调解机制相协调，能够发挥诉前调解灵活、高效、低成本的积极作用，有效防止当事人商事关系的恶化。《新加坡调解公约》的生效也为中国未来加入以及国际商事法庭调解机制的发展提供良好保障。调解贯穿于国际商事法庭审理争议的整个过程，在当事人不同意调解或者调解无法进行时，商事专家委员或者调解机构的调解员要积极引导当事人进入诉讼程序。如果当事人在国际商事法庭审理争议过程中均有调解意向，则法官可以继续发挥调解优势，争取保证当事人快速取得较为满意的结果；否则，国际商事法庭应当在法律规定的时间范围内作出判决。在当事人通过商事专家委员或国际商事调解机构调解成功并达成调解协议时，国际商事法庭在审查后制作并向当事人发放调解书，当事人签收后，调解书具有与判决同等的效力。如果当事人要求制作判决书，则国际商事法庭可以将协议内容以判决书形式表示出来，确保调解协议的司法效力，这也是调解机制与诉讼机制有机衔接的重要体现。

综上所述，诉讼机制和调解机制的衔接主要体现为以下内容（见图2）。

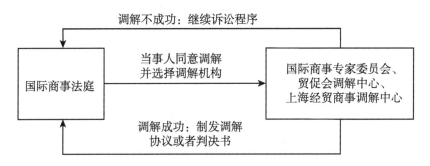

图 2　诉讼机制与调解机制的衔接

四、"一站式"国际商事争议之诉讼机制与仲裁机制的协调运行

国际商事仲裁是兼具自治性和契约性的争议解决方式，具有较为明显的优势，即程序灵活便捷且具有保密性、充分体现当事人意思自治、一裁终局等。《仲裁法》和《民事诉讼法》已经规定了司法机关对仲裁程序的协助内容，在涉外当事人申请保全的情况下，仲裁机构应将当事人的财产保全或证据保全申请提交给被申请人住所地或财产所在地的中级人民法院，由该法院审查后作出裁定；当事人对仲裁裁决有异议的，应向仲裁机构所在地的中级人民法院申请；当事人不履行裁决，对方当事人可以向被申请人住所地或财产所在地的中级人民法院申请执行。相应地，国际商事法庭诉讼与国际商事仲裁的融合为"一站式"国际商事争议多元化解决中的司法协助提供了便利，二者之衔接依然体现在司法程序对仲裁支持这一方面。

目前，与国际商事法庭衔接的国际商事仲裁机构包括贸仲委、中国海事仲裁委员会、北京仲裁委员会等十个仲裁机构。《国际商事法庭若干问题规定》第 14 条明确规定了当事人在协议选择国际商事仲裁机构进行仲裁时，可以在仲裁前或者仲裁程序开始后，向国际商事法庭申请证据、财产或行为保全，向国际商事法庭申请撤销或执行国际商事仲裁机构的裁决。《国际商事法庭程序规则（试行）》和《"一站式"平台工作指引（试行）》分别规定了诉讼与仲裁对接的范围和条件，当事人如何通过"一站式"平台申请仲裁，以及仲裁机构与国际商事法庭的对接流程等。2022 年最高人民法院发布的指导性案例 200 号，即第一国际商事法庭审查的运裕有限公司、深圳市中苑城商业投资控股有限公司申请确认仲裁协议效力案，体现了诉讼与仲裁的有机衔接。为搭建"一站式"解决平台，国际商事法庭对仲裁机构的支持具有如下特色。一方面，国际商事法庭为国际商事仲裁机构提供的保全措施范围大于《民事诉讼法》之规定。《民事诉讼法》规定，当事人可以向法院申请仲裁保全的范围包括财产和证据保全，而国际商事法庭在此基础上增加了行为保全。当事人还可以直接向国际商事法庭提出保全申请，无须专门远赴被申请人住所地或者财产所在地的中级人民法院。另一方面，当事人有权直接向国际商事法庭申请撤销或执行仲裁裁决，由国际商事法庭审查，免去《最高人民法院关于仲裁司法审查案件报核问题的有关规定》（法释〔2021〕21 号）涉及的中级人民法院向高级人民法院以及高级人民法院向最高人民法院逐级报核的程序，以提高仲裁之司法审查效率。如果当事人之间的仲裁协议有效，则通过仲裁机制解决国际商事争议，仲裁程序中的部分环节由国际商事法庭协助，并主要体现为：不符合仲裁条件时，应当进入司法程序；在符合仲裁条件时，司法则转化为仲裁的支持者。与普通仲裁机制和司法机制衔接相比，上述仲裁机构审理的争议在满足条件的情况下，直接由国际商事法庭提供司法支持，不用再向其他有资格的中级人民法院提出申请。

由上可知，诉讼机制与仲裁机制的衔接主要体现为以下内容（见图3）。

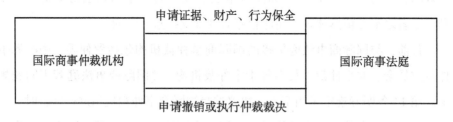

图3　诉讼机制与仲裁机制的衔接

五、"一站式"国际商事争议之调解机制与仲裁机制的协调运行

部分国家的仲裁规定明确指出，调解员成功调解国际商事争议的，根据

当事人要求，仲裁机构可以赋予调解员依据调解协议作出仲裁裁决的权限，如克罗地亚、奥地利。① 相较之下，我国的《国际商事法庭若干问题规定》《国际商事法庭程序规则（试行）》和《"一站式"平台工作指引（试行）》是民事诉讼类相关规定，尚未规定调解机制与仲裁机制的衔接问题，但《仲裁法》第51条和第52条对此有所涉及。调解既是审理活动又是结案方式，在仲裁裁决作出之前，仲裁机构可以在当事人的要求下进行调解；调解不成时，应当及时作出裁决。仲裁过程中，由当事人决定是否通过调解的方式解决争议，也可以由仲裁机构提出仲裁调解的建议，征求当事人意见。如果双方达成调解协议，仲裁机构应制作调解书或者根据仲裁协议的结果制作裁决书，二者法律效力相同。由于本章主要研究以国际商事法庭为核心的多元化争议解决机制问题，所以对调解机制与仲裁机制的协调运行在此不再赘述。

第三节 "一站式"国际商事争议多元化解决机制存在的问题

随着信息技术发展、运输速度及范围的扩大，商事活动不再以传统模式进行，商事活动主体更容易在日益开放的国际社会中抓住机遇。跨境贸易和投资已成为全球新经济秩序的核心，② 频繁的跨国商事活动对争议解决机制的设立和构建具有重要影响。中国正在构建并完善"一站式"国际商事争议多元化解决机制，但由于《国际商事法庭若干问题规定》等文件尚未细化相

---

① 梁文才：《论国际商事法庭多元化纠纷解决机制——兼评我国国际商事法庭"一站式"机制的运行》，载《海外投资与出口信贷》2019年第4期，第46页。

② Department for Business Innovation & Skills, Global Context—How Has World Trade and Investment Developed, What's Next?, Accessed Mar. 18, 2022, https：//assets. publishing. service. gov. uk/government/uploads/system/uploads/attachment_ data/file/43309/11 – 722 – global – context – world – trade – and – investment. pdf.

关规则，国际商事法庭、国际商事仲裁机构以及国际商事调解机构之间还难以做到真正的有机衔接。本节主要讨论"一站式"国际商事争议多元化解决机制在互相衔接的过程中可能存在的问题，以进一步完善国际商事争议解决过程中"诉、仲、调"机制的有机融合。

一、国际商事争议多元化解决机制与《新加坡调解公约》的冲突

国际商事调解是最重要的替代性争议解决方式之一，但调解协议不能直接在其他国家得到承认与执行，是阻碍国际商事调解机制快速发展的重要因素。为保证国际商事调解协议的承认与执行具有统一的制度基础，联合国国际贸易法委员会制定了《新加坡调解公约》，希望与国际商事仲裁领域的《纽约公约》以及国际民事诉讼领域的《选择法院协议公约》《承认与执行外国民商事判决公约》并驾齐驱，勾勒完整的国际商事争议解决机制之承认与执行体系。从中国角度看，《新加坡调解公约》的签署是跨境商事争议解决机制体系构建的重大发展，能够促进中国成为通过调解机制解决国际商事争议的国家，保证国际商事调解机构的服务更加专业化。如果未来中国批准《新加坡调解公约》，中国的国际商事调解机制可能会超过国际商事仲裁机制的利用率，毕竟其能够克服与仲裁相比最为明显的不足，即调解协议的可执行性。①

为落实《"一带一路"意见》，最高人民法院创设了以国际商事法庭为中心的"一站式"国际商事争议解决平台，由此当事人可以根据意愿选择国际民事诉讼、国际商事仲裁、国际商事调解等方式来解决争议。如果当事人选择上述平台中的调解机构以解决争议，那么在未来中国批准《新加坡调解公约》后，是否可以依据本公约使调解协议在其他国家得到承认与执行，抑或"一站式"国家商事争议多元化解决机制的运行是否会对未来《新加坡调解

---

① Peter Corne & Matthew Steven Erie, China's Mediation Revolution? Opportunities and Challenges of the Singapore Mediation Convention, Accessed Mar. 18, 2022, http：//opiniojuris. org/2019/08/28/chinas - media - revolution - opportunities - and - challenges - of - the - singapore - mediation - convention/.

公约》在中国的适用产生影响，这些问题都值得研究。《新加坡调解公约》第1（3）（a）条将由法院批准或在诉讼程序中订立的和解协议以及可作为判决执行的和解协议①排除在该公约的适用范围外。该公约对和解协议的承认与执行作出上述限制的目的是，避免因同一协议存在两种救济而导致《新加坡调解公约》与《选择法院协议公约》《承认与执行外国民商事判决公约》之间的适用产生积极冲突。

最高人民法院创设的"一站式"国际商事争议多元化解决机制将"诉、仲、调"有机衔接，其中关于诉讼与调解的衔接主要是指国际商事法庭将争议转移至国际商事专家委员会、贸促会调解中心和上海经贸商事调解中心进行调解，待调解协议作出后，再向国际商事法庭进行司法确认。《国际商事法庭若干问题规定》和《国际商事法庭程序规则（试行）》对诉讼与调解衔接的内容，规定得较为僵化，似乎没有给未来适用《新加坡调解公约》留有较大的余地，即调解协议由国际商事法庭转化成调解书或判决书，可能被排除在《新加坡调解公约》的适用范围之外。《"一站式"平台工作指引（试行）》第9条似乎旨在厘清诉讼与调解的平行关系，即国际商事法庭既可以在立案前委派调解，也可以在受理案件后联络委托调解事宜。实际上，可以考虑进一步明确相关规定，不仅能保障"一站式"解决机制的顺利运行，还不影响《新加坡调解公约》的适用。

二、国际商事争议多元化解决机制的机构和人员范围较窄

最高人民法院尝试建立"一站式"国际商事争议解决平台，将替代性争议解决机制纳入国际商事法庭的诉讼业务，②即该平台将诉讼、仲裁和调解

---

① 《新加坡调解公约》的全称为《联合国关于调解所产生的国际和解协议公约》。有学者认为将"Settlement Agreements"翻译成"和解协议"有不妥之处，但是经过参与制定人员的阐释，该和解协议与中国的调解协议较为贴近。

② Zachary Mollengarden，*"One-Stop" Dispute Resolution on the Belt and Road: Toward an International Commercial Court with Chinese Characteristics*，UCLA Pacific Basin Law Journal，Vol. 36，No. 1，2019，pp. 95 – 101.

机制整合以促进国际商事争议的解决。由于"一站式"国际商事争议多元化解决机制的构建时间较短，许多问题需要进一步完善，所以本部分主要讨论参与"一站式"国际商事争议解决机构的数量及国际化程度等相关内容。

（一）"一站式"国际商事争议解决机构数量有限且国际化程度不高

国际商事法庭支持当事人通过诉讼、仲裁和调解有机衔接的争议解决平台，选择他们认为更加适合的方式以解决国际商事争议。2018 年 12 月，最高人民法院通过对申报机构前期受理国际商事争议案件的数量、国际影响力、信息化建设等因素，确定了首批可以与国际商事法庭相衔接的国际商事仲裁机构和国际商事调解机构。虽然前述仲裁机构解决的涉外商事争议较多，但与域外的仲裁机构相比，这些机构在国际影响力和中立性方面依然处于劣势。依据英国伦敦大学玛丽女王学院和美国伟凯律师事务所（White & Case LLP）共同发布的《2018 年国际仲裁调查：国际仲裁的演变》，可以看出受访者最喜欢的五个国际仲裁机构是国际商会仲裁院、伦敦国际仲裁院、新加坡国际仲裁中心、香港国际仲裁中心和斯德哥尔摩商会仲裁院，其主要原因是这些机构和地点的普遍声誉、认可度和评估管理质量较高，仲裁员具有丰富的仲裁经验。相应地，受访者最喜欢的五个仲裁地是伦敦、巴黎、新加坡、中国香港和日内瓦，其主要取决于这些国家和地区的法律制度具有中立性、公正性以及执行仲裁裁决的过往成绩。① 国际商事法庭与其他争议解决机构的融合，旨在成为具有国际影响力的"一站式"争议解决平台，而仅将国内的十个仲裁机构与国际商事法庭相对接，实际上难以完全满足当事人对仲裁机构多元化的需求。另外，国际商会 ADR 中心、美国司法仲裁调解服务有限公司、新加坡国际调解中心、英国有效争议解决中心以及我国香港地区的香港调解联盟等都属于国际著名的调解机构。但在《新加坡调解公约》尚未对中

---

① Paul Friedland & Stavros Brekoulakis, 2018 International Arbitration Survey: The Evolution of International Arbitration, Accessed Mar. 20, 2022, http://www.arbitration.qmul.ac.uk/media/arbitration/docs/2018 – International – Arbitration – Survey – – – The – Evolution – of – International – Arbitration –（2）. pdf.

国生效的情况下，前述国际著名调解机构直接作出的调解协议并不能被中国承认与执行，这不利于整个"一站式"国际商事争议解决平台的建设。

（二）国际商事争议解决机制中工作人员的本土化限制

国际化和专业化是我国国际商事法庭运行的首要目标。① 国际商事法庭是"一站式"国际商事争议的诉讼平台，没有外籍法官和我国港澳台地区的法官。从域外国际商事法庭角度看，迪拜国际金融中心法院官网上的 13 名法官中，包括 5 名阿联酋籍法官、3 名澳大利亚籍法官、4 名英国籍法官和 1 名马来西亚籍法官；② 新加坡国际商事法庭的 46 名法官中，有 17 名国际法官。③ 另外，德国国际商事法庭存在"商事法官"参审制度，商事法官与职业法官享有同等表决权。④ 与其他国家的国际商事法庭（院）相比，我国国际商事法庭法官的国际化程度和专业水平仍有待提高，该问题在第一章第二节已经进行阐述。

截至 2024 年 4 月，与国际商事法庭衔接的十个仲裁机构的仲裁员情况如下所述。其中，贸促会仲裁员名册显示有 1897 名仲裁员，其中有 1388 名中国籍仲裁员（包括 1288 名中国内地仲裁员、73 名中国香港仲裁员、6 名中国澳门仲裁员、21 名中国台湾仲裁员），外籍仲裁员占比还不到 27%。⑤ 上海国际仲裁中心有 1464 名仲裁员，中国籍（此处不包含港澳台地区）仲裁员为 1082 名，占比约为 73.91%。⑥ 深圳国际商事仲裁院有 1179 名仲裁员，其中包

① 石静霞、董暖：《我国国际商事法庭的若干核心问题》，载《西安交通大学学报（社会科学版）》2019 年第 3 期，第 120 页。

② DIFC Court, Judges, Accessed Mar. 20, 2022, https：//www.difccourts.ae/about/court - structure/judges.

③ SICC, Judges, Accessed Mar. 20, 2022, https：//www.sicc.gov.sg/about - the - sicc/judges.

④ 冯汉桥、沈旦：《国际商事法庭诉讼与仲裁、调解衔接机制的完善》，载《怀化学院学报》2020 年第 2 期，第 73 页。

⑤ 详见中国国际经济贸易促进委员会仲裁员名册，载中国国际贸易促进委员会网，http：//www.cietac.org/index.php? g = User&m = Arbitrator&a = index&l = cn&searchName = &searchType = &searchLanguage = &searchAddress = &searchSpecSkill = ，访问时间：2024 年 4 月 11 日。

⑥ 详见上海国际经济贸易仲裁委员会仲裁员名册，载上海国际经济贸易委员会网，https：//katmai.oss - cn - hangzhou.aliyuncs.com/katmai/2024 - 01/214fd961 - 302a - 40d3 - ad5e - 08eb54713d90.pdf? Expires = 2019887823&OSSAccessKeyId = LTAI5tKiMFbYdsCyS76onj8W&Signature = I8zX0CV0%2FfW4TCmX2gdZYjw6itw%3D，访问时间：2024 年 4 月 11 日。

括 385 名外籍仲裁员，与其他仲裁机构相比，该仲裁院外籍仲裁员的占比最高。① 北京仲裁委员会共有627 名仲裁员，其中外籍仲裁员有 135 名，占比为 21%。② 中国海事仲裁委员会共有 826 名仲裁员，其中有 723 名中国籍仲裁员（包括 695 名中国内地仲裁员、21 名中国香港仲裁员、7 名中国台湾仲裁员），外籍仲裁员占比不足 12.5%。③

与国际商事法庭衔接的贸促会调解中心和上海经贸商事调解中心的调解员名册中，外籍商事调解员的占比较低。从国籍角度看，截至 2020 年 12 月，前者已在全国各省、直辖市、自治区设立分会调解中心共52 家，形成了庞大的调解网络，但调解员名册中仅包含 2 名外籍调解员（马来西亚籍和西班牙籍）；④ 后者是美国司法仲裁调解服务有限公司在中国唯一的战略合作机构，也是新加坡国际调解中心、英国有效争议解决中心、欧盟知识产权局、世界知识产权组织仲裁与调解中心的重要合作伙伴，但在册 67 名调解员中也仅包括 2 名外籍调解员。⑤ 相较之下，国际著名调解机构新加坡国际调解中心囊括的国际调解员涉及 23 个国家和地区，涵盖银行与金融、房地产、基础设施建设、能源等 18 个领域。⑥ 新加坡国际调解中心的调解员在解决跨境争议方面拥有丰富的经验，在复杂、高风险的商业争端中取得成功，并受到高度评价。

---

① 详见深圳国际仲裁院仲裁员名册，载深圳国际仲裁院网，http：//www. scia. com. cn/bd＿editor/php/upload/file/20201012/1602494015879509. pdf，访问时间：2022 年 3 月 20 日。

② 详见北京仲裁委员会仲裁员名册，载北京仲裁委员会网，https：//www. bjac. org. cn/attached/file/20210506/% E4% BB% 2% E8% A3% 81% E5% 91% 98% E5% 90% 8D% E5% 86% 8C. pdf，访问时间：2022 年 3 月 20 日。

③ 详见中国海事仲裁委员会仲裁员名单，载中国海事仲裁会员会网，https：//arb. earbitration. org. cn/arbitrator/list？userName＝&speciality＝&firstNationality＝zgtw&city＝&languageAbility＝，访问时间：2022 年 3 月 20 日。

④ 详见中国国际贸易促进委员会外籍商事调解员，载中国国际贸易促进委员会调解中心网，https：//adr. ccpit. org/mediationVitae/list？cNationType＝3，访问时间：2022 年 3 月 20 日。

⑤ 详见上海经贸商事调解中心之介绍，载上海经贸商事调解中心网，http：//www. scmc. org. cn/page112？article_id＝70&menu_id＝45，访问时间：2022 年 3 月 20 日。

⑥ SIMC, Our Panel, Accessed Mar. 20, 2022, https：//simc. com. sg/mediators/？＿sft＿simc－panelist－type＝international－mediator.

另外，对法律服务工作者和行业调解组织的主体规定较为模糊。最高人民法院于 2016 年 6 月发布的《多元化纠纷解决机制改革意见》中指出，要健全特邀调解制度，推动律师调解制度建设。该意见旨在推动人民法院与律师、行业调解组织进行资源整合，推进"一站式"争议解决服务平台的建设。然而，在"一站式"国际商事争议解决平台建设方面，《国际商事法庭若干问题规定》似乎没有充分贯彻《多元化纠纷解决机制改革意见》的精神，尚未将律师、仲裁员、专家学者等法律服务工作者以及行业调解组织纳入调解主体范围，导致只有由商事专家委员、贸促会调解中心和上海经贸商事调解中心调解的争议才可以与国际商事法庭的审理程序相衔接，而尚未被纳入上述调解中心的法律服务工作者、行业调解组织似乎不能发挥相应的作用。

三、诉讼机制与调解机制的衔接缺乏科学性和多样性

在国际商事争议解决领域，构建"诉、仲、调"衔接的多元化争议解决机制具有重要意义，是消除国家合作中的商事冲突、创建良好营商环境的必然路径。以国际商事法庭、深圳国际仲裁院、上海国际仲裁中心、北京仲裁委员会、中国海事仲裁委员会、贸促会调解中心、上海经贸商事调解中心为争议解决主体的"一站式"国际商事争议多元化解决机制正在构建并完善，从现有法律规定来看，诉讼、仲裁和调解机制的衔接仍缺乏科学性与多样性。

（一）尚未明确调解机制能否融入国际商事法庭审理案件的过程

《国际商事法庭程序规则（试行）》规定，国际商事法庭受理案件后，应召集当事人（包括代理人）举行案件管理会议。在当事人同意调解的情况下，可以委托专家委员或贸促会调解中心、上海经贸调解中心进行调解。如果当事人不同意审前调解的，应确定诉讼程序时间表。《"一站式"平台工作指引（试行）》第 6～18 条进一步规定了当事人申请调解的程序、国际商事法庭委派/委托调解的职责、专家委员主持调解的要求、调解不成的处理及收

费办法。但上述规定没有明确能否在国际商事法庭审理案件过程中进行调解，如果可以，则调解主体是专业法官还是调解机构？相较而言，英国商事法院在审理争议时，鼓励当事人可以在诉讼过程的任意阶段申请替代性争议解决机制。该法院认为，将替代性争议解决机制融入商事法院，不仅有利于减少当事人成本，维护他们在商事领域的关系和声誉，还可以将争议分流至各解决机构，节约司法资源。这种灵活的诉讼程序开拓了不同于传统司法的争议解决方式。① 国际商事法庭审理的案件具有国际性和商事性，《民事诉讼法》第一编第八章是关于调解的规定，第四编是涉外民事诉讼程序的特别规定，但均尚未涉及审理国际商事案件过程中的调解程序。相应地，《国际商事法庭若干问题规定》《国际商事法庭程序规则（试行）》和《"一站式"平台工作指引（试行）》只包括国际商事法庭"立案前调解"和"受理案件后调解"，而对于在审理过程中能否进入调解程序，以及如何进入调解程序，现有法律文件尚未有相关规定。

（二）由调解机构作出的调解协议的申请司法确认的程序匮乏

《民事诉讼法》第 205 条为调解机构作出的调解协议申请司法确认提供了法律依据，但受理法院范围仅局限于当事人住所地、标的物所在地、调解组织所在地的基层人民法院和相应的中级人民法院。《国际商事法庭若干问题规定》第 12 条和第 13 条是有关诉讼与调解衔接的条款，前者明确国际商事法庭可以委派或委托商事专家委员和调解机构调解，后者则规定国际商事法庭可以针对调解协议制发调解书或判决书。依据《国际商事法庭程序规则（试行）》第 17 条和《"一站式"平台工作指引（试行）》第 16 条之规定，国际商事法庭似乎只能将审前调解达成的调解协议转化成调解书或判决书，却没有说明国际商事调解机构直接产生的调解协议应通过哪个机构转化成调解书或判决书。贸促会调解中心和上海经贸商事仲裁中心的调解规则规定调解协议可以向有管辖权的人民法院申请司法确认，但在"一站式"争议解决

---

① 王涛：《英国商事法院的司法实践》，载《人民法院报》2017 年 12 月 8 日，第 8 版。

平台中，上述调解机构能否直接请求国际商事法庭进行司法确认，现有司法解释尚未说明。

四、国际商事法庭对调解和仲裁的监督机制不完善

在"一站式"国际商事争议多元化解决机制的设计中，商事专家委员和部分调解机构可调解国际商事法庭受理的案件，但现有法律法规尚未明确规定国际商事法庭审查调解协议的条件和要求。另外，这些法律法规仅规定了部分国际商事仲裁机构在国际商事法庭申请财产保全、证据保全、行为保全、裁决撤销或执行等内容，却没有细化国际商事法庭对仲裁裁决的审查方式，且能够审查的仲裁裁决范围较窄。

（一）尚未明确规定调解协议的审查机制

对调解协议的司法确认程序是诉讼与调解衔接的内容之一，主要包括对人民法院调解的司法确认和对通过调解机构调解的司法确认。其中，前者是在人民法院受理案件后，认为法律关系明确、事实清楚，在征得双方当事人同意后进行的调解，其形式可以是人民法院调解或相关单位和个人协助人民法院调解。各方当事人达成调解协议后，人民法院通过制发调解书进行司法确认，在当事人签收后，调解书立即生效。后者是指通过人民调解委员会达成调解协议且当事人向人民法院申请司法确认的，人民法院应当对调解协议进行审查，确定其司法效力并作出确认决定书。在必要的情况下，人民法院有权要求双方当事人到场并陈述司法确认调解协议的相关情况，保证提供的证明材料具有合法性和真实性。而违反强制性法律规定、损害社会公序良俗、侵害案外人合法权益、内容不明确等是人民法院拒绝司法确认的情形。[①] 从上述规定来看，人民法院的调解由法院直接参与并主持调解，司法确认相对简单；人民调解委员会主持的调解，在司法确认时，人民法院需要审查调解协议的真实性和合法性。

---

① 详见《最高人民法院关于人民调解协议司法确认程序的若干规定》（法释〔2011〕5号）第6条、第7条。

在国际商事争议解决领域，如何将国际商事调解机制和国际商事法庭诉讼机制衔接，国际商事法庭如何对调解作出相应的司法确认，现有法律法规似乎对此没有明确规定。从《国际商事法庭若干问题规定》和《国际商事法庭程序规则（试行）》的内容来看，当事人通过审前调解达成调解协议的，国际商事法庭协调指导办公室或国际商事调解机构应在 3 个工作日内将材料交给案件管理办公室，国际商事法庭审查后制作并向当事人送达调解书，国际商事法庭也可以依据当事人要求制发判决书。上述规定确定了国际商事法庭的审查机制是对国际商事调解协议的重要监督方式，但是尚未细化对国际商事调解协议进行审查的具体方式，不能对国际商事法庭的审查提供法律依据。另外，如果未来增加直接调解并向国际商事法庭申请司法确认的规定，那么国际商事法庭怎样审查调解协议，具体审查调解协议的哪些内容，如何防止当事人为谋取不正当利益而进行的虚假调解，仍值得商榷。如果中国批准《新加坡调解公约》，国际商事法庭很可能成为国际商事和解协议的重要审查机构。在审查程序和内容方面，对于国际商事法庭对审前委托调解达成的和解协议与国际商事调解机构直接作出的和解协议，在审查方式上是否统一，如何设计审查内容，有待进一步探索。

（二）国际商事法庭对仲裁裁决的审查规定可能不利于执行

依据现有法律规定，司法机关可以受理涉外仲裁的财产保全、证据保全、行为保全以及裁决的撤销与执行。其中，关于财产保全，涉外仲裁机构应当向被申请人住所地或财产所在地的中级人民法院申请；关于证据保全，涉外仲裁机构应当向证据所在地的中级人民法院申请。[①]《民事诉讼法》第 289 ~ 292 条是关于申请涉外仲裁裁决执行的规定，即在当事人不履行仲裁裁决的情况下，另一方当事人有权向被申请人住所地或者财产所在地的中级人民法院申请执行。在人民法院对该仲裁裁决审查时，若被申请人提出证据证明仲裁裁决存在《民事诉讼法》第 291 条规定的情形，那么在人民法院组成合议

---

① 详见《最高人民法院关于人民法院执行工作若干问题的规定（试行）》（2020 年修正）第 12 条。

庭审查核实后，应裁定不予执行。在上述法律规定的基础上，国际商事法庭审查仲裁裁决的依据是《国际商事法庭若干问题规定》第 14 条、《国际商事法庭程序规则（试行）》第 34 ~ 35 条，以及《"一站式"平台工作指引（试行）》第 19 ~ 24 条。其中，《国际商事法庭若干问题规定》第 14 条明确规定符合条件的国际商事仲裁机构在仲裁程序中，当事人有权向国际商事法庭申请保全或撤销与执行仲裁裁决。《国际商事法庭程序规则（试行）》第 34 ~ 35 条进一步作出规定，即当事人申请保全或者撤销与执行裁决的，需要符合诉讼标的额为 3 亿元以上人民币或者有其他重大影响，但上述规定没有细化对指定仲裁机构裁决的审查方式。国际商事法庭作为中国法院体系的组成部分，应当依据《民事诉讼法》第 291 条规定对涉外仲裁裁决进行审查，但是也要考虑中国法院对仲裁裁决进行实体审查的惯例。从《国际商事法庭若干问题规定》对国际商事法庭确定的管辖范围来看，国际商事法庭仅审查指定国际商事仲裁机构审理案件时当事人申请的保全和仲裁裁决的撤销或执行，而将其他仲裁机构以及以其他形式作出的仲裁裁决排除在外。因此，国际商事法庭审查的仲裁裁决范围较窄，尚未充分将国际商事仲裁机制与国际民事诉讼机制相衔接。

第四节　"一站式"国际商事争议多元化解决机制的完善

中国构建"一站式"国际商事争议多元化解决机制的目标之一是为商事主体提供国际化、公正、高效且多样性的争议解决方式。从国际民事诉讼领域来看，《选择法院协议公约》《承认与执行外国民商事判决公约》的实施能够促进国家间民商事判决的承认与执行。从国际商事仲裁的角度来看，全球大部分国家和地区的国际商事仲裁裁决能够依据《纽约公约》予以跨境执行。从国际商事调解的角度来看，《新加坡调解公约》生效后，可使因调解产生的国际商事和解协议获得强制执行力，并要求公约当事方执行上述和解协议。在此背景下，中国构建的"一站式"国际商事争议解决平台，未来可期。① 因此，应当以公正高效地解决诉讼争议、充分发挥跨境仲裁之中立优势以及构建多层次多领域的调解解决纠纷体系为宏观指导，② 协调国际商事争议多元化解决机制与《新加坡调解公约》相对接，进一步扩大"一站式"国际商事争议多元化解决机制的机构范围，细化"诉、仲、调"机制的衔接，完善国际商事法庭对仲裁和调解的监督机制。

一、国际商事争议多元化解决机制与《新加坡调解公约》的对接

《新加坡调解公约》适用于经过调解产生的和解协议，而协议形成的前提是调解员作为中立方介入。依据该公约第2（3）条规定，调解程序应当在一名或多名第三人协助下进行，他们无权对当事人强加解决方式，而是由当事人友好地解决争议。同时，《新加坡调解公约》将当事人在法院诉讼过程中自主产生的和解协议排除在适用范围外。为保证中国"一站式"国际商事争议多元化解决机制顺利运行，不阻碍未来通过此机制形成的调解协议能够依据《新加坡调解公约》在其他国家得到承认与执行，笔者建议在剖析《新加坡调解公约》相关内容的基础上，完善有关国际商事法庭的司法解释，为"一站式"国际商事争议多元化机制下产生的调解协议之承认与执行提供便利。

如前所述，《新加坡调解公约》第1（3）（a）条将由法院批准或是在诉讼程序中订立的和解协议以及被法院所在国作为判决执行的和解协议排除在该公约的适用范围之外，从而避免和解协议被作为判决且依据被请求国法律而无法执行的情况。③ 是以，本条款的制定目的是限缩《新加坡调解公约》

---

① 薛源、程雁群：《以国际商事法庭为核心的我国"一站式"国际商事纠纷解决机制建设》，载《政法论丛》2020年第1期，第158－159页。

② 徐光明：《"一带一路"背景下商事纠纷的多元化解决》，载《人民法院报》2017年9月15日，第5版。

③ 孙巍编：《〈联合国关于调解所产生的国际和解协议公约〉立法背景及条文释义》，法律出版社2018年版，第15页。

的适用范围，使其尽量避免与《选择法院协议公约》《承认与执行外国民商事判决公约》产生适用冲突。① 而究竟如何理解"经法院批准"或"在诉讼程序中订立"，是判断"一站式"国际商事争议多元化解决机制产生的调解协议能否适用《新加坡调解公约》的重点。依据《国际商事法庭若干问题》和《国际商事法庭程序规则（试行）》的规定，当事人在向国际商事法庭起诉时，该法庭在立案前会审查原告填写的《审前分流程序征询意见表》，如果原告同意在庭审前调解，则该法庭会进行登记、编号，暂不收取案件受理费。在被告收到起诉材料且同意进行调解时，由商事专家委员或国际商事调解机构进行调解，待当事人达成调解协议后，将所有资料提交给国际商事法庭案件管理办公室，并由国际商事法庭制发调解书或判决书。由此，按照上述规定适用"一站式"国际商事争议多元化解决机制而产生的调解协议，可能因"经法院批准"或"被国际商事法庭作为判决执行"而无法在未来通过《新加坡调解公约》得到承认与执行。对于此问题，部分学者认为，中国的司法确认程序不属于《新加坡调解公约》第 1（3）（a）条排除的事由，法院对和解协议的确认属于"备案"行为，且法院能否受理的标准与该公约第 1（2）条相一致。② 笔者认为，关于调解协议的审查机制，《新加坡调解公约》确立的是直接审查机制，中国的司法确认程序无论是备案机制还是其他机制，规定得都比较模糊。因此，建议修改现行司法解释的相关内容，具体包括以下两个方面。

其一，明确审前调解并非诉讼程序的一部分。《新加坡调解公约》第 1（3）（a）条将在司法过程中订立的协议排除在适用范围外。在中国，"先行调解"主要是指"调解优先于立案"和"调解优先于诉讼"的程序性安

---

① 联合国国际贸易法委员会：《"国际商事调解：拟订关于调解所产生国际商事和解协议执行的文书"秘书处说明（2017 年 10 月 2 日至 6 日，维也纳）》，载联合国网，https://undocs.org/zh/A/CN.9/WG.II/WP.202，访问时间：2022 年 3 月 22 日。

② 杨秉勋：《再论〈新加坡调解公约〉与我国商事调解制度的发展》，载《北京仲裁》2020 年第 1 辑，第 115－117 页。

排。① 关于对国际商事法庭诉讼程序的法律判断，《国际商事法庭程序规则（试行）》第二章规定了审理程序，明确要求在当事人向国际商事法庭提起诉讼且法庭受理案件后，才可以进入诉讼程序。依据《国际商事法庭程序规则（试行）》第12~18条的规定，在原告起诉且同意调解时，国际商事法庭不予立案并将相关材料向被告送达，② 如果被告也同意调解，则由双方共同选择商事专家委员或调解机构进行调解。《"一站式"平台工作指引（试行）》第9条强调了立案前委派调解和受理案件后委托调解。对此，应当理解为，国际商事法庭在受理案件前，须征求当事人的意见，并在他们同意调解的情况下，将纠纷转移至商事专家委员调解。该法庭受理案件后，当事人愿意调解的，该法庭联络调解机构并委托调解。前述两种方式下，形成的调解协议不能被视为"在诉讼程序中签订"。

其二，建议在未来批准《新加坡调解公约》后，修改《国际商事法庭程序规则（试行）》第24条和《"一站式"平台工作指引（试行）》第16条之规定，赋予当事人申请承认与执行调解协议或判决的选择权，充分尊重当事人意思自治。目前，《国际商事法庭程序规则（试行）》第24条要求商事专家委员和国际商事调解机构在调解结束并达成调解协议后，将调解协议和相关材料交至案件管理办公室，由国际商事法庭将调解协议转化成调解书或判决书。由于《国际商事法庭程序规则（试行）》发布之时，《新加坡调解公约》尚未制定完成，而彼时调解协议在外国承认与执行的途径之一是将其转化成具有强制执行力的判决书，因此上述条款的目的是通过文书转化赋予调解协议强制执行力，使得当事人可以通过互惠原则、双边司法协助条约进行承认与执行。若未来中国批准《选择法院协议公约》和《承认与执行外国民商事判决公约》，将为调解协议的承认与执行打开"多边公约之门"。随着国际商事调解机制的快速发展，关于调解协议承认与执行的专门性多边公约即

---

① 龙飞：《多元化纠纷解决机制促进法研究》，中国人民大学出版社2020年版，第189页。
② 《国际商事法庭程序规则（试行）》第12条规定："国际商事法庭对符合民事诉讼法第一百一十九条规定条件的起诉，且原告在填妥的《审前分流程序征询意见表》中表示同意审前调解的，予以登记、编号，暂不收取案件受理费；原告不同意审前调解的，予以正式立案。"

《新加坡调解公约》应运而生。至此，该公约与《纽约公约》《选择法院协议公约》《承认与执行外国民商事判决公约》共同构成调解、仲裁和诉讼相衔接的全球执行框架。① 未来中国批准《新加坡调解公约》后，由于《国际商事法庭程序规则（试行）》和《"一站式"平台工作指引（试行）》要求将第三方调解协议转化为调解书或判决书，可能会与《新加坡调解公约》第1（3）（a）条的"经法院批准"或"被国际商事法庭作为判决执行"产生冲突，进而导致该公约无法适用。因此，建议未来修改《国际商事法庭程序规则（试行）》第24条和《"一站式"平台工作指引（试行）》第16条之规定，赋予当事人选择权。如果当事人选择依据《新加坡调解公约》将调解协议在外国予以承认与执行，则无须将调解协议交至国际商事法庭，而是可以直接依据公约进入调解协议承认与执行程序；如果当事人选择依据互惠原则、双边司法协助条约以及未来可能批准的多边公约进行承认与执行，则将调解协议通过国际商事法庭转化成调解书或判决书。

二、适当扩大"一站式"国际商事争议解决机构和人员的范围

目前，纳入"一站式"国际商事争议解决平台的仲裁机构仅包括十个国内的商事争议解决机构。虽然它们每年审理大量的国际商事争议，但总体上看，更多的当事人会选择国际商会仲裁院、伦敦国际仲裁院、新加坡国际仲裁中心、香港国际仲裁中心和斯德哥尔摩商会仲裁院对争议进行仲裁，毕竟当事人更倾向于从宏观方面看待仲裁机构的优劣性，诸如对仲裁机构的一般声誉和认可度、高水平管理、机构的先前经验和中立性、仲裁员质量等，而不是仅仅衡量仲裁机构的某些特定方面。② 例如，国际商会仲裁院在审理国

---

① 刘晓红、徐梓文：《〈新加坡公约〉与我国商事调解制度的对接》，载《法治社会》2020年第3期，第53页。

② Paul Friedland & Stavros Brekoulakis, 2018 International Arbitration Survey: The Evolution of International Arbitration, Accessed Mar. 22, 2022, http://www.arbitration.qmul.ac.uk/media/arbitration/docs/2018 – International – Arbitration – Survey – – – The – Evolution – of – International – Arbitration – （2）.pdf.

际商事争议时，会考虑该地区的特定需求和偏好（如诉讼的语言），同时还要确保向任何国家和地区的当事人提供相同质量标准的服务。就我国而言，由于与国际商事法庭对接的国际商事调解机构、国际商事仲裁机构的数量较少，所以为实现"一站式"国际商事争议多元化解决机制的顺利运行，笔者建议，应适当扩大争议解决机构和工作人员的范围。

（一）将自贸区纳入的境外仲裁机构与国际商事法庭衔接

自贸区法治建设具有先行先试的特色，2015 年 4 月发布的《国务院关于印发进一步深化中国（上海）自由贸易试验区改革开放方案的通知》（国发〔2015〕21 号），明确提出优化自贸区仲裁规则，支持国际著名商事争议解决机构入驻。2015—2017 年，国际商会仲裁院、香港国际仲裁中心、新加坡国际仲裁中心、大韩商事仲裁院已经在上海自贸区设立代表处。[1] 2019 年11 月，上海市司法局印发《境外仲裁机构在中国（上海）自由贸易试验区临港新片区设立业务机构管理办法》，明确境外仲裁机构可在上海自贸区临港新片区设立业务机构。[2] 2020 年 12 月，北京市司法局印发《境外仲裁机构在中国（北京）自由贸易试验区设立业务机构登记管理办法》（京司发〔2020〕91 号），明确境外仲裁机构通过登记可以在自贸区内设立业务机构并开展关于国际商事、投资等领域的仲裁业务。[3] 如果满足《国际商事法庭若干问题规定》《国际商事法庭程序规则（试行)》和《"一站式"平台工作指引（试行)》中关于国际商事法庭支持仲裁解决争议条件的，可以将在自贸区内的境外仲裁机构与国际商事法庭衔接，这不仅能够完善该自贸区的法律服务机制，还可以作为丰富"一站式"国际商事争议多元化解决机制的重要路径之一。

---

① 刘晓红、冯硕：《制度型开放背景下境外仲裁机构内地仲裁的改革因应》，载《法学评论》2020 年第 3 期，第 130 页。

② 兰天鸣：《境外仲裁机构可在上海自贸区临港新片区设立业务机构》，载中国政府网，http：//www. gov. cn/xinwen/2019 – 11/08/content_5450236. htm，访问时间：2022 年 3 月 23 日。

③ 详见《境外仲裁机构在中国（北京）自由贸易试验区设立业务机构登记管理办法》第 2 条、第 3 条。

随着我国国际商事争议解决机制的不断发展，将更多国际著名仲裁机构纳入"一站式"国际商事争议解决平台，可以实现外国仲裁机构也能向国际商事法庭申请保全以及裁决撤销与执行的目标。《国际商事法庭若干问题规定》第14条、《国际商事法庭程序规则（试行）》第34～35条以及《"一站式"平台工作指引（试行）》第19～24条规定是关于国际商事法庭支持仲裁解决争议的内容，主要包括申请保全等临时措施、仲裁裁决的撤销或执行等。在申请保全方面，自贸区相关规定已经表明可以向司法机构申请，例如《中国（上海）自由贸易试验区临港新片区总体方案》指出，在境外仲裁机构进行仲裁时，支持当事人申请财产保全、证据保全、行为保全等临时措施。关于仲裁裁决的承认与执行，需要明确仲裁裁决的性质。外国仲裁机构在中国仲裁的形式包括两种，即外国仲裁机构在中国设立代表处或外国仲裁机构直接将仲裁地设定为中国。将仲裁地约定在中国时，仲裁裁决的效力以及是否能被中国承认与执行，主要取决于对仲裁裁决性质的认定，即裁决是外国仲裁裁决①、国内仲裁裁决②，还是涉外仲裁裁决③。如何判断仲裁裁决属于上述哪种裁决，中国国内法的判断标准与《纽约公约》的标准存在差异，其中前者以仲裁机构所在地为判断标准，后者以仲裁地为判断标准。假设外国仲裁机构在中国作出判决，则该判决既不能被认定为国内判决并予以强制执行，也因无法满足《纽约公约》的规定而难以被承认与执行。

在法律体系中，仲裁地是仲裁活动与具体法域进行联系的重要因素，其往往决定了仲裁效力准据法、仲裁程序适用的法律，以及仲裁地所属法院是否具有撤销仲裁裁决的权力。④ 因此，日后为引入更多国际仲裁机构来与国际商事法庭相衔接，建议将《仲裁法》中关于以仲裁机构所在地为标准的规定改为以仲裁地为判断标准，同时以法律的形式明确认可外国仲裁机构在中

---

① "外国仲裁裁决"是指由外国仲裁机构作出的裁决，其是通过《纽约公约》或互惠原则在我国得到承认与执行。

② "国内仲裁裁决"是指由我国各地仲裁委员会与涉外仲裁委员会作出的没有涉外因素的裁决。

③ "涉外仲裁裁决"是指由我国涉外仲裁委员会与国内仲裁委员会作出的具有涉外因素的裁决。

④ Gary B. Born, *International Arbitration: Law and Practice*, Wolters Kluwer, 2016, p. 37.

国的仲裁效力。若以仲裁地作为认定仲裁裁决性质的判断标准,那么自贸区内境外仲裁机构作出的判决可以被认定为本国作出的涉外裁决,以方便其承认与执行。

(二) 扩大与国际商事法庭对接的调解机构范围

与诉讼和仲裁机制相比,调解机制之减少分歧、求同存异的价值理念能够更好地平衡双方利益。另外,调解机制更加高效且简单易行,当事人之间不存在明显的胜诉与败诉,大部分商事主体在调解完毕后都会存在某种程度的满意感。但目前只有贸促会调解中心和上海经贸商事调解中心被纳入"一站式"国际商事争议解决平台,数量较少,当事人只能在有限的调解机构中选择调解员进行调解,调解机构多元化的目的不能实现。因而,笔者认为,在构建"一站式"国际商事争议多元化解决机制的过程中,有必要将更多的国际商事调解机构与我国的国际商事法庭进行衔接。

其一,将一带一路国际商事调解中心与国际商事法庭对接。该中心隶属于北京融商一带一路法律与商事服务中心,旨在推动创建以调解为主要方式的"一带一路"国际商事争议解决平台,打造具有中国特色的一带一路国际商事调解中心及互联网调解系统。截至2024年3月,一带一路国际商事调解中心在国内外设立了110个调解室,还与各国商事、法律等机构签订合作协议,推动国际社会"线上 + 线下"调解的联动。在诉讼与调解对接方面,一带一路国际商事调解中心与北京市第一中级人民法院和北京市第四中级人民法院率先开展诉调对接工作,同时还与多个自贸区及高新区法院衔接,形成诉调对接体系。在国内调解和国际调解对接方面,一带一路国际商事调解中心与马来西亚调解中心签约设立吉隆坡调解室,并与俄罗斯工业企业联合会下属仲裁中心、调解中心签订合作协议等。截至2020年7月31日,一带一路国际商事调解中心共受理涉外案件2337件,调解成功1149件,调解结案成功率为58%。① 国际商事法庭是"一带一路"国际商事争议解决平台的重

---

① 解丽:《北京成立一带一路国际商事调解中心》,载《北京青年报》2020年8月11日,第4版。

要机构之一，为支持便利、快捷、低成本地解决"一带一路"国际商事争议，须建立诉讼与仲裁、调解有效衔接的多元化争议解决机制。一带一路国际商事调解中心作为服务于"一带一路"建设的调解机构，应当与国际商事法庭之诉讼机制衔接，成为"一站式"国际商事争议多元化解决机制的重要组成部分。

其二，将境外国际商事调解机构与国际商事法庭对接。该法庭承担审查境外国际商事调解机构作出的和解协议是否能够被承认与执行的职责，相较于纳入国际商事仲裁机构，将国际商事调解机构与国际商事法庭衔接不存在较大的法律阻碍。[1]《新加坡调解公约》的生效为多元化争议解决开辟了一条新的路径，即因调解产生的国际和解协议能够依据此公约获得跨国承认和执行。目前中国已经签署《新加坡调解公约》且正在研究该公约的批准以及与国内法对接的问题，待中国批准该公约后，未来会有国际商事和解协议将在中国申请执行的情况，国际商事法庭可以承担审查和解协议的职责。对此，笔者建议，"一站式"国际商事争议多元化解决机制可以将我国香港地区的香港调解会以及国际商会 ADR 中心、美国司法仲裁调解服务有限公司、新加坡国际调解中心、英国有效争议解决中心等著名调解机构纳入国际商事调解机构的范围。在国际商事法庭受理国际商事争议且当事人同意调解时，当事人可以选择上述国内外的调解机构进行调解，之后依据《新加坡调解公约》的相关规定获得中国承认与执行，具体审查内容则由国际商事法庭负责。值得注意的是，《新加坡调解公约》第 1 (3) (a)条将由法院批准或在诉讼程序中订立的和解协议，以及在该法院所在国作为判决执行的和解协议，均排除在公约适用范围外。实际上，《新加坡调解公约》要求和解协议由调解产生，即争议主体在第三人协助下达成友好的和解协议，其中并不包括法官担任调解员的情况，原因在于避免法官给当事人施加压力而产生和解协议，但如果是法官以外的其他人在诉讼期间调解争议，由此产生的和解协议仍适用

---

[1] 冯汉桥、沈旦：《国际商事法庭诉讼与仲裁、调解衔接机制的完善》，载《怀化学院学报》2020 年第 2 期，第 76 页。

公约。① 因此，中国批准《新加坡调解公约》后，可以将部分由境外调解机构作出的和解协议交由国家商事法庭审查。

（三）扩大"一站式"国际商事争议多元化解决的工作人员范围

目前被纳入"一站式"国际商事争议解决平台的机构包括国际商事法庭、国际商事专家委员会以及前文提到的首批被纳入"一站式"国际商事争议多元化解决的仲裁机构和调解机构，涉及的工作人员包括国内资深法官、国内外商事专家、各国仲裁员和调解员。通过前文分析可以发现，国际商事法庭法官和国际商事调解机构调解员的范围相对较窄，关于扩大国际商事法庭法官范围的问题已经在本书第一章第三节有所论述，在此不再赘述。本部分仅建议适量增加国际商事调解机构中的外籍调解人员，以保证国际商事调解人员的职业多样化。

目前，贸促会调解中心和上海经贸商事调解中心的调解员名册中的外籍商事调解员较少，当事人只能在现有名册中挑选调解员，不能满足当事人对调解员多元化的需求。因此，可以考虑增加贸促会调解中心和上海经贸商事调解中心调解员名册中的外籍调解员。贸促会调解中心分别与美国、英国、德国、瑞典、加拿大等多个国家和地区的相关机构建立了合作关系，同时建立了中美商事调解中心、中意商事调解中心、中韩商事争议解决中心等。而上海经贸商事调解中心也先后与新加坡调解中心、英国有效争议解决中心、欧盟 AIA 调解机构等建立了战略合作关系。另外，可以尝试将上述与中国有合作关系的机构中的部分调解员及相关专家纳入"一站式"国际商事争议调解机构，以满足中外当事人对调解员的多元化需求。

国际商事调解机构的调解员可以由退休法官、仲裁员、律师、学者以及相关领域的专家担任。根据聘用期限不同，调解员可以分为常任调解员、特邀调解员和临时调解员等。调解机构的调解员一般为常任调解员，根据需要

---

① Timothy Schnabel, *The Singapore Convention on Mediation: A Framework for the Cross-Border Recognition and Enforcement of Mediated Settlements*, Pepperdine Dispute Resolution Law Journal, Vol. 19, 2019, p. 17.

也可以聘用特邀调解员和临时调解员，并确定调解员人数。《国际商事法庭若干问题规定》只是将国际商事专家委员会、贸促会调解中心和上海经贸商事调解中心作为与国际商事法庭衔接的调解机构，但是没有明确将法律服务工作者等纳入其中。《最高人民法院、司法部关于开展律师调解试点工作的意见》（司发通〔2017〕105 号）明确将北京、黑龙江、上海、浙江、安徽、福建、山东、湖北、湖南、广东、四川等地作为试点，发挥律师在预防和化解争议中的专业、职业和实践优势，健全完善律师调解制度，推动形成具有中国特色的多元化争议解决体系。在"一站式"国际商事争议解决平台建设方面，只有国际商事调解机构与国际商事法庭相衔接，律师调解不包括在内。笔者认为，涉外商事律师熟悉专业知识且经验丰富，应当集中全国优秀的涉外商事律师，成立国际商事律师调解协会，并将此协会与国际商事法庭对接，为中外当事人提供更加公正、高效、便捷的法律服务。

三、细化诉讼与调解机制的衔接

在国际商事争议解决领域，当事人在国际商事法庭审理案件前，有权委托商事专家委员或被纳入"一站式"国际商事争议解决的调解机构进行调解，但是尚未明确在国际商事法庭审理案件过程中，当事人是否可以要求进入调解程序，也没有涉及直接由国际商事调解机构作出的调解协议是否能向国际商事法庭申请司法确认等。另外，在当事人向国际商事法庭提起诉讼后，究竟是否委托商事专家委员或国际商事调解机构调解，只能凭借当事人的心理预估，而缺少专业的法律分析和判断。因此，笔者建议，在国际商事法庭审理过程中，设立调解返回机制，以及增加直接调解向国际商事法庭申请司法确认的规定。

（一）增加国际商事法庭审理过程中的调解返回机制

《民事诉讼法》第 96 条已经确定了调解原则，即人民法院在审理案件时，应根据当事人的意愿进行调解。在"一站式"国际商事争议多元化解决机制构建过程中，应将调解机制与诉讼机制相融合，从国际商事法庭开始受理争议至判决书送达前，各方当事人均可以依据意思自治进行调解。有学者提出，国际商事法庭运行的本质是"仲裁化"的诉讼，[①] 当事人的意思自治贯穿于整个审判过程。因此，结合该观点，笔者建议，国际商事法庭应遵循《民事诉讼法》第 96 条规定的调解原则，在总结争议焦点、厘清基本事实后，应当允许当事人选择调解机制来解决争议，提高办案效率；同时，《国际商事法庭程序规则（试行）》和《"一站式"平台工作指引（试行）》可以在审判过程中，增加依据当事人意思自治调解的程序。具体而言，当事人在判决书作出前，有权依据自己的意愿并通过书面形式请求法院对争议进行调解，在其他当事人同意后，法官要求当事人选择调解的具体类型，即由国际商事法庭的法官进行调解，由与国际商事法庭衔接的国际商事调解机构进行调解，以及国际商事法庭法官协助国际商事调解机构进行调解。其中，在第一种调解类型下，双方当事人通过法官调解达成调解协议，法庭作出调解书，其主要内容包括当事人的诉讼请求、案件事实和调解结果；在第二种调解类型下，国际商事法庭协助选择调解机构并进行调解，调解成功且达成调解协议的，国际商事法庭依据该协议制发调解书，也可以在当事人的要求下制作判决书；在第三种调解类型下，法官要求当事人在调解员名册中选择一至三名调解员，由审理法官与被选择的调解员共同完成调解工作。无论通过上述哪种方式进行调解，在调解失败时，均可继续进行诉讼。为防止当事人以调解名义故意拖延诉讼程序，建议限制调解次数，即审前调解和审理过程中的调解次数各为一次。另外，《国际商事法庭程序规则（试行）》第 17 条规定审前调解期限一般不超过 20 个工作日，但是缺乏审理过程中调解适用的期限，因此为避免当事人滥用调解程序或者调解时间过长，可以将审理过程中的调解期限也规定为 20 个工作日，以保证与审前调解时间相一致。

---

① 卜璐：《"一带一路"背景下我国国际商事法庭的运行》，载《求是学刊》2018 年第 5 期，第92 页。

（二）增加直接调解向国际商事法庭申请司法确认的规定

现有规定在强化人民调解协议法律效力的同时，制约了其他类别调解组织的发展。专业性较强的领域设立的调解机构主持调解，其达成的协议同样具有化解矛盾的作用，如果获得司法确认，将获得更有力的司法保障。① 中国在国际商事争议解决领域的具体解决方式包括诉讼、仲裁和调解。依据《国际商事法庭若干问题规定》《国际商事法庭程序规则（试行）》和《"一站式"平台工作指引（试行）》的相关内容，最高人民法院旨在将国际商事争议解决机制进行融合，以发挥国际商事法庭在诉讼与非诉讼争议解决机制方面的积极衔接作用，促进各种争议解决机制协调发展。目前，中国的国际商事争议解决机制尚未很好地融合，当事人直接通过国际商事调解机构作出的调解协议不能直接在国际商事法庭申请强制执行，这是"一站式"多元化争议解决机制的缺失，也不利于维护当事人自愿选择争议解决的权利。

因此，建议增加当事人直接通过国际商事调解机构作出的调解协议向国际商事法庭申请司法确认的内容，理由如下所述。其一，直接将国际商事调解机构作出的调解协议向国际商事法庭申请司法确认，既有利于避免国际商事法庭在诉讼机制运行过程中产生烦琐的委托调解程序，也能在一定程度上节约司法资源。只有各方当事人认为存在调解可能性的情况下，才会选择调解机制。对当事人而言，选择调解机制解决争议的程序具有便捷、耗时短、花费少、保密性强等特点，甚至可以继续维护当事人之间的商事关系。对国际商事法庭而言，在符合法律规定的情况下，其无须进行诉讼程序，而是可以直接对国际商事调解机构作出的调解协议进行司法确认，这不仅节省了大量司法资源，而且可以进一步增强调解机制和诉讼机制的衔接程度，以供当事人自主选择。同时，这也是为中国批准《新加坡调解公约》做好完善国内规定的准备，不仅境外商事调解机构作出的调解协议可以向国际商事法庭申请司法确认，国内符合条件的国际商事调解机构作出的调解协议也可以向国

---

① 龙飞：《多元化纠纷解决机制促进法研究》，中国人民大学出版社 2020 年版，第 196 - 197 页。

际商事法庭申请司法确认，以实现司法公正。其二，促使国际商事法庭的诉讼和调解机制的衔接模式与中国国内法律相协调。《中华人民共和国人民调解法》已经确认人民调解委员会作出的调解协议可以由当事人向人民法院确认效力。《多元化纠纷解决机制改革意见》和《最高人民法院关于建设一站式多元解纷机制一站式诉讼服务中心的意见》（法发〔2019〕19号）中明确强调，要加强人民法院和调解组织的衔接，经调解组织达成的调解协议，可以向人民法院申请确认协议效力。需要注意的是，国际商事调解机构作出的所有调解协议并非均由国际商事法庭进行司法确认，因此建议在《国际商事法庭若干问题规定》和《国际商事法庭程序规则（试行）》中将国际商事调解机构直接作出的调解协议纳入司法确认范围，其条件可以与国际商事法庭支持仲裁解决争议的条件保持一致，即诉讼标的额为3亿元以上人民币或案件具有其他重大影响。将国际商事调解机构作出的调解协议通过国际商事法庭予以司法确认或强制执行，形成调解与诉讼机制相衔接的模式，进一步发挥多元化争议解决机制的功能。

四、完善国际商事法庭对仲裁和调解的监督机制

"一站式"国际商事争议多元化解决机制强调诉讼、仲裁和调解的有机衔接，将三种争议解决程序进行融合，有利于服务国际商事主体。有学者认为，三种机制的有机融合以诉讼为核心，国际商事仲裁机构和国际商事调解机构可被视为国际商事法庭审理案件的延伸。但从《国际商事法庭若干问题规定》《国际商事法庭程序规则（试行）》和《"一站式"平台工作指引（试行）》的内容来看，目前缺少国际商事法庭审查国际商事调解协议和国际商事仲裁裁决的具体规定，对此，笔者建议，应当进一步细化，以保证争议解决的程序具备公正性。

（一）细化国际商事法庭对调解协议审查的规定

现有法律规定尚未明确国际商事法庭审查调解协议的具体程序，只能依据《民事诉讼法》第206条判断裁定和调解协议是否有效，但该条尚未明确

人民法院对调解协议审查的形式。在司法实践方面，人民法院对调解协议的审查采取"形式审查＋实质审查"模式。人民法院受理针对当事人调解协议的司法确认申请后，由审判人员对调解协议进行形式审查，并在符合条件的情况下，作出确认裁定；如果案情复杂或者诉讼标的额较大，人民法院应当对调解协议予以实质审查。对于国际商事法庭委托的调解，由于通过国际商事调解机构达成的调解协议是当事人意思自治的体现，充分尊重了当事人对争议解决结果的意见，所以国际商事法庭对国际商事调解协议应当以形式审查为原则，严格审查国际商事调解机构及其调解程序的合法性，适当审查调解协议内容的合法性。[①] 为方便国际商事法庭对调解协议的实质性审查，建议明确其具体审查范围，即是否违反国内法强制性规定、是否侵害国家利益和社会公共利益等。

由于国际商事法庭并未参与整个商事调解过程，几乎不了解争议及调解情况，所以在对国际商事调解机构直接作出的调解协议进行审查时，应当注意虚假调解的情形。根据《最高人民法院关于防范和制裁虚假诉讼的指导意见》（法发〔2016〕13号）的规定，虚假调解是指以规避法律法规、国家政策且获取非法利益为目的，当事人借用合法的商事调解程序虚构争议事实或恶意串通，损害国家利益、社会公共利益或第三方合法权益的活动。由此可知，国际商事法庭对国际商事调解机构直接作出的调解协议进行司法审查应是预防虚假调解的重点，所以笔者建议以《民事诉讼法》对恶意诉讼、仲裁和调解的规定为基础，进一步研究虚假调解之认定。最初，司法确认的调解协议仅包括人民调解，其主要原因之一就是担心虚假调解行为的发生。人民调解协议涉及的争议主体为公民，此类争议即使存在虚假调解，纠错成本和风险也较小。在商事调解过程中，如果案涉标的额较大且存在虚假调解，法院司法确认时没有审查出来，则可能导致法院承担司法确认裁定错误的后果，即此风险转嫁至法院。[②] 因此，在国际商事法庭受理争议后，法官应对全部

---

① 范愉：《非诉讼程序（ADR）教程》，中国人民大学出版社2016年版，第16页。
② 龙飞：《多元化纠纷解决机制促进法研究》，中国人民大学出版社2020年版，第197页。

案卷材料进行研究，向当事人告知虚假调解时应当承担的法律后果，并让他们签订保证调解真实性的书面声明。在庭审过程中，国际商事法庭的法官审查相关证据，并针对调解协议的相关内容询问当事人，以保证程序的规范性；如果发现存在虚假调解，则驳回诉讼请求，甚至采取拘留、罚款等措施。

（二）确认对仲裁裁决进行形式审查且扩大司法审查范围

在国际商事争议解决领域，虽然仲裁机制起着举足轻重的作用，但仍然不能满足全部商事主体的需求。因此，有必要加强诉讼机制与仲裁机制的融合，建立二者之间的衔接机制，以充分发挥它们在"一站式"多元化争议解决机制中的作用。具体而言，国际商事法庭应当加大对国际商事仲裁的支持，在尊重仲裁发展规律的同时，予以适度监督，防止仲裁的独立性和中立性被破坏，以协调二者之间的衔接关系。通常情况下，关于国际商事仲裁裁决的承认与执行，有管辖权的法院对国际仲裁裁决只进行形式审查，[1] 以维护当事人的意思自治。相应地，依据《民事诉讼法》第 248 条规定，国际商事法庭对符合条件的仲裁机构的裁决依然采用形式审查模式，即判断当事人之间是否存在仲裁条款、仲裁机构是否尽到通知义务、仲裁程序是否合法、仲裁事项是否超出仲裁范围以及仲裁裁决的执行是否会违背社会公共利益等。由于当事人选择国际商事仲裁机制解决争议的主要缘由是其"一裁终局"的特征，所以程序监督在仲裁公正性和终局性的价值中更倾向于终局性。国际商事法庭对国际仲裁裁决进行形式审查时，应谨慎适用利益条款，为更高效地解决争议提供保障。

另外，建议将临时仲裁裁决纳入国际商事法庭的司法审查范围。临时仲裁是通过当事人协议约定、创设临时程序或使特定仲裁规则得到适用的仲裁形式，当事人还可以约定一切与仲裁审理相关的事宜。[2] 临时仲裁是机构仲裁产生的基础，且更能体现仲裁制度的民间性与意思自治性，但中国国内法仅规定了机构仲裁的内容，而将临时仲裁排除在外。广东省珠海市横琴新区

---

① 赵相林主编：《国际私法》，法律出版社 1999 年版，第 400 页。
② 李广辉、林泰松：《仲裁法学》，中国法制出版社 2019 年版，第 167 页。

管理委员会和珠海仲裁委员会结合中国仲裁机制发展和该自贸区的自身情况，于 2017 年 3 月联合发布了《横琴自由贸易试验区临时仲裁规则》，有利于进一步促进中国临时仲裁的发展。依据《纽约公约》第 1（2）条，仲裁裁决不仅包括常设仲裁机构作出的裁决，还包括当事人选择的仲裁员所作的裁决。中国作为《纽约公约》的成员方，在符合其他条件的情况下，承认与执行临时仲裁裁决。从国内法角度看，《民事诉讼法司法解释》第 543 条也承认了临时仲裁裁决的可执行性。因此，笔者建议，增加对临时仲裁裁决进行审查监督的规定，扩大"一站式"多元化争议解决机制的范围。

|| 第五章 ||

国际商事专家委员会的运行

为保证国际商事法庭工作人员国籍的多样化，最高人民法院设立了国际商事专家委员会。该委员会是中国司法系统中的首个委员会，也是唯一由外国专家参与且服务于最高人民法院的委员会。国际商事专家委员会的成员是由来自普通法系国家和大陆法系国家的退休法官、仲裁员、执业律师、学者等权威专家组成的。商事专家委员的职责主要包括三个方面，即承担调解任务，协助国际商事法庭和各级人民法院查明外国法律，以及就国际商事法庭规则的完善和最高人民法院的司法解释提出建议。设立国际商事专家委员会，能够更加体现国际商事法庭的国际性质，提高国际商事法庭运行的透明度和公正性，吸引更多当事人选择该法庭来解决争议。不可否认的是，目前国际商事专家委员会设立的初衷与效果有些不成正比，该委员会尚未发挥出其应有的作用。因此，建议在对国际商事专家委员会定位的基础上细化《国际商事法庭若干问题规定》《国际商事法庭程序规则（试行）》《国际商事专家委员会工作规则（试行）》等相关内容，保证商事专家委员行使职责的法律依据具有可操作性，提高各国对国际商事专家委员会的信任程度。

第一节 国际商事专家委员会的构成及职能

通过国际商事专家委员会，在国际商事领域中挑选不同法律背景、地理位置、实践领域等的专家，可以体现国际商事法庭运行的多元化、中立性和专业性。依据国际商事法庭的相关规定和国际商事专家委员会的工作规则，商事专家委员的职责包括调解商事争议、帮助解释或澄清国际商事交易规则、就域外法内容和适用提供专家意见，以及对国际商事法庭的发展计划、司法解释或政策提出意见。国际商事专家委员会是"一带一路"建设中的重要创新机制，对促进多元化争议解决具有重要意义，也是最高人民法院构建"一站式"争议解决平台的重要组成部分。

一、国际商事专家委员会设立的缘由

最高人民法院将国际商事法庭、部分国际商事调解机构和国际商事仲裁机构作为国际商事争议解决机制的组成部分，同时设立国际商事专家委员会，负责调解争议和提供咨询服务。国际商事专家委员会作为一项制度创新，是弥补中国法律对法官国籍限制的一种方式，有利于平衡中国司法主权保护和国际商事法庭国际化的需求。

在法官配备方面，国际商事法庭与其他著名国际商事法庭（院）不同，其尚未引入国际法官。国际商事法庭官网显示，现任法官均为最高人民法院的在职法官，大部分具有法学博士学位并拥有海外学习及交流经历，在最高人民法院两个以上法庭有过从业经历，法官具有国际化、专业化和多元化的特征。国际商事法庭（院）的主要特色是引进外籍法官来审理国际民商事案件，而国际商事法庭的这种法官配备模式不能很好地吸引国际商事活动中的当事人，甚至让当事人主观上产生"程序倾向于本国当事人"的心态。但是，如果将外籍专家纳入国际商事法庭法官队伍，则违背中国现有国内法规定，而《国际商事法庭若干问题规定》属于司法解释，不能与上位法中关于外籍法官限制的规定相悖。因此，为保证国际商事法庭审理国际民商事案件的公信力，弥补法官国籍制度的缺失，最高人民法院创建了与国际商事法庭审理案件相衔接的国际商事专家委员会。各商事专家委员来自不同国家和地区，在国际贸易、投资等商事领域有精深造诣并具有国际影响力，他们的主要职责在于主持商事调解和提供外国法律内容。提高商事专家委员在解决国际商事争议中的参与程度，不仅对培养高素质、专业能力强且通晓外国法律的法官具有一定的积极意义，而且有助于复杂的国际商事争议得到公正高效的解决。

二、国际商事专家委员会专家的组成

《"一带一路"意见》提出设立国际商事法庭和国际商事专家委员会，构建多元化争议解决机制，具有很大的创新性。2018年8月24日，最高人民法院发布《最高人民法院关于聘任国际商事专家委员会首批专家委员的决定》，明确指出聘用各国专家学者作为商事专家委员。2022年8月24日，首批23名商事专家委员的聘任期限届满，最高人民法院决定对其进行续聘。为进一步深化国际交流与合作，强化诉讼、仲裁和调解有机衔接的国际商事争议多元化解决机制的构建，最高人民法院分别于2020年12月8日和2023年3月2日决定聘任第二批和第三批商事专家委员，委员的范围基本涵盖亚洲、非洲、北美洲、欧洲和大洋洲。国际商事法庭官网显示，截至2024年3月，共有61名商事专家委员，其中，国外商事专家委员有28名，占比约为46%。商事专家委员的职业主要包括仲裁员、调解员、法官、律师等，绝大多数正在或者曾经在国际著名高校任教，身兼学者和司法实务人员等多种角色。中国的33名商事专家委员均具有出国访学或在国际机构工作的背景，其他国家和地区的大部分商事专家委员兼具律师、仲裁员和学者身份。从专业领域角度看，商事专家委员研究或工作的专业领域涉及外商投资法、国际贸易法、公司法、合同法、知识产权法、国际投资法、国际破产与重整法等。

综上所述，商事专家委员的聘任在国籍、职业、专业等分配方面兼顾了中外当事人的合法权益。他们涉及不同法律传统、不同地理区域，突出了国际商事法庭的开放性和参与人员的国籍多元化特点。在职业方面，教授兼职法律实务工作的人员数量大于单一从事学术或法律实务工作的人数，他们具有深厚的法学理论功底与丰富的实务经验。专家委员的构成可以满足国际商事调解和外国法律咨询意见对法学理论和实务经验的高标准要求。但值得注意的是，商事专家委员辐射"一带一路"共建国家的范围依然较窄，商事专家委员仍未跳出法律专业范畴，国际贸易及投资、知识产权、金融等领域的专家数量有限。

三、国际商事专家委员会的职能

为保证案件事实查明高效性、法律适用准确性及判决公正性，解决国际商事争议需要一批精通外语、熟悉外国法律和国际贸易投资规则的法官。与其他国际商事法庭（院）法官相比，国际商事法庭法官的国籍单一，而国际商事专家委员会制度在一定程度上弥补了这种不足。依据《国际商事法庭若干问题规定》第11条，国际商事专家委员会由最高人民法院设立，其职能包括主持调解国际商事案件，为域外法查明和适用提供咨询意见，以及为国际商事法庭的发展等提供咨询意见。

（一）主持调解国际商事案件

最高人民法院赋予国际商事专家委员会调解职能，是诉讼与调解衔接的一种途径，二者对接以法院为纽带，有利于实现国际商事法庭诉讼机制与该委员会调解机制的联结，使得司法审判和社会力量优势互补，共同化解社会争议。对于符合国际商事法庭管辖权的争议，当事人可以通过电子邮件、邮寄、现场提交、国际商事法庭诉讼平台等方式向该法庭提交诉讼材料。在国际商事法庭审查受理争议并向其他当事人送达诉讼材料后，案件管理办公室在送达被告之日起7个工作日内举行案件管理会议，讨论并确定审前调解方式和日期，在各方当事人同意调解并选定商事专家委员的情况下，当事人可以共同选择一至三名商事专家委员担任调解员。如果他们对商事专家委员的选择无法达成一致意见，则由国际商事法庭指定。在受理争议后的7个工作日内，将《委托调解征询意见函》及选定或指定的商事专家委员名单报送至国际商事法庭协调指导办公室①，由该办公室负责联系商事专家委员调解事

---

① 最高人民法院于2019年8月将"国际商事专家委员会办公室"更名为"国际商事法庭协调指导办公室"。

宜。如果商事专家委员同意主持调解，应签署与争议没有利益冲突的书面声明，以保证调解的独立性和公正性。在调解过程中，商事专家委员应遵循《国际商事法庭程序规则（试行）》和《国际商事专家委员会工作规则（试行）》的内容，根据国际惯例、交易习惯，厘清争议的基本事实，通过调解寻求各方在利益权衡中的合意，由当事人自行控制效果。在符合下列条件时，调解程序应当终止：①一方或双方当事人书面要求终止调解；②在约定期限内没有达成调解协议；③商事专家委员不能胜任调解工作且无法另行选定其他专家委员等。各方当事人一旦达成调解协议，国际商事法庭协调指导办公室会将所有案卷材料交至案件管理办公室，由国际商事法庭审查后向当事人下发调解书或判决书，并将副本提交至国际商事法庭协调指导办公室。

在经济全球化快速发展的时代，大量国际商事争议涌现，而司法资源较为匮乏，法院超负荷运作，导致争议可能不能得到及时、有效、彻底地解决。在此种情况下，可以考虑将国际商事争议分流至其他争议解决机构，根据当事人的意愿选择诉讼外更小成本、更大收益、更高效率的争议解决途径。特别是国际商事专家委员会承担的调解职责与贸促会调解中心、上海经贸商事调解中心基本一致，负责国际商事法庭受理后需要调解的案件，既能扩大该法庭对接调解机构的范围，又能通过外国商事专家委员的参与，吸引更多当事人选择调解来解决争议。

（二）为域外法查明和适用提供咨询意见

域外法查明的前提是案件将外国法作为审判争议的法律依据，但实际上，法官可能无法全面了解该域外法的具体内容及适用情形。也就是说，只有在冲突规范指向域外法时，法官才面临这些法律的查明问题。在适用域外法的争议提交至国际商事法庭管辖时，国际商事法庭的法官应当确定外国法律的内容，而若依据中国法院的司法实践，法院将难以确定外国法的内容和适用。①

---

① HUO Zhengxin, *Proof of Foreign Law under the Background of the Belt and Road Initiative*, in Poomintr Sooksripaisarnkit & Sai Ramani Garimella eds., China's One Belt One Road Initiative and Private International Law, Routledge, 2018, pp. 129 – 135.

规定国际商事专家委员会提供域外法查明的咨询意见，有助于提高国际商事法庭法官对外国法律内容理解的准确性。

中国法院审理国际商事争议时，适用域外法的依据包括《涉外民事关系法律适用法》和《涉外民事关系法律适用法司法解释（一）》。其中，前者在《最高人民法院关于审理涉外民事或商事合同纠纷案件法律适用若干问题的规定》（已失效）的基础上巩固了域外法查明地位，将域外法适用的情况分为依职能适用域外法和当事人共同选择适用域外法，并将法官依职能查明作为主要模式，同时增加依职能查明的主体——行政机关和仲裁机构，而将当事人共同选择适用域外法的查明模式确定为当事人查明。后者则明确了三种域外法查明方式，即当事人提供、中外法律专家提供，以及依据已生效的国际条约的规定，要求法院对当事人查明域外法的期限作出合理规定。除此之外，国际商事法庭审理争议时，还可依据《国际商事法庭若干问题规定》第8条和《国际商事专家委员会工作规则（试行）》第3条第2项的规定，由商事专家委员提供域外法查明。商事专家委员来自世界各国，对国际贸易投资领域有着深入的了解，例如张月姣专家是世界贸易组织上诉机构的第一位中国法官，芮安牟（Anselmo Reyes）曾担任香港高等法院法官和新加坡国际商事法庭国际法官。国际商事法庭在审理相关案件且无法查明相关国家法律时，商事专家委员的协助显得十分必要。《国际商事专家委员会工作规则（试行）》第14条和第15条规定了商事专家委员向国际商事法庭提供域外法律的具体内容。国际商事法庭应通过咨询函形式向国际商事法庭协调指导办公室提出，咨询函应当包括被咨询的商事专家委员姓名、具体法律问题和答复日期（一般情况下，在20个工作日以上）。商事专家委员接受咨询的，应将书面答复交至国际商事法庭协调指导小公室。有必要时，可以由多名商事专家委员召开咨询会并共同作出答复意见。如果当事人申请商事专家委员出庭作出说明的，在他们同意的情况下，可以出庭作出辅助说明。综上所述，国际商事法庭将本国经验和国际经验相结合，增加了商事专家委员提供域外法查明的途径，有利于发挥"一站式"国际商事争议多元化解决机制的优势，增加中国法院适用外国法的机会，提高中国的国际司法影响力。

（三）为国际商事法庭的发展及司法解释、司法政策提供咨询意见

国际商事法庭的设立直接反映了各国商事活动的紧密性以及商事争议解决机制的快速发展，是中国司法制度进步的具体体现。但是，与其他国际著名商事法庭（院）相比，国际商事法庭在国际化、管辖权、判决承认与执行等方面的制度设计及运行机制，仍存在很大的改进空间。最高人民法院需要根据审判经验，考虑如何完善国际商事法庭的运行机制，加强审判的国际化程度以及促进判决的承认与执行，并在修改相关规定的同时，积极扩大与其他国家的司法合作。虽然国际商事法庭法官具有丰富的商事审判经验，但他们均为中国国籍，不能全面地了解其他国家国际商事法庭（院）的设立背景及运行机制等，难以从比较法角度更好地吸收这些法庭（院）设立的制度特色，以帮助完善国际商事法庭。《国际商事专家委员会工作规则（试行)》规定，国际商事法庭的未来规划和司法解释、司法政策的制定均可委托商事专家委员提出相关建议和意见，其程序与域外法查明及适用基本一致。虽然前述相关规定较为简单，但最高人民法院赋予商事专家委员会为国际商事法庭的发展及司法解释、司法政策提供咨询意见的职责，汇总并综合分析各商事专家委员的意见和建议，有利于拓宽进一步完善国际商事法庭运行机制的路径。商事专家委员会的运行效率取决于召开专业讨论会议的频率、在解决具体案件时的参与程度以及国际商事法庭对其意见的重视程度。不可否认的是，国际商事专家委员会是国际社会向最高人民法院传递信息的有效途径。同时，作为各国司法合作的重要创新机制，国际商事专家委员会对推动建立多元化争端机制具有重要意义，也是"一站式"国际商事争议多元化解决机制不可缺少的部分。

第二节　国际商事专家委员会成立及运行的重要意义

《"一带一路"意见》首次提出设立国际商事专家委员会的建议，倡导

"一带一路"共建国家的法律专家在域外法查明和争议解决领域发挥优势，探索商事争议解决的最佳方案。① 外国商事专家委员的参与，有助于维护国际商事法庭在国际社会中的公正形象，同时专业化法官和多元化商事专家委员是国际商事法庭顺利运行的重要条件。国际商事专家委员会的设立和运行在一定程度上弥补了国际商事法庭法官单一化的缺憾，有助于扩大国际商事法庭诉讼机制与调解机制相衔接的路径，发挥商事专家委员协助国际商事法庭调解的优势，并为推动我国国际民事诉讼迈向国际化奠定基础。

一、更加凸显国际商事法庭的国际性质

中国于 2018 年正式提出设立国际商事法庭和国际商事专家委员会，推动建立诉讼、仲裁、调解有效衔接的多元化争议解决机制。国际商事专家委员会中的商事专家委员的国籍具有多样性，能够协助国际商事法庭主持调解国际商事案件、提供域外法律查明以及为国际商事法庭的发展提供专业性意见等。在解决国际商事争议方面，他们发挥着"智囊团"的作用，② 可以弥补国际商事法庭单一诉讼机制的缺憾。

（一）域外国际商事法庭（院）法官队伍的国际化

法官审判权是国家司法主权的重要体现，各国法院为吸引更多商事争议，提升法律服务的国际化水平，致力于专门组建国际化法官队伍，通过审理争议的途径将本国国内法输出域外。大部分域外国际商事法庭（院）的法官队伍为"国内法官＋域外法官"的组成形式。

在亚洲经济增长的背景下，新加坡期望成为该地区国际商事争议解决中心，该国于 2015 年成立国际商事法庭，专门审理具有国际性和商事性的争议。由于亚洲国家存在多种法系，新加坡便从其他大陆法系和英美法系国家

---

① 张勇健：《国际商事法庭的机制创新》，载《人民法院报》2018 年 7 月 14 日，第 2 版。

② LONG Fei, *Innovation and Development of the China International Commercial Court*, The Chinese Journal of Comparative Law, Vol. 8, No. 1, 2020, pp. 41－42.

和地区的优秀法官或已经退休的法官队伍中遴选国际法官，[1] 他们分别来自新加坡、美国、英国、法国、澳大利亚、日本以及中国香港地区等地。[2] 从新加坡国际商事法庭官网上公布的判决来看，国际法官对于争议的审理发挥着重要作用。截至 2022 年 2 月底，新加坡国际商事法庭已公布 111 份判决且每一年的判决数量呈上升趋势，高等法庭和上诉法庭共作出的判决中仅有 3 份不包括国际法官。[3] 从新加坡国际商事法庭的司法实践来看，将国际法官作为国际商事法庭的审判组成人员，能够提升该法庭审理国际商事案件的质量，扩大案件的来源范围，提高其在国际社会中的竞争力。

迪拜国际金融中心旨在提升迪拜在海湾的地位，使其成为迪拜吸引国际投资者的重要战略优势，即成为连接亚洲、欧洲、非洲、北美洲和南美洲的门户。迪拜国际金融中心设立一审法院和上诉法院，审理案件的法官除了阿联酋籍，还有来自英国、马来西亚以及澳大利亚的法官。[4] 除此之外，卡塔尔国际民商事法院、阿布扎比全球市场法院、阿斯塔纳国际金融中心法院等同样纳入世界各国法官作为审判人员，以此体现其运行机制的国际性特点。[5] 上述一些国家的国际商事法院均位于金融自由贸易区，国际法官的产生具有必然性。一方面，大部分金融自由贸易区属于普通法自由贸易区，实施的法律制度与本国存在差别。如果仅将国内法官作为国际商事法院的法官，则不能完全满足金融自由贸易区经济和司法发展的要求。另一方面，由于上述国家的国内法律制度在一定程度上束缚了外国企业的投资和发展，所以它们纷纷建立金融自由贸易区且实施普通法制度，以吸引域外商人直接投资。与国内法律相比，这些金融自由贸易区的法律规定较为灵活，更适应金融自

① Johannes Landbrecht, *The Singapore International Commercial Court（SICC）—An Alternative to International Arbitration?*, ASA Bulletin, Vol. 34, No. 1, 2016, p. 121.

② SICC, Judges, Accessed Apr. 1, 2022, https://www.sicc.gov.sg/about-the-sicc/judges.

③ SICC, Judgments, Accessed Apr. 2, 2022, https://www.sicc.gov.sg/hearings-judgments/judgments.

④ DIFC Court, Judges, Accessed Apr. 2, 2022, https://www.difccourts.ae/court-structure/judges/.

⑤ 何其生主编：《国际商事法院研究》，法律出版社 2019 年版，第 84 页。

由贸易区的发展，因此引入国际法官具有一定的可行性。

（二）国际商事专家委员会弥补国际商事法庭法官国籍单一化的缺憾

国际商事专家委员会是中国国际民事诉讼领域的创新机制，刘贵祥大法官作为最高人民法院审判委员会的专职委员，曾对商事专家委员的情况作出评价，即委员来源范围较为广泛，不具有法系和国家的局限性，有扎实的国际贸易法、国际投资法等知识，且在司法和仲裁界有影响力。[①] 在具体规定方面，《国际商事法庭若干问题规定》《国际商事法庭程序规则（试行）》均涉及国际商事专家委员会的内容。从规定本身来看，国际商事专家委员会的主要职能是调解，是"一站式"国际商事争议多元化解决机制中不可缺少的一部分，同时弥补了国际商事法庭法官国籍单一化的缺憾。前文提到，新加坡国际商事法庭、迪拜国际金融中心法院等著名国际商事法庭（院）均纳入国际法官并参与庭审，为平等保护国内外当事人的权利提供了服务便利，增加了本国司法审判的专业性和吸引力。

在现代国际社会中，司法制度是经济全球化过程中各国的重要竞争因素，也是《全球竞争力报告》等指数排名的衡量指标。世界经济论坛发布的《2019年全球竞争力报告》中，新加坡、美国、中国香港、荷兰和瑞士依次位居前五位，中国内地则排行第28位。从报告来看，中国的优势显然包括市场的绝对规模、宏观经济稳定、基础设施等方面，这些都需要良好的营商环境和配套制度，[②] 毕竟优质的法律服务和成熟的争议解决机制可以提升国家在全球商业中心中的地位。相较之下，国家大小与司法发达程度没有必然联系，经济强国可能会有更多的国际经济交往，而法律规定、司法程序的设计也要立足于全球且与国际社会合理衔接，以维护国家的长远利益。制度是决定一国经济发展最重要的因素，司法以法律制度为主要依据，伴随一国社会

---

① 谷浩、林玉芳：《中国国际商事法庭构建初探》，载《大连海事大学学报（社会科学版）》，2018年第4期，第10－11页。

② Klaus Schwab, The Global Competitiveness Report 2019, Accessed Apr. 2, 2022, https：//www.weforum.org/reports/how－to－end－a－decade－of－lost－productivity－growth.

经济的发展而发展。① 目前来看，中国在政治经济方面已经成为具有全球影响力的国家，但相对缺乏司法影响力。虽然中国已经积极参与国际规则的制定，在一定程度上促进了中国司法文化的输出，但整体而言，中国依然在司法领域稍显不足。国际商事法庭以及"一站式"国际商事争议解决中心的构建都是提高中国司法竞争力的具体体现。与其他著名国际商事法庭（院）相比，国际商事法庭规则显得较为"拘谨"。目前审判人员均由最高人民法院各审判庭的优秀法官组成，这难以让当事人完全信服且选择国际商事法庭来解决争议，而国际商事专家委员会纳入来自大陆法系和普通法系国家的专家，协助国际商事法庭办理案件，可以在弥补法官国籍单一化缺憾的同时，进一步提高开放程度。

二、推动"一站式"争议解决机制中诉讼与调解衔接的发展

弗兰克·桑德（Frank Sander）教授提出"多元化法院"模式，该模式下的法院能够提供"争议解决机制菜单"，以便当事人选择，国际商事法庭运行便是此种模式的具体表现。② 它将诉讼、仲裁和调解服务联系起来，为设立"一站式"国际商事争议多元化解决机制奠定基础。国际商事专家委员会作为最高人民法院的创新机制之一，主要负责对接争议的调解业务，发挥商事专家委员协助国际商事法庭调解之优势，从而为推动中国国际民事诉讼迈向国际化作出贡献。

（一）增加与国际商事法庭衔接的调解路径

国际商事专家委员会是"一站式"争议解决平台构建的重要组成部分。第四章主要分析了"一站式"国际商事争议多元化解决机制的相关内容，即关于调解与诉讼机制衔接的主体。其中，国际商事法庭在受理案件前，经当

---

① 王与君：《中国经济国际竞争力》，江西人民出版社 2000 年版，第 94 页。

② Matthew S. Erie, The China International Commercial Court：Prospects for Dispute Resolution for the "Belt and Road Initiative"，Accessed Apr. 10, 2022，https：//www. asil. org/insights/volume/22/issue/11/china－international－commercial－court－prospects－dispute－resolution－belt.

事人同意，可以委托贸促会调解中心、上海经贸商事调解中心以及国际商事专家委员会进行调解。从数量上看，与国际商事法庭衔接的专门调解中心仅包括两家，其他调解中心作出的调解协议不能在国际商事法庭申请执行，未来可能造成这两家调解中心调解的国际商事争议数量大幅度增加。从调解机构的位置来看，贸促会调解中心位于北京，截至 2020 年 12 月，其已在全国设立 52 家分会调解中心，它们使用统一的调解规则，在业务上受总会调解中心的指导。上海经贸商事调解中心坐落于上海，尚未在其他地区成立分支机构。也就是说，如果国际商事法庭审理的案件需要调解，除非采取线上调解，否则当事人只能前往调解中心所在地进行调解，这导致不能突出当事人便利化的特点。从调解人员的国籍来看，外籍调解人员稀缺。贸促会调解中心的调解员名册中，能将英语作为工作语言的调解员数量有限，可能存在精通英语的调解员并不擅长该类型争议调解，而擅长解决一些类型争议的调解员却不精通英语的情况。上海经贸商事调解中心的调解员名册中仅包括几名外籍调解员，也不能完全满足与国际商事法庭审理争议之衔接。

最高人民法院聘任的部分中国及外国商事专家委员是国际仲裁界的专家。有学者认为，虽然国际商事专家委员会如何进一步发挥重要作用取决于各种因素，包括国际商事专家委员会会议的召开频率、专家委员在具体案件中的参与程度以及国际商事法庭对其意见的重视程度等，但是国际商事专家委员会可能成为向最高人民法院传送国际社会信息的重要途径。[1] 国际商事专家委员会是"一带一路"建设中的重要创新机制，也是最高人民法院构建"一站式"国际商事争议多元化解决平台的重要组成部分，对建立多样化争议解决机制具有重要意义。

（二）发挥商事专家委员协助国际商事法庭调解之优势

最高人民法院设立国际商事专家委员会的目的是，通过该委员会行使的

---

[1] TAO Jingzhou & Mariana Zhong, *The China International Commercial Court（CICC）: A New Chapter for Resolving International Commercial Disputes in China*, Dispute Resolution International, Vol. 13, No. 2, 2019, pp. 157 – 159.

基本职能，调解国际商事争议和向国际商事法庭提供咨询意见。笔者认为，国际商事专家委员会协助国际商事法庭调解，具有如下优势。一方面，外籍专家参与调解能够吸引更多当事人同意调解，提高调解概率。当争议在国际商事法庭解决时，法官可以委托国际商事专家委员会调解争议，其条件是获得当事人同意。也就是说，当事人的同意可以将调解之作用从国际商事法庭（所有法官均为中国国籍）转移至国际商事专家委员会。如果外国人是国际商事争议的一方当事人，他们也许更希望选择本国国籍专家或者与其国家法系相同国家的专家参与调解，否则可能减少他们选择调解机制的概率。与其他两个国际商事调解机构相比，国际商事专家委员会更具有开放性，外籍专家数量超过国内专家数量，而且外籍专家分别来自普通法系、大陆法系、伊斯兰法系等国家，更加熟悉相关法律规则及本国当事人的交易习惯，甚至可以使用相关国家语言进行调解，这不仅能够提高争议被调解的概率，还可以为当事人提供便利。另一方面，国际商事专家委员会由最高人民法院设立，配套规则《国际商事专家委员会工作规则（试行）》由最高人民法院制定，其调解程序更容易与国际商事法庭衔接。国际商事法庭成立后，最高人民法院着手探索并发布与国际商事法庭运行相关的实施细则，其中《国际商事专家委员会工作规则（试行）》第 2 条和第 3 条分别规定了商事专家委员的组成条件及其职责，明晰了商事专家委员调解的具体程序。国际商事法庭协调指导办公室负责指导协调国际商事法庭建设、审判管理、对外交流以及商事专家委员的日常工作等。

在诉讼与调解衔接方面，国际商事法庭协调指导办公室应当在接收国际商事法庭的《委托调解征询意见函》及选定或指定专家委员名单后的一定时间内联系专家委员并征询其意见。无论调解结果是否成功，国际商事法庭协调指导办公室都对调解与诉讼衔接机制起到重要作用。如果调解成功并由国际商事法庭制发调解书或判决书的，国际商事法庭应在作出调解书或判决书后 3 个工作日内，将相应副本交至国际商事法庭协调指导办公室备存；如果调解终止，商事专家委员在终止后 7 个工作日内填写《调解情况表》，连同案件材料交至国际商事法庭协调指导办公室，再由该办公室将原件送至国际商事法庭，副本由其保留。而贸促会调解中心、上海经贸商事调解中心与国际商事法庭在业务方面缺乏具体的衔接规定。

三、为推动中国国际民事诉讼迈向国际化进程作贡献

法治完善是国家成功的标志之一，也是一国软实力的核心组成部分，[1]参与国际法治的实力是判断法治建设成功与否的关键因素。维护国际民商事主体的合法权益和程序正义是中国国际民事诉讼发展的目标。外籍商事专家委员主要负责调解国际商事案件以及对具有挑战性的法律问题提出咨询意见，他们的参与进一步体现了国际民事诉讼中的国民待遇原则、平等保护原则以及维护当事人的意思自治原则。

（一）中国国际民事诉讼程序制度迈向国际化进程的要求

国际民事诉讼主体涉及各国企业或自然人，适用的法律横跨国内法和国际法领域，是国家参与国际法治建设的重要途径。中国作为世界大国，在经济全球化过程中扮演着十分重要的角色，法治建设完善与否直接影响现代国际法的发展。[2]自改革开放以来，中国国际民事诉讼快速发展，跨国民商事争议受案量呈增长趋势。中国各级人民法院于2014年一审审结涉外商事案件5804件，[3]2016年上升至6899件，[4]2018年和2019年分别为1.5万件和1.7万件，[5]2021年高达2.1万件。[6]从上述数据可以看出，涉外民商事案件数量处于持续上升的态势。当然，与世界发达国家相比，中国国际民事诉讼

---

① 刘敬东：《大国司法：国国际民事诉讼制度之重构》，载《法学》2016年第7期，第3页。

② 蔡从燕：《国际法上的大国问题》，载《法学研究》2012年第6期，第118－120页。

③ 周强：《最高人民法院工作报告（2015·汉英对照）》，法律出版社2015年版，第5页。

④ 周强：《最高人民法院工作报告（2017·汉英对照）》，法律出版社2017年版，第20页。

⑤ 曹音：《最高法：涉外民商案件持续上升，探索推进疫情防控常态下司法保障》，载中国日报网，https://cn.chinadaily.com.cn/a/202005/25/WS5ecbbd80a310eec9c72bb46f.html，访问时间：2022年4月13日。

⑥ 周强：《最高人民法院工作报告——2022年3月8日在第十三届全国人民代表大会第五次会议上》，载最高人民法院网，https://www.court.gov.cn/zixun-xiangqing-349601.html，访问时间：2023年4月20日。

涉及的理念和相关制度依然有待提升，这与中国在政治经济领域发展的速度不相匹配。因此，明确国际民事诉讼程序制度是体现国际化要求的重要方面。

首先，国际民事诉讼程序制度应当具有先进性。国际社会普遍认为民商事活动应当遵循市场经济原则、当事人意思自治原则、诚实信用原则等。中国作为世界大国，其民事诉讼制度更应当体现国际法原则和规则，根据国际法的发展对国内法予以调整，进而树立本国司法权威，加强与国际法治互动，参与全球治理。其次，国际民事诉讼程序制度应当具有透明性。制度透明性是公平、公正司法制度的重要体现，在国际民事诉讼中主要表现为程序公开、程序正当等，例如法院向中外当事人及时送达诉讼文书、合理公开判决结果、尊重和保障外国当事人诉讼权利等；除此之外，还表现为向外国交易者介绍本国司法制度的特点及内容，使他们能够适用本国诉讼程序，维护自身的合法权益。最后，国际民事诉讼程序制度还应当具有包容性。包容性是指国际民事诉讼程序制度对国际法原则和规则、其他国家或法系的法律给予尊重和适当运用。在国际民事诉讼过程中，准确适用当事人共同选择的外国法是国家司法制度开放的标志之一，除非外国法的适用明显违背国家公共利益。另外，对外国的法院判决、仲裁裁决以及调解协议的普遍承认与执行，也是国际民事诉讼包容性的重要体现。综上所述，中国国际民事诉讼程序制度在迈向国际化的进程中，应当在推动本国法治进步的同时，吸收其他国家的法治文明，将国内相关制度逐渐与国际公约接轨，从而为推动国际民事诉讼统一化作出一定的贡献。

（二）国际商事专家委员会对中国国际民事诉讼发展的推动

国际商事法庭是中国首个专门审理国际商事争议的司法机构，该法庭由最高人民法院巡回法庭、知识产权法庭以及其他业务审判庭中的优秀法官组成。这意味着国际商事法庭没有在本法庭工作的全职法官，且法官国籍单一化，难以使国际司法专家、当事人产生更多的信赖。①

---

① Alyssa V. M. Wall, *Designing a New Normal: Dispute Resolution Developments along the Belt and Road*, International Law and Politics, Vol. 52, 2019, p. 288.

为弱化地缘政治挑战，最高人民法院吸取了新加坡国际商事法庭、迪拜国际金融中心法院等司法机构纳入国际法官的经验，通过成立国际商事专家委员会，让外国商事专家委员参与国际商事法庭对争议的审理，主要负责调解和对具有挑战性的国际法律问题提出咨询意见。

一方面，国际商事专家委员会的设立更加突出中国国际民事诉讼之国民待遇和平等保护原则。其中，国民待遇原则要求国际民事诉讼法赋予国内主体和国外主体相同的诉讼权利；平等保护原则则要求法院在审理争议时，平等保护国内外当事人的合法利益，法院尽可能创造条件帮助外国当事人克服在法律环境、法律文化、语言等方面存在的困难，使他们真正感受到诉讼程序的公平与正义。国际商事专家委员会有权向国际商事法庭提供域外法查明与适用服务，协助法庭对某一国际条约、国际商事规则适用提供咨询意见，这均为国民待遇和平等保护原则的具体表现。另一方面，国际商事专家委员会的职责能够维护当事人意思自治原则。当事人意思自治不仅表现在法律适用的选择方面，还应体现在对争议解决机制的选择方面。在法律查明与适用方面，国际商事法庭应当尽力查明和适用当事人选择的法律，但在特殊情况下难以查明的，相关国际商事专家委员有权协助查明适用的法律，以保证当事人选择的法律被适用。另外，当事人享有选择争议解决机制的权利，当国际商事法庭受理争议后，双方当事人依然有权选择商事专家委员（包括外籍）对争议进行调解，调解协议由国际商事法庭转化为具有法律效力的调解书或判决书。总之，国际商事专家委员会聚集了众多来自不同法系国家的专家委员，具有广泛而又灵活的职责，在促进中国国际民事诉讼发展方面，有很大的发挥空间。

第三节　国际商事专家委员会运行机制存在的问题

国际商事专家委员会向各国当事人提供专业化的争议解决机制，是人民法院保障和服务于"一带一路"建设的重要体现。值得注意的是，目前以国际商事法庭为核心的"一站式"国际商事多元化争议解决机制的设立时间较短，部分制度设计和程序安排仍有较大的完善空间，国际商事专家委员会作为具有中国特色的国际商事争议解决机制的具体创新之处也不例外。该委员会运行机制依据的《国际商事专家委员会工作规则（试行）》仅包括20个条款，搭建了国际商事专家委员会运行的基本程序，但大部分内容较为原则性，存在国际商事专家委员会的性质和服务主体的规定模糊、运行机制流程缺乏可操作性、聘请程序及监督机制缺位等问题，导致国际商事专家委员会在国际民商事争议解决领域的重要作用与其运行法律依据的"简易化"不相匹配。

一、国际商事专家委员会的性质和服务主体规定不清

国际商事专家委员会是国际商事法庭制度的一项"重大体制创新"①，《"一带一路"意见》提出，为支持"一带一路"国际商事争议的多元化解决机制，打造便利、快捷、低成本的"一站式"争议解决中心，最高人民法院牵头组建国际商事专家委员会并制定具体工作规则。《国际商事专家委员会工作规则（试行）》以《国际商事法庭若干问题规定》的内容为依据，明确了国际商事专家委员会的设立目的，为构建调解、仲裁和诉讼有机衔接的多元化争议解决机制提供保障，但整个制度没有涉及国际商事专家委员会的性质。另外，国际商事专家委员会的服务主体范围是包括国际商事法庭、各级人民法院以及当事人，还是仅包括国际商事法庭，从现有规定中难以确定。

（一）尚未明确国际商事专家委员会的性质

国际商事专家委员会由最高人民法院牵头组建，商事专家委员也是由最高人民法院聘任，该委员会的调解对象为国际商事法庭审理的案件，承担国际商事法庭以及各级人民法院涉及的域外法、国际条约、国际商事规则查明问题。一方面，国际商事专家委员会可以根据国际商事法庭的委托主持调解

---

① JIANG Huiqin, *Demystifying China's International Commercial Court Regime*: *International or Intra-National?*, Chinese (Taiwan) Yearbook of International Law and Affairs, Vol. 36, 2018, p. 176.

案件，其作出的调解协议可以通过国际商事法庭转化为具有法律效力的调解书或判决书。另一方面，国际商事专家委员会可以向国际商事法庭和各级人民法院提供专业法律问题咨询，为案件审理提供参考，同时还可以为国际商事法庭的发展和最高人民法院制定司法解释及司法政策提供意见。从《国际商事专家委员会工作规则（试行）》的规定可以看出，国际商事专家委员会并不是案件审理者，也不实质参与案件审理，发表的咨询意见只是作为法官审理案件的参考资料，而是否采纳取决于法官。从规定本身来看，国际商事专家委员会似乎是调解机构和咨询机构的融合体，但两种职能能否同时行使，如何保证其中立性等暂不明确。针对某一争议，国际商事专家委员会能否既是调解机构又是域外法查明机构，在国际商事法庭尚未委托的情况下，能否独立进行调解，这些问题均较为模糊。

（二）尚未准确规定国际商事专家委员会的服务主体范围

国际商事专家委员会的运行目的是提高整个人民法院系统审理国际商事争议的专业性。从三次聘任国际商事专家委员会专家委员的决定来看，第一次聘任的目的是提高审理国际商事案件的专业化水平，增强国际交流与合作，促进国际商事法庭的审判工作顺利进行；后两次聘任的目的是吸收更多专家委员参与国际商事争议解决机制建设，为构建"诉、仲、调"有机衔接的多元化争议解决机制提供支持和保障。

相较之下，《国际商事专家委员会工作规则（试行）》从审理案件的角度予以考虑，其制定目的是方便当事人通过最高人民法院国际商事法庭解决争议。设立国际商事专家委员会的初衷似乎是为最高人民法院提供专门性服务，但是《国际商事专家委员会工作规则（试行）》第3条进一步将国际商事专家委员会的服务主体范围缩小至国际商事法庭，即国际商事专家委员会在双方当事人同意的情况下可以对国际商事争议进行调解，由国际商事法庭制发调解书或者判决书。从这个角度看，国际商事专家委员会作为国际商事法庭的辅助机构，其主要任务是配合该法庭对争议进行调解，但"可以"一词可能让人产生误解，即国际商事专家委员会是否能够与其他调解机构一样，直接接受当事人在诉讼前的调解请求？另外，该条第 2 项将国际商事专家委员会提供专门法律问题咨询意见的对象扩大为国际商事法庭和各级人民法院，而非仅仅前面提到的"根据国际商事法庭的委托"。在就域外法查明适用、国际条约、国际商事规则等专门性法律问题提供咨询意见方面，是由国际商事法庭委托商事专家委员提供咨询意见，还是直接由各级人民法院向商事专家委员提供咨询意见，从《国际商事专家委员会工作规则（试行）》中似乎仍不能确定。以域外法律查明为例，《国际商事法庭若干问题规定》第 8 条明确商事专家委员提供咨询意见是域外法律查明的途径之一，《国际商事专家委员会工作规则（试行）》细化了商事专家委员承担的域外法律查明职责，但其前提条件为受国际商事法庭委托。司法实践中，当事人作为国际商事活动的主体，在查明域外法律时，缺乏专业知识和实践经验等，他们能否成为商事专家委员提供域外法查明的申请主体，《国际商事专家委员会工作规则（试行）》中亦没有明确。如果当事人可以向国际商事专家委员会提出域外法查明的请求，则具体程序如何运行？如果只有国际商事法庭可以向国际商事专家委员会提出相应请求，那么当事人对商事专家委员提供的域外法查明意见存在异议时，应当怎样救济？这些问题均需进一步明确。

二、国际商事专家委员会的运行流程缺乏可操作性

国际商事专家委员会作为最高人民法院的服务机构，在"一站式"国际商事争议多元化解决机制中扮演着重要角色，该委员会的主要职责包括调解国际商事案件，对域外法查明、国际条约和商事性规则等专门性法律问题提供咨询意见以及就国际商事法庭发展、司法解释和司法政策的制定提供意见和建议。然而，《国际商事专家委员会工作规则（试行）》一共包括 20 个条款，涉及职责的条款数量有限，显然不具有较强的操作性。

（一）调解程序较为原则

《国际商事专家委员会工作规则（试行）》第 9~13 条规定了商事专家委员的相关调解事宜，但仅涉及国际商事法庭如何委托商事专家委员调解、商

事专家委员在调解前签订无利益冲突的书面说明,以及双方当事人达成调解协议后制发调解书或判决书等,而无法全面覆盖国际商事专家委员会调解的职责与程序。一方面,最高人民法院聘请商事专家委员辅助国际商事法庭审理案件,但在国际商事专家委员会行使调解职能时,由于尚未对现有商事专家委员进行分类,导致当事人在不了解各个商事专家委员擅长领域的情况下,难以选择合适的调解员,而且当事人在选择商事专家委员无法达成一致意见时,对于国际商事法庭如何选定负责调解的商事专家委员,也没有进一步的具体规定。另一方面,司法实践中,有关文件对许多细节问题亦没有作出规定。从国际商事法庭协调指导办公室角度看,它是国际商事法庭、当事人、商事专家委员的"纽带",负责联系商事专家委员并征询其调解意见,通知国际商事法庭推动调解且传递调解材料等。根据《国际商事专家委员会工作规则(试行)》第9条规定,其在收到选定或制定的商事专家委员名单后7个工作日内联络专家委员并征询其意见。如果选定的商事专家委员不同意担任调解员,国际商事法庭协调指导办公室则应当如何处理?是否要求商事专家委员作出书面说明,抑或在哪些条件下,商事专家委员才有权拒绝调解,目前尚没有明确规定。

从国际商事法庭角度看,依据《国际商事法庭程序规则(试行)》第17条规定,当事人不能对商事专家委员的选择达成一致意见时,由国际商事法庭指定。那么国际商事法庭指定商事专家委员的法律依据为何,当事人对指定的商事专家委员仍不满意的后果等,现有规定尚未涉及。从商事专家委员角度看,可能存在他们既是当事人的代理人又是商事专家委员的情况,导致难以保证争议得到公正审理。另外,很多国际商事争议涉及国家之间的利益,商事专家委员对此更应当保持独立性,他们应在接到《委托调解征询意见函》后7个工作日内回复国际商事法庭协调指导办公室。如果商事专家委员同意主持调解,应当明确说明其主持调解不会影响调解的独立性、公正性等情况。虽然上述司法解释规定了商事专家委员签订书面声明的内容,但是尚未明确书面声明的主要内容以及违反书面声明应当承担何种后果。除此之外，对于国际商事专家委员会调解争议的范围是国际商事法庭委托的所有争议还是其中一部分，国际商事法庭在当事人就选择调解员无法达成一致意见时，如何选择商事专家委员担任调解员，国际商事专家委员会调解的具体方式，商事专家委员内部意见不一的处理方式等，现有规定均未涉及。

（二）国际商事专家委员会提供域外法查明的规定亟须细化

《国际商事专家委员会工作规则（试行）》第14~15条是关于国际商事专家委员会提供专业法律咨询意见的规定。咨询主体包括国际商事法庭或其他人民法院；咨询范围包括对国际条约、国际商事规则的解释，以及对外国法律的查明及适用；咨询方式是书面咨询，向国际商事法庭协调指导办公室提出咨询后，由该办公室联系商事专家委员，经商事专家委员同意接受咨询后以书面形式对咨询问题进行答复并交至该办公室，如果有必要，也可以由多名商事专家委员召开咨询会并形成书面答复意见后，交给该办公室。如果当事人申请商事专家委员出庭并就专家意见内容予以辅助说明的，经商事专家委员同意后，可以出庭并作出辅助说明。《国际商事专家委员会工作规则（试行）》规定的内容较为宏观，司法实践中遇到的细节问题可能无法通过该规定找到法律依据。其一，没有规定国际商事法庭或相关法院选择的商事专家委员拒绝接受专业法律问题咨询的后果，以及其他商事专家委员是否可以就咨询函内容进行解释？如果可以，则由谁决定具体咨询的商事专家委员；如果不可以，则国际商事法庭或者其他人民法院还可以采取哪些其他措施。其二，国际商事法庭出具的咨询函包括商事专家委员的姓名、咨询的法律问题和答复期限，答复期限仅规定最少为20个工作日，却尚未规定答复期限的最长时间。在必要情况下，可以由若干名商事专家委员召开咨询会并形成书面答复意见，但未说明专家咨询会召开的期限、形式等，也没有细化若干名商事专家委员的具体数量，以及并未明确要求如何确定这些商事专家委员以及他们无法达成一致意见时的后果，即是否每位专家的意见均应当以书面形式体现等。另外，以召开专家咨询会形式确定的书面答复意见，如果需要商事专家委员出庭并予以辅助说明的，应当由哪些商事专家委员出庭，并没有明确规定。其三，商事专家委员提出的书面咨询意见与国际商事法庭、其他法院或当事人查找的内容不一致甚至产生相反意见的，如何保证商事专家委员意见的中立性或公正性，法官应当如何权衡采信，现有法律文件均没有明确规定。

（三）对国际商事法庭发展提供咨询意见的程序较为模糊

《国际商事专家委员会工作规则（试行）》第 16 条和第 18 条规定了国际商事专家委员会对国际商事法庭的发展、司法解释和司法政策的制定提供相关意见和建议的内容。其中，第 16 条的规定同第 14 条类似，要求国际商事法庭以咨询函的方式，通过国际商事法庭协调指导办公室委托国际商事专家委员会，就国际商事法庭的发展、相关司法解释及司法政策的制定给予建议和意见；必要时，若干名商事专家委员召开专家咨询会，形成书面答复意见并共同签字确认。从该条规定可以看出，只有受国际商事法庭委托的商事专家委员，才可以就国际商事法庭的发展、司法解释及司法政策的制定提供意见或建议，而其他商事专家委员即使有良好的建议，也无法依据该规定提出建议。另外，《国际商事专家委员会工作规则（试行）》仅规定，在必要时，若干名商事专家委员可以召开咨询会并形成书面答复意见，但并未规定选定若干名商事专家委员的方式、召开专家咨询会的期限以及书面答复意见的形式等。第 18 条则从最高人民法院的角度出发，简单阐述了最高人民法院支持商事专家委员对国际商事法庭的运行和发展提出相应的意见和建议，并为商事专家委员和国际商事法庭之间、商事专家委员之间的信息交流、调研活动等提供便利条件，但是并没有细化最高人民法院提供便利条件的具体方式。

（四）商事专家委员参与庭审活动的限制

设立国际商事法庭顺应了国际法治发展的时代潮流，是推进高质量"一带一路"建设、公正且高效地解决国际商事争议的重要改革。"一站式"国际商事争议多元化解决机制将国际商事法庭、十家国际商事仲裁机构、两家国际商事调解机构以及国际商事专家委员会予以衔接，体现了中国涉外司法体系的创新性。其中，国际商事专家委员会主要与国际商事法庭对接，可以对争议先行调解并对该法庭委托的域外法查明、国际商事法庭的发展等提供意见。国际商事专家委员会作为国际法治合作的新模式，是广泛开展国家间司法交流、促进国际商事法律协调且妥善化解商事争议的重要桥梁，[1] 应尽可能保证相关商事专家委员充分发挥"智囊团"的专业和优势，为国际商事法庭的顺利运行及发展贡献智慧。前文中提到，国际商事专家委员会的设立在一定程度上化解了国际商事法庭法官国籍单一化的问题，其目的是实现司法程序之追求，增强司法裁判的权威性和可接受性。在中国法治建设进程中，司法机关若缺乏应有的权威性和说服力，则容易阻碍中国法治化的发展，[2] 尤其是国际商事法庭的法官均为中国国籍，保证提高国际社会对其作出判决的认可程度，十分重要。国际商事专家委员会已经突破中国传统司法体系，吸纳外国商事专家委员来参与争议解决。从现有职能来看，商事专家委员主要负责案件调解和域外法查明，似乎不能作为第三方参与国际商事法庭审理案件的程序，即商事专家委员不能在庭审过程中对案件事实、法律适用等提供意见，除非受国际商事法庭委托。笔者认为，商事专家委员不能实际参与庭审过程，大大削弱了他们对最高人民法院的辅助作用，国际商事专家委员会作为中国涉外司法体系的重大创新机制也未发挥出更强的专业功用。

三、缺乏商事专家委员的聘请程序及监督机制

国际商事专家委员会是"一带一路"国际商事争端解决机制和机构建设取得的新进展，也是司法机关服务于"一带一路"建设的创举，为推动开放型世界经济和贸易、投资便利化政策提供有力的法律保障。根据《国际商事专家委员会工作规则（试行）》第 5 条规定，最高人民法院根据工作需要择优聘任商事专家委员，而终止聘任的条件为聘期内因个人意愿、身体健康等原因无法继续担任商事专家委员，或因其他原因不再适合担任商事专家委员。

---

① 王淑梅：《加快推进国际商事法庭建设 打造国际法研究和运用的新高地》，载最高人民法院国际商事法庭网，http://cicc.court.gov.cn/html/1/218/62/164/1901.html，访问时间：2022 年 4 月 18 日。

② 孙洪坤：《司法民主、公平正义与法官制度》，法律出版社 2012 年版，第 58 页。

但是，对最高人民法院聘任商事专家委员应当具备的具体条件、如何审查商事专家委员申请人的资格以及调解员续聘与解聘等具体内容，没有作出明确规定，因此有学者认为商事专家委员的选任及离职缺乏透明性。① 总之，与国际法官相比，商事专家委员的聘任标准较为宽松，他们的多重身份可能导致利益冲突，如何保持他们在处理争议时的中立性，仍值得研究。除此之外，公正性是当事人选择国际商事法庭解决争议时考虑的首要因素，而国际商事专家委员会的主要职能是协助国际商事法庭审理争议，其独立性与国际商事法庭的公正性密切相关。因此，对商事专家委员予以适当监督管理及维护其独立性，十分必要。《国际商事专家委员会工作规则（试行）》第 10 条仅规定商事专家委员同意主持调解国际商事争议的，有义务签订与争议本身不存在利益冲突的书面声明，以保证其调解的独立性和公正性。上述规定更倾向于让商事专家委员做出承诺，但缺乏相应的监管内容。

第四节　国际商事专家委员会运行机制的完善

商事活动和商人法的国际化要求法官在审判跨国商事争议时，具有国际视野，通晓相关国家的法律，具有国际商事法律素养。② 与新加坡国际商事法庭、迪拜国际金融中心法院的"国内法官＋国际法官"的运行模式不同，中国国际商事法庭采取"国内法官＋商事专家委员会"模式。不少学者建议通过专门立法修正案，授权国际商事法庭引入国际法官。但笔者认为，关于是否引进以及如何引进国际法官的问题，还有待商榷。如果引进国际法官，则需妥善解决本制度与现行法律之间的冲突，例如外国法官是否列入公务员队伍、如何管理外国法官以及如何修改《法官法》等相关法律；如果不引进

---

① JIANG Huiqin, *Demystifying China's International Commercial Court Regime*：*International or Intra-National?*, Chinese (Taiwan) Yearbook of International Law and Affairs, Vol. 36, 2018, p. 186.

② 范健：《商事审判独立性研究》，载《南京师大学报（社会科学版）》2013 年第 3 期，第 83 - 84 页。

国际法官，则需要考虑在不修改现行法律制度的前提下，如何选任法官来处理国际化、专业化的争议，以进一步提高国际商事法庭的公信力。修改现行法律制度，程序复杂、考虑因素众多，并非易事，因此在暂时不修改现行法律制度的情况下，完善《国际商事专家委员会工作规则（试行）》的内容更为可行。

保障国际商事法庭的审判工作顺利进行、支持多元化解决国际商事争议是国际商事专家委员会设立的初衷。该委员会的运行机制可以充分发挥专业化优势，为维护当事人合法权益，营造稳定、公平、透明、可预期的法治化营商环境，发挥重要作用。[①] 但从现有司法解释来看，国际商事专家委员会的职能较为单一，仅限于调解和向国际商事法庭提供咨询及政策意见，[②] 对国际商事专家委员会的性质、服务主体范围及具体运行程序等内容的规定较为原则。因此，建议明确商事专家委员会的性质和服务主体范围，细化包括调解、提供专业法律咨询意见在内的具体程序，增加国际商事专家委员的聘请程序及监督规定。

一、明确国际商事专家委员会的性质和服务主体范围

最高人民法院设立国际商事专家委员会的目的是，提高国际商事争议解决的专业性，保证更多国家的专家参与争议解决，维护国际商事法庭的公信力。从国内现有的法律规定来看，有关国际商事专家委员会的规定尚未成熟，只是处于探索阶段。国际商事专家委员会由最高人民法院聘请的中外法律专家组成，精通国际贸易、投资等领域的国际习惯、专业法律规定，具有丰富的司法实践经验和较高的国际影响力。国际商事专家委员会在国际商事争议解决机制中占据重要地位，明确该委员会的性质，界定其服务主体范围，具有必要性。

---

① 刘帆：《最高人民法院国际商事专家委员会第三届研讨会致辞发言摘登》，载《人民法院报》2022年8月25日，第4版。
② 殷敏：《"一带一路"实践下中国国际商事法庭面临的挑战及应对》，载《国际商务研究》2022年第4期，第58页。

（一）明确国际商事专家委员会的性质

由于国际商事专家委员会由最高人民法院设立，根据《国际商事专家委员会工作规则（试行）》的相关规定，该委员会的主要职责是为国际商事法庭审理争议提供服务，其不能参与国际商事法庭的实体审理，只是负责调解国际商事法庭委托的争议和提供专业咨询，他们提出的建议和意见是否被采纳由国际商事法庭决定。国际商事专家委员会并非可以扮演国际法官之角色，毕竟国际法官可以参与国际商事法庭的审判工作甚至可以作为某些案件的独任法官并作出相应判决。因此，国际商事专家委员会是最高人民法院的一部分，主要服务于法院体系，其重点工作包括调解国际商事争议，以及就国际条约、国际规则、域外法查明等专业法律问题提供咨询。从国际商事调解角度看，国际商事专家委员会是国际商事法庭行使调解职能的延伸，国际商事法庭将调解职能转移给国际商事专家委员会，其自身可以不再进行调解。但笔者认为，在未来国际商事法庭运行机制的发展中，"国际商事法庭法官＋国际商事专家委员"之调解模式也有存在的可能性与必要性，毕竟国际商事法庭法官的国籍具有单一性，而商事专家委员来自世界各国，有利于保证调解人员的多样化。从提供专业法律问题咨询角度看，商事专家委员给出的意见或建议不具有法律效力，其只是通过此种法律服务方式来增强国际商事法庭办案的便利性。对于已经参与调解的商事专家委员，如果国际商事法庭就同一案件委托其查明相关域外法，亦不会影响调解程序的运行，因为调解与提供咨询是两个独立的程序，不会互相影响，毕竟二者的目的均为快速解决争议。

（二）厘清国际商事专家委员会的服务主体

国际商事专家委员会是维护国家主权和保证国际商事法庭"国际化"的平衡方式，但该委员会属于服务机构，不能完全替代国际法官的工作职能。前文提到，国际商事专家委员会的服务主体尚未明确。《国际商事专家委员会工作规则（试行）》第3条采用"可以根据国际商事法庭的委托……"的表述方式，从文义解释来看，其似乎表明商事专家委员还可以依据当事人或其他人民法院的委托履行相应职责。从国际商事调解角度看，国际商事专家委员会负责调解国际商事法庭委托的争议，最高人民法院其他法庭或者其他层级的人民法院不能与国际商事专家委员会对接，并委托该委员会调解相关争议。根据《国际商事专家委员会工作规则（试行）》的规定，可以发现国际商事专家委员会属于最高人民法院的组成部分。该委员会与贸促会调解中心、上海经贸商事调解中心不同，当事人不能在国际商事法庭受理争议前，直接将争议提交至国际商事专家委员会予以调解，只有国际商事法庭受理了争议且当事人同意并选择商事专家委员调解时，该被选定的商事专家委员才能够行使调解职能。从提供专业法律问题咨询角度看，《国际商事专家委员会工作规则（试行）》表明，该专家委员会可以向国际商事法庭和各级人民法院提供关于国际条约、国际商事规则、域外法律查明和适用的咨询意见。相较之下，应当明确国际商事专家委员会向各级人民法院提供专业法律问题咨询的具体路径。各级人民法院在审理涉外商事案件且需要国际商事专家委员会对国际条约、国际商事规则、域外法律进行查明时，可以向国际商事法庭协调指导办公室提出该申请，待国际商事专家提出相关意见后，再由国际商事法庭协调指导办公室整理并将所有材料交给相应的人民法院。需注意的是，《国际商事专家委员会工作规则（试行）》没有明确当事人是否能够向国际商事专家委员会申请域外法律查明。实践中，最高人民法院域外法查明平台于2019年正式上线，仅包括商事专家委员查明和专业机构查明。在申请商事专家委员查明域外法律方面，国际商事法庭官方网站公布了国际商事法庭协调指导办公室的联系人及联系方式。

二、细化国际商事专家委员会的工作流程

国际商事专家委员会在国际商事法庭运行过程中发挥重要作用，但现有法律只是简单地规定其职责和工作程序。调解是国际商事争议解决机制的重要组成部分，对诉至国际商事法庭的国际商事争议，当事人有权共同选择贸促会调解中心、上海经贸商事调解中心、商事专家委员进行审前调解。其中，

前两者均属于国际商事法庭对接的独立国际商事调解机构，具有各自的调解人员和调解规则；后者则是最高人民法院的服务机构，具有调解国际商事争议之职能，但调解规定尚未突出该机构的独特性质，在具体程序方面亦缺乏可操作性内容。另外，该委员会的主要职责包括查明国际商事争议中适用的域外法律、就国际条约和国际商事规则提供咨询意见、为国际商事法庭提供发展建议等，但《国际商事专家委员会工作规则（试行）》仅用两个条款规定上述职责的程序，似乎有些牵强。因此，建议在进一步细化国际商事专家委员会调解程序的同时，发挥其独特优势，并细化国际商事专家委员会提供专门性法律问题和为国际商事法庭发展提供意见的程序。

（一）国际商事专家委员会调解程序的具体化

一方面，对现有商事专家委员进行分类以供当事人选择。国际商事法庭官网设立商事专家委员名录并对他们进行介绍，主要包括教育背景、工作履历及职业生涯等，但没有将这些内容作出具体分类，导致当事人在选择商事专家委员时，难以直观地了解他们的业务专长，只能在浏览每个商事专家委员的基本情况后，综合分析并选择合适的人员。相较之下，对贸促会调解中心的调解员名册进行查询后发现，截至 2023 年 3 月，该调解中心的外籍调解员和我国港澳台地区的调解员约占调解员总数的 14.87%。在调解员名册中，当事人可以通过姓名、业务专长、职业、工作语言、地址等信息确定调解员。这些调解员主要从事法律或经济贸易教学研究工作、经济贸易实务工作以及立法或执法等法律事务工作，他们的业务专长主要涉及银行、保险、证券、外商投资、国际商法、知识产权、互联网及电子商务等领域。① 贸促会调解中心受理的案件范围包括国际（或涉外）争议、国内（包括港澳台地区）争

---

① 贸促会调解中心调解员的业务专长具体包括：银行、保险、信托、证券、租赁业务、并购、重组与破产、外商投资、港澳台投资、政府与公共服务、反垄断与反倾销、国际贸易规则、国际商法、国际贸易结算、著作权、专利、商标、合同纠纷解决及合同法、债权债务纠纷解决、股权纠纷解决、税务及税法、建筑工程、房地产、人力资源管理、通信、纺织、电力、破产及珠宝玉器、生态环境保护、海上海事渔业、体育、艺术及娱乐产业、互联网及电子商务、机械及装备制造、化学工业、企业经营管理、农业林业畜牧业、医学、物流及其他。

议，而商事专家委员调解的范围仅包括具有国际性和商事性的争议，因此建议依据前文提到的"商事性"范围对商事专家委员的业务专长予以分类，增加国际商事专家委员人数，扩大业务专长范围，以便当事人选择。

另一方面，细化国际商事专家委员调解程序的规定。国际商事法庭能够为当事人提供诉讼、仲裁和调解机制的选择——"一站式"国际商事争议解决平台，一些学者甚至评价国际商事法庭具有"提供多元化争议解决的创新潜力"。① 《国际商事专家委员会工作规则（试行）》细化了该委员会与国际商事法庭的程序衔接、工作职责及流程，但涉及调解、咨询等实质程序的只有八个条款，并不能为国际商事专家委员会提供全面的法律依据。相较之下，贸促会调解中心、上海经贸商事调解中心均制定了专门的调解规则、调解程序和收费办法，以便当事人了解整个调解流程和需要支出的调解费用。国际商事专家委员会作为中国国际商事争议解决领域的创新机制，应当具有更全面且详实的工作细则。以下本部分将从基本问题、受理范围、商事专家委员的选定、调解程序及规则等方面进行综合阐述。

国际商事专家委员会具有调解争议的职责，调解活动应规范、高效、低成本地进行，以维护当事人稳定的商事关系。调解程序应在当事人自愿的基础上，依据法律法规，参照国际惯例、交易习惯进行。凡当事人同意由商事专家委员调解的，一般视为同意遵守《国际商事专家委员会工作规则（试行）》的内容。由于国际商事专家委员会是隶属于最高人民法院的服务机构，国际商事法庭受理的案件具有国际性和商事性，可以将国际商事专家委员会的调解范围限定为国际商事法庭委托的争议。在商事专家委员选定方面，当事人可以分别从商事专家委员名册中选择多名调解员，由国际商事法庭确定一至三名由双方共同选定的商事专家委员。如果双方选定的调解员没有重合，则法官根据当事人的要求及案件的具体情况指定商事专家委员并获得双方当

---

① Matthew S. Erie, The China International Commercial Court: Prospects for Dispute Resolution for the "Belt and Road Initiative", Accessed Apr. 20, 2022, https://www.asil.org/insights/volume/22/issue/11/china – international – commercial – court – prospects – dispute – resolution – belt.

事人共同确认。当事人有权共同委托国际商事法庭帮助他们选定商事专家委员；如果一方当事人或双方当事人不同意指定的商事专家委员，国际商事法庭则可以告知当事人向其他调解机构申请调解。商事专家委员受理调解的前提是，在当事人同意的情况下，由国际商事法庭进行委托，而国际商事法庭协调指导办公室是二者保持联系的衔接机构。笔者认为，国际商事法庭协调指导办公室应积极联系商事专家委员，在他们不同意主持调解或者在法律规定期限内尚未回复的，应当要求商事专家委员书面说明不同意主持调解的原因，并将此情况以书面形式告知国际商事法庭及当事人，当事人可以重新选择其他商事专家委员或者其他调解机构进行调解。

商事专家委员在接受国际商事法庭委托后，应当保证履行职责，通过书面形式明确其在调解过程中的独立性及公正性。同时，设立商事专家委员回避制度，如果该专家的身份产生利益冲突，即既是商事专家委员又是案件当事人的代理人，则应当适用商事专家委员信息披露和回避制度。具体而言，商事专家委员在代理国际商事争议前，应向当事人告知其担任商事专家委员的事实；在接受代理或委任后，向国际商事法庭主动告知相关信息并主动回避，否则国际商事法庭有权解除对商事专家委员的聘任并重新委托其他商事专家委员，而是否重新进行已经调解的程序，由新选定的调解员共同决定。

商事专家委员同意主持调解的，国际商事法庭应在 3 个工作日内出具《委托调解书》并通知当事人，调解期限一般情况下不超过 20 个工作日。笔者认为，应当明确商事专家委员开始调解的时间，即在当事人收到国际商事法庭通知后 10 个工作日内开始调解工作，在第一次调解或以其他形式开始调解后 20 个工作日内形成书面报告，调解终止；对于法律关系较为复杂的案件，经国际商事专家委员申请及国际商事法庭同意的，调解期限可以顺延，但顺延时间不得超过 20 个工作日。调解分为线上调解和线下调解，由当事人协商决定。调解过程原则上不公开，当事人及代理人均可以参加商事专家委员的调解。如果当事人在调解过程中不能达成和解的，商事专家委员可以根据已经提供的信息向当事人提出相关建议。

（二）国际商事专家委员会提供域外法意见的程序细化

《国际商事专家委员会工作规则（试行）》第 14 条规定，国际商事法庭或其他人民法院向商事专家委员进行咨询的，应当书写咨询函，其内容包括商事专家委员的姓名、所咨询的问题，以及明确说明不少于 20 个工作日的答复期限。关于咨询的法律问题，国际商事法庭应当将案件的具体情况以及目前收集到的相关法律情况告知商事专家委员，商事专家委员根据具体案情、咨询的问题判断该案应当适用哪些法律，查明法律的具体规定与解释，以及与国际条约、国际商事规则和外国法律相关的判例。为保证商事专家委员享有更充裕的查询资料及研究时间，国际商事法庭要求商事专家委员答复的最短期限为 20 个工作日。对此，笔者认为，应当同时规定答复的最长期限，在相关规定难以查询或争议较为复杂的情况下，商事专家委员可以申请延期一次，但总期限不能超过 60 个工作日。

《国际商事专家委员会工作规则（试行）》规定，在商事专家委员同意接受咨询的情况下，才按期制作书面答复意见，那么他们是否有权拒绝接受专业法律问题的咨询呢？对此，笔者认为，应当限定商事专家委员拒绝接受咨询的条件。通常而言，国际商事法庭在了解各商事专家委员的国籍、职业等情况后，选择合适的商事专家委员进行专门性法律问题咨询，商事专家委员负责国际条约、国际商事规则和域外法律的查明及适用，一般情况下不存在拒绝接受咨询的理由。当然，特殊情况下，商事专家委员有权拒绝法律咨询，如国际商事法庭咨询的法律涉及相关国家秘密、公共利益，抑或由于商事专家委员的身体状况等不能接受咨询。商事专家委员尚未查明相关内容的，应当以书面形式告知国际商事法庭协调指导办公室并说明已经查明的问题、尚未查明的问题及原因。通过国际商事法庭协调指导办公室获知商事专家委员不能查明相关法律问题后，国际商事法庭可以重新委托其他商事专家委员进行咨询。为防止商事专家委员不能查明法律问题情况的重复出现，提高案件审理效率，保证商事专家委员提出咨询意见的正确性，国际商事法庭可以同时向多个商事专家委员进行咨询。如果各商事专家委员的意见存在差异，国际商事法庭协调指导办公室可以组织这些商事专家委员召开咨询会并形成书面答复意见，每个商事专家委员应当将自己的意见及理由纳入答复意见，咨询会的形式可以是线上、线下或者是二者结合，期限不得超过十个工作日，国际商事法庭根据会议结果决定相关国际条约、国际商事规则、域外法律的查明与适用。在案件审理过程中，当事人有权选择依据书面答复意见，申请一名或多名商事专家委员作辅助说明。

（三）进一步规定商事专家委员提供国际商事法庭发展意见的程序

国际民事诉讼在各国国际经济贸易交往中发挥重要作用，整个诉讼过程涉及法院与中外当事人的关系、外国人的诉讼地位，甚至涉及国家之间司法权的博弈。[①] 国际商事法庭作为中国国际民事诉讼的重要创新机制，是新时代开放战略的必然要求，也是中国提升国际影响力和竞争力的法治保障。国际商事专家委员会的设立是中国司法进一步开放并逐渐迈向国际化的重要途径。《国际商事专家委员会工作规则（试行）》中只有两条涉及商事专家委员为国际商事法庭提供发展建议的程序规定，其具体内容与国际商事专家委员会提供专门性法律问题的程序规定类似。商事专家委员提供国际商事法庭发展意见和建议的委托主体是国际商事法庭，但国际商事法庭法官并非该法庭的专门法官，而是任职于最高人民法院其他法庭的法官，那么具体由谁提出国际商事法庭发展中存在的问题并与国际商事法庭协调指导办公室对接，现有规定尚没有涉及。相应地，只有被委托的商事专家委员能够参与国际商事法庭的发展或在司法解释、司法政策制定前提供意见或建议，其涉及范围较小且具体程序尚未细化。因此，建议进一步规定商事专家委员为国际商事法庭发展提供意见的程序。

首先，明确委托主体，扩大委托对象的范围。《国际商事专家委员会工作规则（试行）》第 16 条只规定了国际商事法庭有权委托商事专家委员针对国际商事法庭的发展提出意见和建议。司法实践中，还需要明确国际商事法

---

① 万钧：《中国国际民事诉讼法原则体系之构建》，载《武大国际法评论》2015 年第 2 期，第 185 页。

庭委托商事专家委员的前提条件及前置程序。参与国际商事案件审理的法官每办理完一件案件，应当对整个案件进行深入分析，找出在整个诉讼过程中存在的问题并提出建议，之后交给国际商事法庭协调指导办公室；该办公室工作人员对问题进行总结与归纳，定期召开国际商事法庭审理案件讨论会，经法官共同讨论后仍存在疑虑的，委托商事专家委员提出相应的建议。从现有规定来看，尚未明确国际商事法庭可以委托几名商事专家委员提供建议，也只有同意接受委托的商事专家委员才制定书面答复意见，而其他商事专家委员不能参与国际商事法庭发展的规划。但国际商事法庭及中国国际民事诉讼的发展和推动，需要更多法学专家的共同努力。对此，笔者建议由国际商事法庭法官共同确定多名商事专家委员，其原因在于商事专家委员不仅可以受国际商事法庭委托，提供相关建议，还可以主动将自己对国际商事法庭未来发展的见解向国际商事法庭协调指导办公室提交，再由该办公室归纳整理后交给国际商事法庭，之后由法官共同讨论并决定。

其次，细化国际商事法庭、商事专家委员及国际商事法庭协调指导办公室的职责，丰富《国际商事专家委员会工作规则（试行）》第16条的内容。国际商事法庭协调指导办公室总结国际商事法庭法官提出的问题和建议，召开国际商事法庭审理案件讨论会后形成委托函，由国际商事法庭协调指导办公室收到材料后3个工作日内联系商事专家委员。在没有特殊情况下，商事专家委员有同意接受委托的义务，否则其应当以书面形式说明拒绝委托的理由，并将材料按期交给国际商事法庭协调指导办公室，且现有法律要求商事专家委员的答复期限不能少于20个工作日，但笔者认为应当规定答复期限的上限，即最多不能超过40个工作日。另外，国际商事法庭协调指导办公室在必要时可以组织部分商事专家委员召开专家咨询会的规定不具有可操作性，毕竟"必要时""组织部分专家委员"的灵活程度太高。笔者建议，由国际商事法庭协调指导办公室组织国际商事法庭法官和全部商事专家委员定期召开国际商事法庭发展讨论会，会议召开形式为"线上＋线下"模式，主要讨论国际商事法庭未来发展的问题，包括国际商事法庭发展的规划、分析国际商事法庭审理案件过程中存在的问题、域外国际商事法庭（院）的特色机制及中国能否借鉴和如何借鉴等问题。召开会议的记录由国际商事法庭协调指导办公室负责，会议记录由全体参会人员签字。

（四）探索商事专家委员参与庭审活动的可能性

法官是司法机关审判权的实施者，他们运用法律、判断事实及证据的能力均会对审判公正性产生直接影响。与审理国内商事争议不同，对国际商事争议的审理还要求法官具有国际视野，对相关国家的法律、国际条约、国际商事规则、惯例以及国家法律文化均应有所了解。然而，随着科学技术及国际投资贸易的发展，很多国际商事案件涉及多个专业领域，仅具备法律专业知识是不够的，还需要多个学科领域或其他国家的法律和惯例的融合，才能予以全面认识并作出客观判断。虽然国际商事法庭的专家具有丰富的实践经验，但并非在所有领域都很擅长，也不能仅依据当事人收集的证据来判断案件事实。商事专家委员来自不同的国家与地区，涉及国际贸易法、外商投资法、国际投资法等多门学科，包括调解员、仲裁员、学者、法官等多种职业，均具有较高的专业素养，可以探索让商事专家委员作为中立第三方参与庭审活动。《民事诉讼法》第 82 条规定，当事人有权向人民法院申请让相关领域的专家出庭并就鉴定人意见或专业问题提出意见，且没有对专家作出过多限制，这为商事专家委员参与国际商事法庭审理案件提供了基本法律依据。

国际商事法庭协调指导办公室应依据前两批商事专家委员的国籍和专业领域对他们进行分类，以便当事人做出选择。商事专家委员参与国际商事法庭庭审的主要职能包括，对专业问题提出意见和对案件涉及的域外法进行查明。关于前者，国际商事法庭受理案件后，应当询问当事人是否委托商事专家委员。每个当事人在举证期限届满前，可以依据国际商事法庭协调指导办公室制作的名单选择一至两名具有相应专业知识的商事专家委员，他们参与庭审过程以便了解具体案情，并在法庭上就专业问题提出意见以作为当事人陈述。国际商事法庭可以对出庭的商事专家委员进行询问，在法庭允许的情况下，当事人也有权对这些商事专家委员询问，每个商事专家委员也可以对相关问题进行对质。关于后者,《国际商事专家委员会工作规则（试行）》第15条赋予当事人申请商事专家委员出庭作辅助说明的权利，但似乎给予商事专家委员过多的主动权，即只有在他们同意的情况下，才能出庭说明。笔者认为，国际商事专家委员会作为审判辅助机构，应当积极参与案件的办理过程。在域外法查明方面，只要商事专家委员受国际商事法庭委托，原则上就应当作出书面答复意见并出庭予以说明，除非有特殊情况，毕竟外国法律的具体内容及适用与案件审理的结果密切相关，是影响案件公正、高效审理的重要因素。

三、增加商事专家委员的聘请程序和监督程序

最高人民法院设立的国际商事专家委员会主要履行两项职责，即受国际商事法庭的委托调解争议以及就国际条约或域外法律内容向国际商事法庭提供咨询意见。上述两项内容均为国际商事法庭公正、高效地审理争议的关键因素，而商事专家委员的公正性和中立性是当事人关注的重点。

一方面，制定商事专家委员的聘请程序，以保证整个程序的严谨性和规范性。《国际商事专家委员会工作规则（试行）》第2条规定了担任商事专家委员的条件，即国际商事法律领域的专业化、较高的品德和认真的工作态度，但没有涉及聘请商事专家委员的具体程序，这可能导致当事人对最高人民法院如何选任商事专家委员产生疑惑。因此，在上述规定的基础上，建议进一步细化商事专家委员的聘请程序。其一，明确将国际商事法庭协调指导办公室作为商事专家委员的管理机构，该办公室对商事专家委员的聘任、考核管理等重要事项统一负责，充分尊重商事专家委员的合法权益，调动和发挥商事专家委员调解、提供咨询建议的积极性。其二，细化商事专家委员的选聘程序，建立商事专家委员候选库。相关商事专家委员的选任分为两类：①对于具有中国国籍的商事专家委员而言，可以将相关领域的专家、教授、资深从业人士纳入候选库；②对于具有其他国籍的商事专家委员而言，可以优先从与首批"一站式"国际商事争议多元化解决机制中的仲裁机构和调解机构

密切合作的其他国际著名仲裁机构、调解机构中选择，将他们纳入候选库。值得注意的是，应保证专家候选库候选人员的国籍、专业、职业的多样性，增加外国国籍专家入库的比重。关于商事专家委员的选聘，应当规定相应的程序：①国际商事法庭协调指导办公室在国际商事法庭官网公布选聘商事专家委员的公告和要求；②候选库专家申请的，应当提交《国际商事专家委员申请表》和职业经历；③国际商事法庭协调指导办公室对《国际商事专家委员申请表》进行初步审查，并将审查意见和所有材料交至最高人民法院办公厅讨论决定；④对决定聘任的商事专家委员，由商事法庭协调指导办公室颁发聘书，列出商事专家委员的名册，并通过媒体公布。在商事专家委员聘任期满后，国际商事法庭协调指导办公室根据商事专家委员在任期内履行职责的具体情况，提出是否继续聘任的意见，并提交至最高人民法院办公厅，由其作出最终的决定。对于继续聘任的商事专家委员，由国际商事法庭协调指导办公室重新颁发聘书，否则最高人民法院与该商事专家委员的聘任关系自动终止。如果商事专家委员的聘任期满且有尚未办结事宜的，可以将聘任期延长至相关事宜办理结束；如果商事专家委员不愿意继续办理，则可以指定其他商事专家委员继续办理。

另一方面，强化国际商事法庭协调指导办公室、当事人对商事专家委员的监督机制。除行政职能外，国际商事法庭协调指导办公室还应行使监督职能，如在聘任专家时，对其进行职业背景调查，抑或在商事专家委员调解争议或提供咨询意见时，审查其是否存在利益冲突问题等。从当事人角度看，国际商事法庭就国际条约、域外法查明等事项委托商事专家委员提供意见时，应当充分保障当事人参加并给予他们发表意见的权利，例如国际商事法庭应当告知当事人受托商事专家委员的基本情况、咨询内容等；当事人有权了解商事专家委员提出建议的依据，也可以对商事专家委员的独立性提出疑问，并由国际商事法庭协调指导办公室查明并回复。

‖ 第六章 ‖

国际商事法庭判决在外国的承认与执行

中国是一个不断崛起的经济和政治大国，多年来一直倡导法治建设，力求营造良好的法治环境。对于一国法院作出的国际贸易争议判决，有必要保证其能够在判决所在国之外获得承认与执行，具体包括当事人所在地或其资产所在地，尤其是与合同履行地或争议解决地不同的地方。虽然中国积极参与区域或国际层面的公约制定，但国内立法及司法实践取得的进展十分有限。近年来，一些外国法院主动承认与执行中国判决，中国法院随后也予以积极回应，在实践中形成了一个"后续"循环。[①] 因此，促进承认与执行中外判决的新机会已经到来，中国应该抓住此机会，进一步加强国内立法或积极参与国际条约的制定。在国际商事争议解决中心的建设中，国际商事法庭的设立是中国法律史上的重大创新，其目标是成为"一带一路"建设中解决国际商事争议的"一站式平台"，但该法庭的制度设计较为保守，并不能吸引更多的商事主体来选择该法庭解决争议，而管辖权和判决的承认与执行是该法庭能否顺利运行的两个核心内容。[②] 中国判决在外国获得承认与执行和外国判决在中国获得承认与执行的机制密切相关，对其中一个问题的研究需要考量另一个问题，中国在积极处理外国判决的同时，还应注意该外国法院对本国法院判决承认与执行的态度，这关乎中国对外民商事交往的正常发展，也

---

① ZHANG Wenliang, *Sino-Foreign Recognition and Enforcement of Judgments: A Promising "Follow-Suit" Model?*, Chinese Journal of International Law, Vol. 16, No. 3, 2017, pp. 516 – 518.

② Julien Chaisse & XU Qian, *Conservative Innovation: The Ambiguities of the China International Commercial Court*, AJIL Unbound, Vol. 115, 2021, pp. 17 – 20.

是国际商事法庭判决承认与执行制度的关键。国际商事法庭作出的判决与最高人民法院民事审判第四庭及下级人民法院作出的判决在外国获得承认与执行的程序相同，依据均为双边司法协助条约、多边公约、互惠原则及外国法规定。

国际商事法庭作出的判决在外国获得承认与执行意味着被请求国行使间接管辖权，应适用相关条约和该国法律的相关内容，但被请求国审查的大部分内容的判断依据依然是"原审国法律"，由于各国对承认与执行外国判决存在不同的限制，所以如何将国内法适用于外国判决，较为复杂。何种条件下的判决能够获得外国法院的认可，在被拒绝承认与执行的情况下，如何提供救济，尚无相关司法解释对此提供指引。现有立法可能导致国际商事法庭判决在外国获得承认与执行中存在很多问题，导致当事人的既得权益无法实现。由此，笔者建议完善《民事诉讼法》《民事诉讼法司法解释》及《国际商事法庭若干问题规定》等相关规定，保证该法庭作出的判决在外国顺利获得承认与执行。

第一节　国际商事法庭判决在外国获得承认与执行的基础

国际民事诉讼是解决国际民商事争议的有效路径，法官作出的判决在其他国家获得承认与执行又是国际民事诉讼程序的"归宿"。目前设立国际商事法庭（院）的国家主要包括普通法系国家、大陆法系国家和伊斯兰法系国家，各国的发展阶段、国际商事法庭（院）设立的目标及法庭（院）结构存在差异，它们作出的判决在相关国家能够顺利获得承认与执行是扩大其司法影响力的关键，中国也不例外。在设立国际商事法庭（院）的国家中，中国已经与新加坡、德国建立事实互惠关系，与哈萨克斯坦、法国、阿联酋订立双边司法协助条约，[①] 但由于我国尚未批准外国判决承认与执行多边公约，

---

① 刘音：《论外国国际商事法庭判决在我国的承认》，载《厦门大学法律评论》2020年第1期，第135页。

国际商事法庭的判决难以广泛地被其他国家承认与执行。本节主要梳理外国法院在承认与执行国际商事法庭判决时，依据的现实基础、理论基础和法律基础。

一、国际商事法庭判决在外国获得承认与执行的现实基础

一国法院判决难以在其他国家获得承认与执行，将大大降低本国法院对当事人的吸引力。相反，外国法院主动认可中国判决以及中国法院的积极回应，为解决两国判决的承认与执行问题奠定了基础，这对于国际商事法庭来说，十分重要。虽然中国的国际商事法庭审理了多起国际商事案件，但暂未涉及该法庭判决在外国获得承认与执行的内容。由于国际商事法庭判决在外国获得承认与执行的基础为中国传统涉外民商事判决的机制和实践，所以研究该法庭判决在外国获得承认与执行的机制是非常必要的。

（一）经济全球化对判决在外国获得承认与执行的影响

国际私法以国家主权平等原则和地域主权原则为基础，主要解决在国际环境下的法律冲突。在外国判决承认与执行领域，各国作出的民商事判决既是国家行为的结果，又是当事人之间的交易，具有双重性质。[①] 当判决作为国家行为的结果时，其效力仅限于法院所在国的主权领土范围内，除非判决作出国和承认与执行地国之间存在国际条约，要求承认与执行地国在领土内赋予判决效力或基于其他原因自愿赋予该判决效力。[②] 判决承认与执行是在一定条件下，国家之间互相承认对方法院判决在本国的效力并给予执行的司法合作行为，各国在商事交往活动中需要建立判决承认与执行制度。

1. 经济全球化是国家主权原则软化的重要因素

全球化具有国际化、自由化含义，要求各国平等运用国际规则来共同参与国际竞争，具有开放性。国家主权意味着国内最高权力及其在国际社会的

---

① Hessel E. Yntema, *The Enforcement of Foreign Judgments in Anglo-American Law*, Michigan Law Review, Vol. 33, No. 8, 1935, pp. 1129 – 1168.

② Robert C. Casad, *Issue Preclusion and Foreign Country Judgments: Whose Law*, Iowa Law Review, Vol. 70, 1984, p. 53.

独立自主权，而司法主权是国家主权原则的具体表现，即主权国家对在其境内的主体、行为、事件享有不受外国干涉的裁判权，其他国家不得在其境内享有裁判权。依据国家主权原则，一国法院作出的判决是该国行使审判权的结果，其判决只能在该国境内有效。① 从 20 世纪后期开始，跨国商事活动日渐频繁，跨国企业的数量、规模及其在世界商业活动中的重要性都远远超过历史任何时期，世界各国在经济上相互依赖和融合。国际社会的发展使国家主权原则受到一定的冲击，国际社会共同进步的关键是尊重国家主权和领土完整，但绝对主权时代已经过去。② 经济市场的全球化和跨国调整策略的改变对国家主权原则提出重要挑战，③ 主权原则更倾向于"独立去做"而非"合作"，而经济全球化正在很大程度上取代和压倒国家和地区经济，④ 从根本上对传统主权国家之间的权力分配提出挑战，即通过协调国际经济规范及各国法律在经济全球化进程中的适用，逐渐软化以国家主权原则为基础的传统理解。目前许多由传统主权国家享有的规范权力逐渐转向其他层面，例如条约制定已经属于超国家层面，⑤ 国家间签订的双边条约、多边公约成为重要的法律依据。越来越多的学者认为，一个由民族国家组成的世界正在向由参与者构建的世界过渡，主权不再是无可争议的基本价值。⑥ 经济全球化是社会生产力发展的客观趋势，强化了国际社会互相合作的要求，而国家主权的让渡和弱化现象是不可避免的。

2. 经济全球化弱化了判决在外国获得承认与执行的主权原则

经济全球化不仅肯定了各国主权的相对独立性，而且凸显了它们之间互相合作的关系。具体到外国判决承认与执行领域，国际社会逐渐倾向于国家

---

① 余先予主编：《国际法律大辞典》，湖南出版社 1995 年版，第 433 页。

② Suhail H. Hashmi, *State Sovereignty: Change and Persistence in International Relations*, Pennsylvania State University Press, 1997, p. 151.

③ 宣增益：《国家间判决承认与执行问题研究》，中国政法大学出版社 2009 年版，第 45 页。

④ Louis Henkin, *That "S" Word: Sovereignty, and Globalization, and Human Rights, Et Cetera*, Fordham Law Review, Vol. 68, No. 1, 1999, pp. 3 – 5.

⑤ Paul B. Stephan, *The New International Law—Legitimacy, Accountability, Authority, and Freedom in the New Global Order*, University of Colorado Law Review, Vol. 70, 1999, pp. 1556 – 1561.

⑥ 宣增益：《国家间判决承认与执行问题研究》，中国政法大学出版社 2009 年版，第 45 页。

间的必要合作。在绝对主权时期，一国判决仅在本国有法律效力，其他国家没有认可该判决法律效力的义务。如果作出的判决不能在其他国家获得承认与执行，那么为获得有效的判决就必须向其他国家的法院重新提起诉讼，这既不符合国际社会认可的既判力原则，又浪费了各国的司法资源。虽然各国的价值观、历史背景、法律文化、实体规则、管辖权原则的差异都是判决承认与执行的阻碍，但各国之间依然存在对外国判决承认与执行的现实需要。经济全球化的深入导致一国判决的承认与执行不再完全依赖于被请求国的主权意志，而是要站在一个全新视角考量，即在合作的基础上，作出适当限制。全球化对各国的司法主权有现实影响，在一定程度上改变了国际社会先前在外国判决效力上"老死不相往来"的情况，[①] 例如制定双边条约和多边公约等。外国判决承认与执行毕竟涉及各国的司法主权，因而各国国内法也不同程度地设置适用条件以维护主权原则，如管辖权因素、外国判决终局性因素、互惠原则等肯定要件，以及公共政策例外、欺诈例外等禁止性条件。全球性判决的承认与执行公约涉及的成员方数量较多且形成结果具有一致性，国际社会对此一直有所探索，例如已经制定的《选择法院协议公约》《承认与执行外国民商事判决公约》等普遍性判决公约，以及《海牙收养管辖权、法律适用和判决承认公约》《儿童抚养义务判决的承认和执行公约》等专门性判决公约。另外，欧共体国家的布鲁塞尔公约体系实现了判决在欧盟境内自由流动的目标，有助于促进欧盟成员方之间的民商事关系发展，为建立全面的经济共同体和政治共同体提供了司法合作方面的有效支持。

（二）国际商事法庭判决在外国获得承认与执行的意义

国际商事法庭的设立既符合历史发展和优化良好营商环境的国际趋势，也是涉外审判史和中国司法发展的重大进步，标志着最高人民法院涉外审判进入新的阶段。国际商事法庭判决是否可以顺利地在其他国家获得承认与执行，与该法庭运行的实际效果密切相关。外国判决承认与执行的依据为国际

---

① 王吉文：《外国判决承认与执行地国际合作机制研究》，中国政法大学出版社 2014 年版，第5页。

条约、互惠关系以及国内法规定，但多边国际公约的成员方数量有限、双边国际条约的主体具有局限性、互惠关系的确定存在困难以及国内法制度的差异较大。具体到国际商事法庭，其作出的判决在国外获得承认与执行仍存在较大的阻碍，原因在于虽然中国是《选择法院协议公约》《承认与执行外国民商事判决公约》的重要参与国，但目前还没有批准这两个公约。另外，中国已经与 30 多个国家签订双边司法协助条约，却尚未与重要的贸易国家签订条约，而国际商事法庭判决在这些国家得到承认与执行必须依据互惠原则。司法实践中，中国将事实互惠作为判断标准，在互惠关系难以认定的情况下，外国法院也不会依据互惠原则承认与执行国际商事法庭判决。在国际商事法庭判决不能获得广泛认可的情况下，该法庭的司法公信力及吸引力将会降低，致使违背设立初衷。随着"一带一路"建设的不断深入，国际商事法庭受理的案件数量必然会不断上升，部分案件的判决需要在外国法院获得承认与执行。如果中国在司法实践中对外国判决消极应对，也会影响国际商事法庭判决在其他国家的承认与执行。为建立与国际商事法庭适应的判决承认与执行机制，中国应当积极完善国内法制度。

国际商事法庭作为最高人民法院的组成部分，其判决效力等同于最高人民法院作出的判决，但该法庭的结构在很大程度上受现有法律制度的约束，其判决也是依据中国现有机制在其他国家获得承认与执行，并无特殊之处。依据《国际商事法庭程序规则（试行）》之规定，该法庭作出的判决可以由当事人依据《民事诉讼法》第 297 条规定请求外国法院承认与执行。仅有上述规定尚不能满足国际商事法庭判决在其他国家获得承认与执行的需求，毕竟大部分双边司法协助条约规定被请求国审理判决的标准是原审国法律。另外，在中国尚未批准多边国际公约且双边司法协助条约数量较少的情况下，部分国家承认与执行国际商事法庭判决的依据为互惠原则，只有细化关于互惠原则的相关规定，通过该原则承认与执行更多国家的判决，才能达到更多国家愿意依据互惠原则承认与执行国际商事法庭判决的效果。

二、国际商事法庭判决在外国获得承认与执行的理论基础

在国际民事诉讼中，作出判决并不代表案件的结束，毕竟败诉方很可能拒绝履行判决。为实现判决赋予的权利，胜诉方需要采取一定的法律措施，即向法院申请强制执行。国际著名商事法庭（院）的判决承认与执行制度存在共同的司法理念，即推动商事判决在全球范围内快速流通。那么，外国承认与执行国际商事法庭判决的基础如何？不同国家和不同历史时期的理论有所差异。

（一）国际礼让说

国际礼让说由荷兰著名学者胡伯首次创立，他强调每个国家的主权和领土基础，而不是国家内部和外部政策之间的严格界限，并认为一国法律只在本国领域内有效并拘束全体臣民。根据国际礼让说，如果一国法律在本国已经生效，则其可在任何地方保持效力，但应避免侵害他国主权者及臣民的权力和权利。① 该学说本用于解释外国法适用问题，后来被许多国家纳入外国判决承认与执行领域。从国际法角度看，礼让是指国家间友好处理一切事务，适用于司法机关及国家的决策行为，英美法系国家将国际礼让说作为承认与执行外国判决的基础。美国联邦最高法院在 1895 年希尔顿诉盖约特（Hilton v. Guyot）案件中首次运用"国际礼让"理论，认为礼让是出于国际义务和便利考虑，对一国允许其他国家在本国领土内的立法、行政或司法行为予以承认。② 国际礼让说也是早期英国法院对其他国家判决承认与执行采用的重要理论依据，但其主张英国法院承认与执行其他国家作出判决的依据是现实和便利需要，如果对其他国家法院的判决不予承认与执行，则是对外国主权的不礼貌行为，而不是将承认与执行的基础归结于绝对义务。③ 现代意义上

---

① D. J. Llewelyn Davies, *The Influence of Huber's De Conflictu Legum on English Private International Law*, British Yearbook of International Law, Vol. 18, 1937, pp. 49 – 52.

② Hilton *v.* Guyot, 159 U. S. 113. 162 (1895).

③ 贺晓翊:《英国的外国法院判决承认与执行制度研究》，法律出版社 2008 年版，第 49 页。

的礼让可以被理解为一种政策抑或国家间的善意、合作和互相尊重,① 与国际关系中的和平、合作及发展的主题相符。

(二) 债务说

英美法系国家长期坚持的一种国际私法理论为,任何国家应承认与执行当事人在他国已经获得的权益。在外国判决承认与执行领域,外国法院判定一方当事人有权要求另一方当事人履行债务,赋予判决债权人法律权利,其他国家应当尊重这种权利。也有学者认为,外国判决是双方当事人之间建立的契约关系。② 债务说是在 1842 年拉塞尔诉史密斯 (Russell v. Smyth) 和 1864 年威廉姆斯诉琼斯 (Williams v. Jones) 两个案件中首次被英国法官提出,此理论一直沿用至今。另外,新加坡作为英国的殖民地,其法律制度受英国的影响较大。外国判决在新加坡的承认与执行主要分为两个方面,即登记程序和重新审理程序。前者仅适用于部分联邦国家,新加坡国会制定了《与外国相互承认和执行判决法》和《与英联邦国家相互承认和执行判决法》,申请人只要根据上述法律规定办理登记,则外国判决和新加坡判决具有同等效力。对于后者,外国判决的债权人应当重新向新加坡法院重新起诉,而重新审理制度理论的基础为债务说,该学说认为行使裁判权是国家主权的重要表现,判决仅在原审国内有效,其他国家不能直接承认与执行该判决内容。新加坡法院在承认其他国家法院作出的判决时,将此判决视为准合同,债务人有义务履行该判决规定的债务内容。③ 新加坡法院将外国判决作为债务依据并作出新的判决,依据新判决的内容进行承认与执行。债务说倾向于将外国法院判决视为申请人与被申请人之间的准合同,不以国家间的互惠关系为判决承认与执行的前提,有利于更好地实现当事人权益。

---

① Jonathan Harris, *Recognition of Foreign Judgments at Common Law—The Anti-Suit Injunction Link*, Oxford Journal of Legal Studies, Vol. 17, No. 3, 1997, pp. 477 – 480.

② H. L. Ho, *Policies Underlying the Enforcement of Foreign Commercial Judgments*, International & Comparative Law Quarterly, Vol. 46, No. 2, 1997, p. 446.

③ 朱磊:《中国法院金钱判决在新加坡的承认与执行》,载《中国国际私法与比较法年刊》(第 21 卷),法律出版社 2017 年版,第 240 页。

(三) 既判力说

既判力说主要是被美国国际私法学家里斯教授主张，[①] 其实质是"一事不再理"。该理论体现的是排除政策，即审理案件时，寻求当事人之间的正义，法律不允许就同一案件提出重复诉讼。有效的终局裁决排除当事人再行诉讼的权利，即拒绝浪费一国司法资源重新审理在其他国家已经获得公平审理的案件。当然，也有部分学者认为，一事不再理原则不能完全解决外国判决承认与执行的问题。例如，有学者认为，分析外国判决承认与执行理论时，应当考虑五种政策因素：①避免重复诉讼和资源浪费；②维护国际秩序的稳定和协调一致；③相信判决法院比判决执行更适当；④限制原告在选择法院中，使当地执行的可行性成为决定性因素；⑤注意保护胜诉方的利益。[②] 上述五种因素中，①和⑤是里斯所称的"一事不再理"，但要注意节省诉讼资源政策和当事人的公平价值，涉及国际商业贸易和民事秩序的维护，促进判决在他国承认与执行及保持国家间良好的政治、经济关系等。

随着经济全球化的进一步发展，国家间在经济上互相依赖的程度更高。在国家合作过程中，互相尊重和善意是各国共同发展和进步的必要条件，判决互相承认与执行是各国法律合作的重要内容，并归结于各国自身经济发展的需要。笔者认为，现代意义上的判决承认与执行之理论基础是以维护国家主权为原则，保证国家之间的善意、合作和互相尊重。

三、国际商事法庭判决在外国获得承认与执行的法律基础

判决承认与执行是国际商事法庭（院）共同关心的问题之一，它关系到这些法庭（院）如何相互联系的问题。笔者认为，外国法院承认与执行国际商事法庭（院）的判决，既有一些双边司法协助条约的规定，又有互惠原则和国内立法的支撑，从而为此制度的发展奠定良好的法律基础。为方便承认

---

① 徐宏：《国际民事司法协助》，武汉大学出版社 2006 年版，第 220－221 页。

② Arthur T. von Mehren & Donald T. Trautman, *Recognition of Foreign Adjudications：A Survey and a Suggested Approach*, Harvard Law Review, Vol. 81, 1968, pp. 1603－1604.

与执行外国判决，各国签订双边司法协助条约并就互相承认与执行对方判决作出特别规定。在国际社会中，最早涉及外国判决承认与执行内容的双边协定涉及的签订国是法国与瑞士、法国与比利时，[①] 目前中国已经与多个国家签订双边司法协助条约。就判决承认与执行而言，互惠原则是指在国际民商事交往中，国家之间在对等条件下互相承认与执行对方判决，[②] 而尚未与中国签订双边司法协助条约的国家则可能依据该原则承认与执行国际商事法庭判决。另外，在加强国际司法协助的同时，各国通过国内法就承认与执行外国判决作出规定：其一，在民事诉讼法或国际私法中列入专编或专章进行规范，如 1926 年《日本民事诉讼法》、1987 年《瑞士联邦国际私法》相关章节等；其二，以单行法规方式对承认与执行外国判决作出规范，如 1962 年美国《统一外国金钱判决承认与执行法》、1933 年英国《外国判决互惠执行法令》、1991 年澳大利亚《外国判决法》等；其三，就中国而言，中国法院与其他法院之间签订的备忘录，不构成条约或立法，也无法律约束力，但它是各国在司法程序中互相合作的重要表现形式。

（一）双边司法协助条约

国际社会在为实现"法律全球化"的目标不断努力，[③] 但各国法律对承认与执行外国判决的规定存在差异，因此国际条约占据十分重要的地位。从国内法角度看，《民事诉讼法》第 297 条将双边司法协助条约作为法院向其他国家申请判决承认与执行的依据之一；从国际法角度看，中国尚未批准专门性多边公约，互惠原则适用的具体规定不完善，双边司法协助条约是实现判决在外国获得承认与执行不可缺少的依据。[④] 就中国法院判决向外国申请承认与执行的制度产生于 1982 年《民事诉讼法（试行）》，其

---

① 唐表明：《比较国际私法》，中山大学出版社 1987 年版，第 345 页。

② 付颖哲：《外国判决承认与执行法律制度研究——以欧盟统一法为视角》，法律出版社 2011 年版，第 145 页。

③ Michael Likosky, *Transnational Legal Process: Globalization and Power Disparities*, Northwestern University Press, 2002, pp. 28 – 31.

④ 刘力：《"一带一路"国家间法院判决承认与执行的理据与规则》，载《法律适用》2018 年第 5 期，第 45 页。

中第 203 条规定，中国法院可以依据参加的国际条约或按照互惠原则将已经发生法律效力的判决委托外国法院协助执行。《民事诉讼法》经过五次修正后，双边司法协助条约依然是中国法院向外国申请判决承认与执行的重要依据。

目前，中国尚没有与其他国家缔结民商事判决承认与执行的专门性条约，① 但自 1985 年起，开始与相关国家谈判缔结双边司法协助条约，截至 2024 年 3 月底，中国与 37 个国家缔结的双边司法协助条约已经生效。② 从生效时间来看，上述大部分双边司法协助条约的生效集中于 20 世纪 90 年代（22 个双边司法协助条约已经生效）；21 世纪以来，双边司法协助条约生效的数量为 13 个；其余 2 个于 20 世纪 80 年代生效。从条约内容来看，主要包括民商事司法协助、民商事和刑事司法协助两个类型。涉及民商事司法协助的双边司法协助条约有 18 个，③ 涉及民商事和刑事司法协助的双边司法协助条约有 19 个，④ 其中有 3 个没有规定外国判决承认与执行的内容，涉及国家包括泰国、韩国、新加坡。前述双边司法协助条约对外国判决承认与执行部分的规定也存在不同之处（没有涉及外国民商事判决承认与执行内容的条约除外），其内容主要包括裁决范围、申请方需要提交的文件、被请求国法院应当承认与执行或拒绝承认与执行的条件、管辖权、承认与执行程序，以及承认与执行效力等；其中有 22 个双边司法协助条约没有专门列举缔约国的管

---

① 中国采取"一国两制"方针，受内地和特别行政区经济、社会交往的实际影响，最高人民法院分别与两个特别行政区达成了区际判决承认与执行的安排，并发布《最高人民法院关于内地与澳门特别行政区相互认可和执行民商事判决的安排》（法释〔2006〕2 号）和《最高人民法院关于内地与香港特别行政区法院相互认可和执行民商事案件判决的安排》（法释〔2024〕2 号）。

② 详见外交部官网的中国条约数据库，http://treaty.mfa.gov.cn/Treaty/web/search.jsp?title_name=%E6%B0%91%E4%BA%8B&chnltype_param=2&country_name=&areaName=20&qsdateS=&qsdateE=&sxdateS=&sxdateE=&qk_name=&nPageIndex_=1，访问时间：2022 年 3 月 28 日。

③ 与中国签订民商事司法协助条约的国家包括：埃塞俄比亚、波黑、巴西、科威特、阿尔及利亚、秘鲁、阿根廷、韩国、阿联酋、突尼斯、摩洛哥、新加坡、泰国、匈牙利、保加利亚、意大利、西班牙、法国。

④ 与中国签订民商事和刑事司法协助的国家包括：朝鲜、立陶宛、老挝、越南、塔吉克斯坦、乌兹别克斯坦、吉尔吉斯斯坦、希腊、塞浦路斯、土耳其、哈萨克斯坦、埃及、古巴、乌克兰、白俄罗斯、俄罗斯、罗马尼亚、蒙古国、波兰。

辖权等相关内容。①

部分双边司法协助条约规定，外国判决承认与执行的申请方式包括两种，即直接向被请求国法院提出和向原审国法院提出，法院通过中央机关交给被请求国法院。少部分条约只要求直接向被请求国法院提出申请，涉及国家有阿尔及利亚等。还有一些条约要求，在一般情况下通过中央机关提出申请，只有当申请人在被请求国有住所或居所的情况下，才可以直接向被请求国法院申请，涉及国家有塔吉克斯坦、乌兹别克斯坦、吉尔吉斯斯坦、乌克兰、俄罗斯、蒙古国等。

关于承认与执行外国判决的条件，双边司法协助条约规定的方式及详略程度不同。多数条约直接规定被请求国法院拒绝承认与执行的事由，但也有部分条约没有涉及拒绝事由，而是直接规定应当承认与执行外国判决的情形以扩大拒绝的范围，涉及国家有老挝、匈牙利等。现有双边司法协助条约规定拒绝承认与执行外国判决的条件分为三类，即强制性条件、非强制性条件、强制性和非强制性条件。其中，规定应当（拒绝）承认与执行外国判决的双边司法协助条约有 19 个，② 规定可以拒绝承认与执行外国判决的双边司法协助条约有 12 个，③ 其余 3 个双边司法协助条约则将上述两种情况囊括其中。④

（二）互惠原则

互惠原则的理论基础是胡伯提出的国际礼让说，注重施惠国和受惠国之间利益或义务的平等性，该原则能够进一步促进国家间判决的承认与执行，

---

① 涉及的国家包括：巴西、阿尔及利亚、阿根廷、朝鲜、立陶宛、摩洛哥、塔吉克斯坦、乌兹别克斯坦、吉尔吉斯斯坦、匈牙利、希腊、土耳其、哈萨克斯坦、保加利亚、古巴、乌克兰、白俄罗斯、俄罗斯、罗马尼亚、蒙古国、波兰、法国。

② 涉及的国家包括：阿联酋、白俄罗斯、保加利亚、波兰、俄罗斯、法国、哈萨克斯坦、吉尔吉斯斯坦、科威特、老挝、摩洛哥、塔吉克斯坦、突尼斯、土耳其、乌克兰、乌兹别克斯坦、西班牙、匈牙利、意大利。

③ 涉及的国家包括：秘鲁、阿根廷、埃及、埃塞俄比亚、巴西、波黑、朝鲜、立陶宛、蒙古国、摩洛哥、希腊、越南。

④ 涉及的国家包括：古巴、阿尔及利亚、罗马尼亚。

无论原审国与被请求国是否签订相关条约。虽然许多国家对互惠原则的适用持否定态度，但对发展中国家而言，该原则的激励功能和报复功能具有现实价值，能够起到维护自身利益或国家利益的作用。从中国立法来看，《民事诉讼法》第 297～299 条肯定了互惠原则的合法地位。虽然外国法院是否依据互惠原则承认与执行中国判决是外国法院考察的问题，但笔者认为，如果中国通过互惠原则承认与执行其他国家的判决，在不违反外国强制性法律规定及公共利益的情况下，该国也会承认与执行中国判决。一些情况下，其他国家承认与执行中国判决的原因是中国立法和司法实践要求互惠原则。如果中国法院在缺乏互惠原则的情况下，直接向外国法院提出请求，则很可能遭到拒绝，以致本国司法权威受到损害。

总体上看，各国对互惠原则的态度分为四种类型。其一，不将互惠原则作为承认与执行外国判决的依据或者逐渐放弃互惠原则的适用。例如，1895年，美国联邦最高法院在审理希尔顿诉盖约特案时，以两国之间不存在互惠关系为由拒绝承认与执行法国判决，但后来大部分州适用的《统一外国金钱判决承认与执行法》则不要求互惠原则。[①] 其二，不将互惠原则作为承认与执行外国判决的依据，且需要实质审查外国法院的判决内容，例如葡萄牙、比利时、印度、希腊、玻利维亚，由于需要对其他国家判决的实质内容作出判断，因此互惠原则没有存在的必要。[②] 其三，互惠原则是承认与执行外国判决的必要条件。只有其他国家在同等条件下承认与执行本国法院判决时，本国才可以承认与执行该国判决。例如，《日本民事诉讼法》规定法院承认与执行外国判决须有互惠保证，意大利、墨西哥、委内瑞拉等国家也采取此种制度。[③] 其四，互惠原则适用于特殊事项或特殊领域。例如，《匈牙利关于国际私法的第 13 号法令》第 11 章规定互惠原则是外国判决执行的依据，但不是承认的依据；《德国民事诉讼法》规定非财产权请求、亲子关系等判决

---

① 王克玉：《外国判决承认与执行视角下的正当法律程序探析》，载《政法论坛》2009 年第 1 期，第 162 页。

② 李双元、谢石松：《国际民事诉讼法概论》，武汉大学出版社 1990 年版，第 503 页。

③ 徐宏：《国际民事司法协助》，武汉大学出版社 1996 年版，第 280 页。

不适用互惠原则。① 综上所述，国际社会中部分国家依然将互惠原则作为外国判决承认与执行的依据，未来国际商事法庭作出的判决依然可能依据互惠原则被其他国家承认与执行。

（三）外国国内法的规定

国内法也是承认与执行外国判决的法律依据之一，大部分国家的法律明确在某些条件下可以承认与执行外国判决，但在具体规定上存在较大差异。从英美法系国家的角度看，英国承认与执行外国判决的制度依据包括两种，即普通法程序和成文法规定。其中，前者适用的条件为原审国不是国际公约的成员方且不适用英国成文法，② 由当事人将外国判决书作为依据重新向英国法院提起诉讼，英国法院根据普通法关于承认与执行外国判决的条件、抗辩及程序规则进行审查且认为符合相应条件后，作出与原判决类似的判决，并依据英国普通法对其承认与执行。后者是为克服和弥补英国普通法的不足而适用，现行成文法主要包括 1933 年《外国判决承认法》、1982 年《民事管辖权与判决法》等。依据法律规定，如果一国与英国存在判决承认与执行关系，则该国法院作出的判决能在英国法院登记注册并执行。而美国承认与执行判决的法律依据主要包括三个方面，即联邦法院实体法及程序法、州法院实体法及程序法，以及完全信用原则。③ 其中，美国联邦法院适用的实体法都是州法律，除非法院审理的事项受美国宪法、国会法案、条约、国际法、另一国国内法约束，或在特殊情况下受联邦普通法约束;④ 美国联邦法院适用的程序法中，《美国联邦民事诉讼法》第 69 条明确，联邦法律没有关于外国判决承认与执行的内容，也就是说，美国联邦法院必须依靠州法律来确定

---

① 沈红雨·《外国民商事判决承认和执行若干疑难问题研究》，载《法律适用》2018 年第 5 期，第 13－14 页。

② Charles Platto & William G. Horton, *Enforcement of Foreign Judgments Worldwide*, International Bar Association, 1993, p. 229.

③ S. I. Strong, *Recognition and Enforcement of Foreign Judgments in U. S. Courts: Problems and Possibilities*, The Review of Litigation, Vol. 33, No. 1, 2014, pp. 56－83.

④ S. I. Strong, *Recognition and Enforcement of Foreign Judgments in U. S. Courts: Problems and Possibilities*, The Review of Litigation, Vol. 33, No. 1, 2014, p. 65.

绝大多数案件的程序事项。① 美国州法院适用的实体法及程序法主要包括1971 年《冲突法重述（第二次）》、1987 年《对外关系法重述（第三次）》和2005 年《统一外国金钱判决承认与执行法》等。从大陆法系国家的角度看，它们将外国判决承认与执行内容规定在民事诉讼法中，如《荷兰民事诉讼法》第431 条规定，原则上法院不承认与执行外国判决，当事人应当向荷兰法院重新提起诉讼，由该法院判断能否以及在多大程度上承认与执行判决；②《日本民事诉讼法》第118 条和《日本民事执行法》第24 条则确定了外国判决在日本判决与执行的基本原则。③

（四）关于外国判决承认与执行的备忘录

各国判决的互相承认与执行是全球国际商事法庭（院）共同关心的问题之一，也涉及这些法庭（院）如何互相联系的问题。签订备忘录的目的是增强各国判决在其他国家承认与执行的合作，其规定了各国判决在其他国家法院的承认与执行程序。2017 年5 月，许多国际商事法庭（院）在伦敦召开会议并成立国际商事法院常设论坛，该论坛成立的原因主要包括三个方面：一是各国法院共同努力为商事活动主体提供更好的法律服务；二是各国法院共同努力，可以为法治作出更大贡献并促进世界稳定与繁荣；三是积极开拓商事争议解决的方式，提高发展中国家对投资者的吸引力。④ 2018 年9 月，国际商事法院常设论坛第二次会议批准执行金钱商事判决的多边备忘录，由各国法院说明现行规则，以及如何更有效地在另一国家的商事法院承认与执行判决。目前有英、美、德、法、中等国的相关规定被纳入了多边备忘录。各国均签订《选择法院协议公约》和《承认与执行外国民商事判决公约》是理想化状态，但不切合实际，而多边备忘录可能会增强彼此的信任

---

① Federal Rules of Civil Procedure, Rule 69 (a) (1).

② Dutch Code of Civil Procedure, Article 431.

③ 张瑞苓：《外国判决在亚洲的承认与执行》，郭玉军等译，法律出版社 2019 年版，第73 页。

④ SIFoCC, Multilateral Memorandum on Enforcement of Commercial Judgments for Money (Second Edition), Accessed Mar. 28, 2022, https://s3 - eu - west - 2. amazonaws. com/sifocc - prod - storage - 7f6qtyoj7wir/uploads/2020/12/6. 7053_JO_Memorandum_on_Enforcement_2nd_Edition_WEB. pdf.

程度，进一步推动各国在外国判决承认与执行领域的发展。

目前，最高人民法院已经与部分"一带一路"共建国家的最高法院签署了谅解备忘录，包括新加坡、斯里兰卡、阿富汗、巴基斯坦等。[①] 例如，最高人民法院与新加坡签订了《中华人民共和国最高人民法院和新加坡最高法院关于承认与执行商事案件金钱判决的指导备忘录》（以下简称《关于承认与执行商事案件金钱判决的指导备忘录》），该备忘录不属于条约或者立法，且不具有法律约束力，其目的是促进签订国对彼此法律和司法程序的理解。两国签订备忘录可以为当事人向对方国家申请承认与执行判决提供明确的指引，有助于促进两国在外国判决承认与执行领域的常态化与制度化，增加判决承认与执行的成功概率。毕竟中国与新加坡之间不存在共同参加的以承认与执行民商事判决为内容的国际公约，且1997年两国签订的《中华人民共和国和新加坡共和国关于民事和商事司法协助的条约》不包括互相承认与执行民商事判决的内容。上述指导备忘录主要包括新加坡和中国关于判决承认与执行的内容，其中规定新加坡依据普通法规定承认与执行中国法院判决，而非依据互惠原则。鉴于中国法院判决的终局性和确定性要求，新加坡没有采用被请求国法律标准，而是采用普通法管辖权连结点的列举方式来规定中国法院的管辖权标准，主要包括居住、约定管辖、自愿提交、自愿接受等连结点，比中国国内法规定的管辖权标准更为广泛。对于拒绝承认与执行的情况，也是通过列举方式进行说明，但新加坡法院并未将已决平行诉讼作为拒绝承认与执行的理由。另外，《关于承认和执行商事案件金钱判决的指导备忘录》还对申请境外送达、提高和送达请求陈述书等请求程序作出说明。

---

① 殷敏：《"一带一路"实践下中国国际商事法庭面临的挑战及应对》，载《国际商务研究》2022年第4期，第60页。

第二节　外国法院审查国际商事法庭判决的基本标准

依据当前各国法院审查外国判决的规定，无论是双边司法协助条约还是各国国内法，在外国判决承认与执行方面均规定了应当遵循的条件，即只有在所有条件完全满足时，判决才能获得承认与执行。各国在规定审查条件时，基本上是从本国法律制度的角度进行规范和解释，但审查适用的准据法多为原审国法律。也就是说，外国在审查国际商事法庭判决时，依据的标准可能源于中国法律，因此应当明确中国签订的双边司法协助条约和其他国家对管辖权认定、判决确定性、正当程序及互惠关系等的具体审查标准，厘清哪些标准可能适用中国法律，从而为未来完善国内法规定奠定基础。

一、管辖权认定标准

管辖权是主权国家拥有独立司法权的集中体现，国际民商事管辖权是一国法院依据国内法律或国际条约对具有涉外因素的民商事案件审理、判决的资格或权力。[①] 管辖权包括直接管辖权和间接管辖权两个方面，其中，直接管辖权是一国国内法确定国际管辖的权力，而间接管辖权是一国在承认与执行外国判决时，依据国内程序法审查外国管辖权是否适当，以决定是否承认与执行该国判决。国际民商事管辖权是一国法院审理争议的基础，也是判决能否被承认与执行的必要条件。

（一）双边司法协助条约之管辖权标准

从双边司法协助条约的角度看，原审国享有合格的管辖权，是保护当事人、国家利益以及维护公平正义的必然要求。多边公约缔结的实践表明，直接管辖权规则的合理性可能影响公约质量，甚至可能因各国观点不一致而使

---

① 贺晓翊：《英国的外国法院判决承认与执行制度研究》，法律出版社2008年版，第83－84页。

公约缔结失败。① 间接管辖权是承认与执行外国判决的基本前提之一，它是指被请求国通过国内法或已经缔结的条约确定原审国是否享有案件管辖权。② 截至 2024 年 4 月初，中国签订的所有双边司法协助条约均明确规定了间接管辖权的要件，但适用标准并不统一，主要分为以下三种形式：一是以列举"白色清单"方式，明确规定原审国法院应当满足的管辖权要件，涉及秘鲁、老挝等 12 个国家；③ 二是在拒绝承认与执行条款中，规定不侵犯执行地法院的专属管辖权，涉及哈萨克斯坦、土耳其、俄罗斯等 8 个国家；④ 三是在拒绝承认与执行条款中，强调依据执行地国的管辖权规定，涉及巴西、阿根廷等 14 个国家，⑤ 因此产生的间接管辖权效果与直接管辖权相同。⑥

(二) 各国法律之管辖权规定

从国内法角度看，间接管辖权是各个国家法律普遍规定的一个条件，也是国际商事法庭判决能否得到承认与执行的关键。国际社会对间接管辖权审查的法律依据包括如下四个方面。其一，依据被请求国法律判断原审国法院的管辖权是否合格，⑦ 司法实践中主要分为以下三种模式。①依据被请求国法律判断间接管辖权。例如，德国的"镜像原则"就是将德国法院的直接管辖权规定作为间接管辖权的判断标准；英国则依据本国法律判断外国法院的合格管辖权；⑧《日本民事诉讼法》也明确依据该法律或者公约，规定外国法

---

① 叶斌：《2005 年海牙〈协议选择法院公约〉研究》，武汉大学 2009 年博士学位论文，第 21 – 23 页。

② 乔雄兵、王怡文：《"一带一路"倡议下外国判决承认与执行中的间接管辖权问题研究》，载《武大国际法评论》2017 年第 5 期，第 130 页。

③ 涉及的国家包括：埃塞俄比亚、波黑、科威特、秘鲁、阿联酋、老挝、突尼斯、越南、塞浦路斯、埃及、意大利、西班牙。

④ 涉及的国家包括：哈萨克斯坦、塔吉克斯坦、乌兹别克斯坦、吉尔吉斯斯坦、希腊、乌克兰、白俄罗斯、俄罗斯。

⑤ 涉及的国家包括：巴西、阿尔及利亚、阿根廷、朝鲜、立陶宛、摩洛哥、匈牙利、土耳其、保加利亚、古巴、罗马尼亚、蒙古国、波兰、法国。

⑥ HUANG Jie, *Interregional Recognition and Enforcement of Civil and Commercial Judgments: Lessons for China from US and EU Law*, Hart Publishing, 2014, pp. 220 – 230.

⑦ 李旺：《国际民事诉讼法》，清华大学出版社 2003 年版，第 133 页。

⑧ Adrian Briggs, *Which Foreign Judgments Should We Recognise Today?*, The International and Comparative Law Quarterly, Vol. 36, No. 2, 1987, p. 248.

院对案件的管辖权。① ②除非被请求国法院具有专属管辖权，否则原审国法院具有管辖权。③列举外国法院间接管辖权的具体情形，例如瑞士法律具体规定了承认与执行外国判决的管辖权标准。其二，依据原审国法律中关于直接管辖权的内容，确定判决能否被承认与执行，采取此做法的国家包括印度、瑞典、缅甸、巴基斯坦、丹麦、冰岛、卢森堡、挪威、芬兰等。② 其三，依据原审国和被请求国法律，即审查原审国法院是否具有合格管辖权时，应当兼顾原审国法律和被请求国法律规定，例如以色列。其四，通过判决作出国与该案之间是否具有最密切联系判断间接管辖权，例如美国。

综上所述，大部分双边司法协助条约和外国法律规定依据被请求国法律判断间接管辖权，但也不能排除依据原审国法律的情况。也就是说，如果国际商事法庭作出的判决在一些国家获得承认与执行，则可能依然根据中国国内法判断该法庭的管辖权，因此完善国际商事法庭的管辖权内容十分必要。

二、判决确定性的审查标准

在外国判决承认与执行领域，判决确定性是被请求国承认与执行外国判决的重要条件之一，但由于法律文化及制度等要素影响，各国法律和司法实践对判决的确定性存在不同理解。中国目前尚未对外国判决的终局性作出明确规定且签订的双边司法协助条约对终局性的要求也存在差异。

（一）双边司法协助条约之判决确定性内容

从双边司法协助条约角度看，国际民商事判决的特定法律效力是被请求国承认与执行外国判决的条件，中国已经签订的双边司法协助条约均要求外国判决具有法律效力，但这些条约对确定性判决的规定不同，③ 并分为不同

---

① 肖贤富、刘荣军：《日本国际民事诉讼中的审判管辖权》，载《外国法译评》1994年第1期，第73页。

② 王国征：《外国法院判决承认与执行中的管辖权》，载《中国人民大学学报》1998年第5期，第74页。

③ King Fung（Dicky）Tsang, *Chinese Bilateral Judgment Enforcement Treaties*, Loyola of Los Angeles International and Comparative Law Review, Vol. 40, No. 1, 2017, pp. 15–16.

形式。其一，判决已经生效。例如，1991年《中华人民共和国和意大利共和国关于民事司法协助的条约》第21条规定，根据原审国法律规定该裁决未生效，则被请求国可以拒绝承认与执行。其二，判决确定且有执行力。例如，1993年《中华人民共和国和西班牙王国关于民事、商事司法协助的条约》第22条规定，依据作出裁决方的法律，该裁决尚未确定或不具备执行力，则不能获得被请求国的承认与执行。其三，裁决具有终局性和可执行性。例如，2001年《中华人民共和国和阿根廷共和国关于民事和商事司法协助的条约》第18条规定，根据申请国法律，该裁决不具有终局性或不具有执行效力，可以被拒绝承认与执行。其四，具有法律效力和可执行性。例如，1995年《中华人民共和国和匈牙利共和国民事和商事司法协助条约》第17条规定，依据作出裁决方法律，该裁决具有法律效力和可执行性，则可以获得承认与执行。

上述条约提到判决已经生效、具有确定性和可执行性是承认与执行外国判决的前提，但是没有进一步说明已经生效、具有确定性和可执行性的含义，发生法律效力的判决与确定性判决之间是否存在真正的区别尚不清楚。也许缔约国希望依据各国国内法规定作出具体判断，但各国国内法对确定性判决的理解也有所差异。例如，美国法院普遍认为，判决国法院无须再采取司法行动以解决同一争议，该判决就是终局性、确定性判决。如果判决处于上诉期或争议一方当事人已经提起上诉，则被请求国可以在上诉期届满或上诉审查结束后对该判决进行承认与执行，原审国法律认为该判决在被上诉推翻之前仍然是有效的除外。① 而法国在承认与执行外国判决时，并不要求该判决是确定的，其认为判决均应具有约束力。虽然这种约束力可能在上诉或提出异议的情况下遭到破坏，但至少在提出上诉或提出异议之前具有这种约束力。②

对判决生效与执行依据哪国法律审查的问题，双边司法协助条约规定也

---

① 孙劲：《美国的外国法院判决承认与执行制度研究》，中国人民公安大学出版社2003年版，第212页。

② 宣增益：《国家间判决承认与执行问题研究》，中国政法大学出版社2009年版，第89页。

有所不同。大部分条约规定应当适用原审国法律，但也有一些条约规定外国法院判决是否有效且可被执行，不仅要依据原审国法律，还要依据被请求国法律，例如1999年《中华人民共和国和老挝人民民主共和国关于民事和刑事司法协助的条约》第21条关于承认与执行法院裁决的条件中有类似规定。①相比之下，用"双重标准"判断外国判决是否具有确定性要求过高，尤其是在各国国内法对确定性判决存在不同理解的情况下，更加阻碍民商事判决在缔约国之间的流通。各双边司法协助条约对判决确定性的界定及其法律依据的规定不同，在司法实践中可能会造成不同国家的判决受到不平等对待，这不仅影响当事人的合法权益，而且一国司法的公正性、权威性也会遭到损害。

（二）各国法律对确定判决的规定

从国内法角度看，各国对外国判决的确定性要求存在差异。在英美法系国家中，美国在承认与执行外国判决方面较为自由，联邦立法不涉及相关内容，②但各州之间为提高承认与执行外国判决的统一性，均适用《统一外国金钱判决承认与执行法》，同时美国法学会制定的《对外关系法重述（第三次）》也发挥着重要作用。上述法律要求判决在作出地国必须具有终局性和约束力，如《对外关系法重述（第三次）》第481条强调，外国法院最终确定返还金钱、决定财产利益、建立或确认当事人地位的判决，在当事人之间有效，除非符合该法第482条规定的例外情形。另外，判决确定性依据的法律为原审国法律而非美国法。《统一外国金钱判决承认与执行法》将正在上诉期间或即将上诉的外国判决视为终局判决，在上诉程序终结前或上诉期届满前，被请求国法院可以中止执行。③英国普通法规定，除非外国法院对争议作出最终且不可推翻的判决，即当事人不能对判决实体进行质疑，否则英

---

①　郭玉军：《中国有关外国民商事判决承认与执行制度及其反思》，载《中国国际法年刊（2017）》，法律出版社2018年版，第288页。

②　Ronald A. Brand, Recognition of Foreign Judgments, Accessed Mar. 30, 2022, https://www.fjc.gov/sites/default/files/2012/BrandEnforce.pdf.

③　Uniform Foreign-Country Money Judgments Recognition Act, Section 3 (Comment).

国法院不能承认与执行。① 英国于 1933 年出台的《外国判决互惠执行法令》将上诉期间的外国法院判决纳入承认与执行范围，规定被撤销登记的外国判决不具有终局性。英国法院依据原审国法律对外国判决是否具有确定性进行审查，即判断外国判决确定性的准据法为原审国法律。② 相较而言，大部分大陆法系国家将判决确定性作为承认与执行外国判决的条件，但对确定性的具体含义尚未明确。《法国民法典》和《法国民事诉讼法》规定了承认与执行外国判决的内容，其中没有经法国宣布有执行力的判决不能被强制执行，但如何判断判决是否有执行力尚未明确。③ 还有学者认为，法国在承认与执行外国判决时，认为每一份判决都具有约束力且不要求判决的终局性，只有在当事人提出上诉的情况下，这种约束力才遭到破坏。④《德国民事诉讼法》规定执行外国判决的条件是依据原审国法院适用的法律，判决确定可宣告准予执行，不需要审查原裁判是否合法。⑤ 由此可知，大部分普通法系国家和大陆法系国家将判决确定性作为外国判决承认与执行的审判标准之一，且适用的准据法为原审国法律。

三、正当程序审查标准

正当程序概念起源于英国古代的《自由大宪章》，并首次以法令形式正式规定于 1354 年英国议会通过的《自由令》中，⑥ 之后成为《美国联邦宪法》的部分内容。⑦ 正当程序是保障当事人权益的具体体现，平等维护不同

---

① ［英］J. H. C. 莫里斯主编：《戴西和莫里斯论冲突法》（下），李双元等译，中国大百科全书出版社 1998 年版，第 1560 页。

② 贺晓翔：《英国的外国法院判决承认与执行制度研究》，法律出版社 2008 年版，第 197 - 198 页。

③ ［法］安德烈·丁埃：《法国国内立法和判例中关于承认和执行外国判决和仲裁裁决的程序》，张明译，载《环球法律评论》1992 年第 1 期，第 20 页。

④ 钱锋：《终局性：外国法院民商事判决承认与执行的先决条件》，载《法律适用》2006 年第 6 期，第 55 页。

⑤ 邹国勇：《德国国际私法的欧盟化》，法律出版社 2007 年版，第 280 - 281 页。

⑥ 乔雄兵：《外国法院判决承认与执行的正当程序考量》，载《武汉大学学报（哲学社会科学版）》2016 年第 5 期，第 98 页。

⑦ 薛波：《元照英美法词典》，法律出版社 2003 年版，第 448 页。

国家当事人合法权益的条件是让所有当事人享有平等的诉讼参与权，充分表达其意见和异议，法院对各方当事人的利益予以综合权衡和考虑。在外国判决承认与执行领域，原审国法院诉讼程序的正当性是被请求国法院审查的重要内容之一。正当程序的审查并非要求对外国判决依赖的整个诉讼程序进行审查，而是对败诉方有所保护，主要审查败诉方在诉讼中是否获得适当通知和合理辩护的机会。当然，大多数国家强调在当事人可能参加诉讼而缺席或者在尚未收到传票的情况下参加诉讼，抑或依据国内法已经向当事人适当送达传票时，其依然承认与执行外国判决。① 中国签订的双边司法协助条约规定了正当程序的审查内容，大部分国家的国内法也涉及正当程序审查标准。也就是说，外国法院审查国际商事法庭判决时，应当依据国际条约、国内法判断国际商事法庭在诉讼程序中的正当性。

（一）双边司法协助条约中关于正当程序的审查内容

正当程序是承认与执行外国判决时遵循的重要规则，很多国家的国内法和国际条约中均有规定。如果作出外国判决的程序不适当，则被请求国法院可以拒绝承认其效力，适用该理论的重要标准是必须给予当事人公平审理及出庭辩论的权利。从中国已经签订的双边司法协助条约来看，程序正当是外国判决承认与执行的重要条件之一。所有双边司法协助条约规定，缺席当事人没有被适当通知或者无行为能力人未得到适当代理是拒绝承认与执行外国判决的理由之一，此规定并不全面。另外，各双边司法协助条约对正当程序审查适用法律的规定不同。大多数双边司法协助条约规定，被请求国法院审查外国法院判决的正当程序问题时，应当适用原审国法律，但一部分条约没有规定，涉及国家包括巴西、法国等，还有条约规定通知应适用缺席人本国法，而无行为能力人的适当代理适用被请求国法，涉及国家包括阿联酋和科威特。如果没有对正当程序进行全面明确的规定，则该审查标准难以在缔约国之间得到适用，甚至导致一个国家内的不同法院或同一法院在不同案件中

---

① 谢石松：《国际民商事纠纷的法律解决程序》，广东人民出版社1996年版，第464-465页。

对正当程序的审查标准均可能存在差异。另外，被请求国法院审查判决是否通过程序欺诈而获得，也属于正当程序的审查内容。① 而双边司法协助条约尚未将欺诈作为拒绝承认与执行外国判决的条件，中国法律也没有对欺诈例外的含义、审查标准等作出相应规定。那么，国际商事法庭在审理案件过程中如何避免欺诈行为的出现，以保证判决在其他国家顺利得到承认与执行，值得深究。

（二）各国法律关于正当程序审查标准的规定

从各国国内法角度看，普通法系国家的法律对正当程序的审查标准规定得较为灵活，而大陆法系国家的立法规定范围较窄。1933 年英国《外国判决互惠执行法令》第 4 条规定，被告收到诉讼通知时，没有充分时间答辩且不能参加开庭审理，或者判决是通过欺诈方式取得的，在当事人提出诉讼请求的情况下，判决登记程序无效并予以撤销。② 2005 年美国《统一外国金钱判决承认与执行法》第 4 条规定，在不符合正当程序要求的情况下，原审国判决可能不被承认与执行，同时被告未收到诉讼程序的通知，且未留给其足够时间去答辩，则判决亦不应当被承认或执行。③ 上述条款已经被美国大部分州所采纳，这也是美国承认与执行外国判决的核心依据之一。在湖北葛洲坝三联实业股份有限公司就美国罗宾逊公司直升机产品责任申请美国法院执行案中，美国加州联邦地区法院依据中国 1991 年《民事诉讼法》第四编 "涉外民事诉讼程序的特别规定"，判断此判决为确定性判决。④ 在诉讼程序欺诈方面，1895 年希尔顿诉盖约特案中，美国联邦最高法院将外国诉讼程序中存在欺诈或其他不正常现象作为拒绝承认与执行的理由之一。1987 年美国《对外关系法重述（第三次）》第 482 条也将因欺诈获取的判决作为不予承认与

---

① 王克玉：《"布鲁塞尔体系" 和 "海牙公约体系" 下的正当程序比较研究——基于外国判决承认与执行的目的》，载《比较法研究》2009 年第 3 期，第 119 - 120 页。

② Foreign Judments（Reciprocal Enforcement）Act 1933，Article 4.

③ Uniform Foreign-Country Money Judgments Recognition Act，Article 4.

④ 龚柏华主编：《新近中美经贸法律纠纷案例评析》，上海人民出版社 2017 年版，第 13 - 14 页。

执行外国判决的根据。① 自 20 世纪中后期以来，大陆法系国家逐渐对承认与执行外国判决之正当程序审查更加重视，并在国际私法法典或民事诉讼法中进行规定。例如，《德国民事诉讼法》规定，在被告没有参加诉讼且能证明传票和命令未及时送达本人以便其能够辩护的情况下，该外国法院判决不应当被承认与执行。② 另外，1987 年《瑞士联邦国际私法》、1995 年《意大利国际私法制度改革法》等均有类似规定。③

四、中国互惠原则规定对判决在外国获得承认与执行的阻碍

中国法院适用互惠原则的前提是外国法院已经基于互惠原则承认与执行中国判决。实际上，事实互惠不具有稳定性，与国际私法追求的可预见性、稳定性目标不符。④ 我国《民事诉讼法》第 297 条将互惠原则作为外国承认与执行中国判决的依据，第 298 条和第 299 条将该原则作为承认与执行外国判决的依据，而《为"一带一路"建设提供司法服务和保障的若干意见》和《南宁声明》仅表明在共建"一带一路"背景下中国对互惠原则的理解呈宽松化趋势，但均未明确互惠原则的内涵、适用目的、适用标准和证明责任分配，这可能导致中国法院难以依据互惠原则承认与执行他国法院判决。只有明确中国法律关于互惠原则规定的瑕疵并加以完善，依据互惠原则承认与执行更多国家的判决，国际商事法庭作出的判决才可以更加顺利地被其他国家承认与执行。

（一）中国法律尚未明确互惠原则的内涵和适用目的

《为"一带一路"建设提供司法服务和保障的若干意见》明确提出"积极形成互惠关系"，该意见放宽了对互惠原则内涵的理解。2017 年第二届中

---

① 孙劲：《美国的外国法院判决承认与执行制度研究》，中国人民公安大学出版社 2003 年版，第 218 页。

② 谢怀栻译：《德意志联邦共和国民事诉讼法》，中国法制出版社 2001 年版，第 81 页。

③ 乔雄兵：《外国法院判决承认与执行的正当程序考量》，载《武汉大学学报（哲学社会科学版）》2016 年第 5 期，第 98 页。

④ 王吉文：《互惠原则在判决承认与执行上的缺陷》，载《云南大学学报（法学版）》2008 年第 3 期，第 168 页。

国—东盟大法官论坛通过的《南宁声明》，进一步将互惠原则理解为推定互惠。但是，中国国内法没有规定互惠原则的内涵，导致法院在承认与执行外国判决时，缺乏对互惠原则的正确理解，这不仅可能赋予法官较大的自由裁量权，而且会因各法院对互惠原则标准理解的偏差进一步造成司法实践不同，反而不利于国家间建立互惠关系。

中国国内法将互惠原则作为承认与执行外国判决的依据，但没有说明适用互惠原则的目的。实践中，在适用互惠原则时，中国更倾向于关注国家利益，以他国曾经承认与执行中国判决为条件，判断能否依据互惠原则承认与执行外国判决。中国对互惠原则适用的态度有所放松，但现实中依然将事实互惠作为承认与执行外国判决的条件，更多地关注国家间的互惠关系是否成立，却忽略了外国判决当事人的合法权益。由此，笔者认为，中国在承认与执行外国判决时，应充分发挥互惠原则的激励价值，在维护国家主权的前提下，更多地关注外国判决当事人的权益，而非将互惠原则作为国家间的政治工具，否则互惠原则在外国判决承认与执行领域的作用将无法真正体现。正如李浩培教授曾提出的那样，"外国判决承认与执行领域中的互惠原则已经成为国家间的报复工具"。① 实际上，被请求国实施报复的结果并非由原审国承担，而是直接转移至判决债权人，甚至可能出现判决债权人是被请求国公民的情况。另外，各国都希望其他国家先行通过互惠原则承认与执行本国判决，但这往往是难以实现的。

（二）互惠原则的适用标准和证明责任分配模糊

中国国内法尚未明确互惠原则的适用标准和证明责任分配，不能很好地凸显本国的专业司法服务能力，保证外国判决顺利得到承认与执行，进而间接影响其他国家依据该原则承认与执行本国判决。一方面，通过互惠原则承认与执行外国判决给法院带来了沉重的负担，法院必须在查明本国与外国存

---

① 李浩培：《国际民事程序法概论》，法律出版社1996年版，第140－141页。

在互惠关系的前提下，才可以决定是否承认与执行外国判决。①《为"一带一路"建设提供司法服务和保障的若干意见》和《南宁声明》均提到互惠原则在外国判决承认与执行领域的重要性。确定互惠原则适用的标准是承认与执行外国判决的关键，只有在确定中国与请求国存在互惠关系的前提下，法院才可以判断是否承认与执行外国判决。目前，中国法律尚未规定适用互惠原则承认与执行外国判决应当遵循的具体标准。另一方面，证明责任分配也是依据互惠原则承认与执行外国判决的必要条件，并主要包括三种情况：①外国判决的胜诉方证明原审国与被请求国之间存在互惠关系；②外国判决的败诉方证明两国之间不存在互惠关系；③直接由法院依职能查明原审国与被请求国之间的互惠关系。针对上述三种情况，各地区存在不同规定。例如，美国佐治亚州要求外国判决的债权人承担举证责任，证明原审国已经承认与执行或将来会承认与执行美国判决。② 相应地，根据美国法学会制定的规则，外国判决债务人应当证明原审国不会承认与执行美国判决。③ 目前，中国国内法尚未涉及法院适用互惠原则承认与执行外国判决时，应由哪一方承担证明责任。部分国家与中国存在较为密切的民商事往来，法律服务工作者对这些国家的法律制度较为熟悉，查明它们与中国是否存在互惠关系相对容易，但"一带一路"共建国家涉及的范围较广，部分国家与中国经济往来相对较少，各国的法律制度较为复杂，法律服务工作者可能难以证明中国与这些国家是否存在互惠关系。从这个角度看，通过国内法明确互惠关系的证明责任分配是不容忽视的问题。如果由当事人证明，则需要明确是由申请人还是被申请人证明互惠关系的存在与否；如果由法院依法查明，则需要规定具体某一级别法院行使查明职责。

---

① Russell J. Weintraub, *How Substantial is Our Need for a Judgments-Recognition Convention and What Should We Bargain Away to Get It?*, Brooklyn Journal of International Law, Vol. 24, No. 1, 1998, pp. 167 – 178.

② Shehadeh *v.* Alexander, 727 S. E. 2d 227, 229 (Ga. Ct. App. 2012).

③ American Law Institute, Recognition and Enforcement of Foreign Judgments: Analysis and Proposed Federal Statute, 7 (b).

第三节 国际商事法庭判决承认与执行的新努力

在国际商事争议解决领域，国际商事法庭（院）的设立是一个全球性趋势。从国际商事法庭（院）运行的角度看，判决在外国的可执行性是吸引当事人的重要因素。中国设立国际商事法庭为"一带一路"建设提供法律支持，不仅有利于保障中外当事人的合法权益，而且在改革国际商事争议解决机制的同时，也表明了中国提供良好营商环境的立场和抱负。由于成立时间较短，与其他著名国际商事法庭（院）相比，国际商事法庭在判决承认与执行方面仍有很大的改善空间。本节从原审国的角度出发，对外国法院可能审查的基本标准分析，分别从双边司法协助条约和国内法规定两个方向完善判决在外国执行的要素，尽量避免国际商事法庭判决在外国承认与执行的阻碍。

一、完善管辖权认定标准

关于国际商事法庭判决的承认与执行依据何种法律审查并确定管辖权的问题，各国的司法实践有所不同。目前中国签订的双边司法协助条约关于承认与执行外国判决之适用标准不统一，国内法律规定也存在差异。德国、意大利、瑞士、英国、日本等国通过适用被请求国法律来认定原审国法院是否具有对案件的管辖权，而丹麦、芬兰、巴基斯坦、印度等国为方便判决的承认与执行，对外国判决在管辖权方面未予以过多的限制，而是依据原审国法律来确定管辖权问题。另外，法国、以色列等国将原审国和被请求国关于管辖权的规定作为承认与执行外国判决的标准，要求十分严格。对于依据"原审国法律"和依据"原审国法律＋被请求国法律"确定管辖权的国家来说，国际商事法庭判决能否被这些国家更加顺利地承认与执行，关键是通过完善国内法中关于管辖权的规定，主动扩大和维护该法庭的司法管辖权。

（一）双边司法协助条约关于管辖权标准的完善

在承认与执行外国判决领域，各国对间接管辖权的规定差异较大，中国签订的双边司法协助条约的标准较为模糊。被请求国法院在审查原审国法院判决时，很可能以不符合管辖权要求为由拒绝承认或执行该判决，这在一定程度上阻碍了判决的自由流通。因此，细化双边司法协助条约的间接管辖权规则，十分必要。笔者认为，中国作为《选择法院协议公约》和《承认与执行外国民商事判决公约》的重要参与国，可以依据上述国际公约规定，完善双边司法协助条约，为实现外国判决承认与执行领域的规则统一化奠定基础。

《选择法院协议公约》仅以排他性选择法院协议为基础，确定哪个法院享有争议管辖权。① 而《承认与执行外国民商事判决公约》规定的间接管辖权形式包括"白色清单"、专属管辖排除以及相关的国内法规定。其中，该公约第5条以"白色清单"方式列举了承认与执行外国判决的合法管辖条件，并主要包括三种管辖类别，即基于原审国与被告联系的管辖、基于被告同意的管辖以及基于争议与原审国相关的管辖；② 第6条规定了专属管辖，包括注册知识产权和不动产物权的绝对专属管辖，以及不动产租赁管辖权的排他性条件；③ 第15条规定在不违反国内法规定的基础上，缔约国可以依据公约约定其他事宜的间接管辖权。④ 上述三个条款以不同形式规定原审国法院的间接管辖权问题，其中第5条正向列举间接管辖权，第6条以反向排除模式列出专属管辖事项，第15条则在上两个条款的基础上扩大间接管辖权的依据，这种方式增加了间接管辖权的确定性和可预见性。

因此，笔者建议，未来中国在与他国签订外国判决承认与执行的双边司法协助条约时，可尝试通过"白色清单"、专属管辖权排除和国内法确定间接管辖权。具体而言，在坚持排除专属管辖的原则下，以维护本国当事人利益为目标，通过列举的方式共同明确管辖权的审查标准；在不违反专属管辖

---

① Convention on Choice of Court Agreements, Article 5.

② Convention on the Recognition and Enforcement of Foreign Judgments in Civil or Commercial Matters, Article 5.

③ Convention on the Recognition and Enforcement of Foreign Judgments in Civil or Commercial Matters, Article 6.

④ Convention on the Recognition and Enforcement of Foreign Judgments in Civil or Commercial Matters, Article 15.

的情况下，还可以通过被请求国的法律来确定管辖权，从而衔接双边司法协助条约与国内法的关系。此方式并不是单纯依据某一方法判断法院是否具有管辖权，而是在双方充分协商的基础上，将管辖权问题达成一种共识，进一步促进缔约国在承认与执行民商事判决领域的双边合作，以便其他国家依据双边司法协助条约承认与执行国际商事法庭判决。

（二）国内法之涉外管辖体系完善

对于国际案件的受理，法院需要判断该案件是否应由本国法院系统受理，在确定由本国受理的情况下，才会涉及本国法院之间的级别管辖和地域管辖问题。中国法律关于涉外案件管辖权的规定，坚持国家主权原则。对于涉外商事争议，首先坚持属地管辖原则，即如果当事人位于中国境内，则人民法院享有管辖权。对于在中国境内无住所的当事人，也可以依据《民事诉讼法》第 276 条规定，只要能够确定当事人与中国存在法定的"最低联系"，则可以由诉讼标的物所在地、可供扣押财产所在地、合同签订地、合同履行地、侵权行为所在地或代表机构住所地的人民法院管辖。另外，《民事诉讼法》第 279 条明确了中国法院的专属管辖范围，但在协议管辖方面，《民事诉讼法》不再要求以实际联系原则为标准。《国际商事法庭若干问题规定》第 2 条则在我国《民事诉讼法》的基础上进一步规定了该法庭管辖争议的条件，主要包括协议管辖、管辖权转移、对国际商事仲裁的管辖等。

从体系角度看，《民事诉讼法》对涉外民事管辖权的规定存在"法条碎片化"问题，一般管辖条款尚未在涉外编中出现，而是援引国内编第 22 条和第 23 条规定。关于应诉管辖的规定，涉外编依然没有提及，只是在《民事诉讼法》第二编审判程序的第 130 条出现，而非被纳入第一编管辖权章节。相较之下，大部分国际民事诉讼管辖权的立法体系的设置为一般管辖权、特别管辖权、专属管辖权、协议管辖权和管辖权冲突解决等内容。[1] 一国法院作出的涉外判决只有获得承认与执行，才能表明该法院管辖权的行使真正发挥

---

① 刘仁山：《国际私法》，中国法制出版社 2012 年版，第 380 页。

了作用，因此明确管辖权的合理性不仅能够满足法院审理案件之目的性要求，还是维护当事人合法权益且保证判决在其他国家顺利获得承认与执行的必要条件。

国际商事法庭隶属于最高人民法院，其作出的判决更具有权威性，这些判决能否在域外承认与执行是提高中国司法竞争力的关键因素之一。我国《民事诉讼法》的相关内容显得较为凌乱，可能给其他国家承认与执行国际商事法庭的判决带来不便。因此，笔者建议，将涉外管辖权的全部规定纳入涉外编的其中一个章节，包括一般管辖权、专属管辖权、特别管辖权、协议管辖权等规定。确定国际商事法庭的管辖权基础是中国法院对争议已经享有管辖权，但《国际商事法庭若干问题规定》尚未涉及该法庭不方便管辖的情况及处理内容。关于这个问题的见解已经在本书第三章进行了具体阐述，本部分不再展开论述。

二、判决确定性规定的细化

判决确定性是承认与执行外国判决的重要因素，准据法是判断判决确定性的首要问题，即外国判决的确定性应依据原审国法律还是被请求国法律。大部分国家认为，应依据原审国法律判断判决确定性问题，毕竟这些国家的法院才有权决定其作出判决的法律意义。对判决确定性的认定涉及终局性与终审的关系，这是各国司法实践中经常遇到的问题。[1] 国际商事法庭隶属于最高人民法院，当事人对该法庭作出的判决可以向最高人民法院本部提起再审。鉴于再审制度存在导致国际商事法庭判决变更的可能，人们否定了该法庭判决的确定性。甚至有法官认为，中国（此处不包含港澳台地区）不存在确定性判决，即使最高人民法院作出的判决也可能因再审程序变更。[2] 上述问题的核心是，通过法定程序对具有法律效力的判决进行变更后是否具有确

---

① 钱锋：《终局性：外国法院民商事判决承认与执行的先决条件》，载《法律适用》2006 年第 6 期，第 55 页。

② 钱锋：《终局性：外国法院民商事判决承认与执行的先决条件》，载《法律适用》2006 年第 6 期，第 55 页。

定性，目前中国法律尚未涉及，这可能会对国际商事法庭判决在外国承认与执行造成阻碍。

（一）双边司法条约关于判决确定性的完善

目前，已经生效的双边司法协助条约对判决确定性的规定各不相同。外国在审理关于国际商事法庭判决承认与执行案件时，通过双边司法协助条约规定难以判断外国判决是否属于确定性判决。为平等保护各国当事人的合法权益，提高司法权威，被请求国法院有必要审查判决的确定性，在未来签订新的双边司法协助条约时，可以统一判决的确定性标准。但究竟如何选择双边司法协助条约中外国法院判决的确定性依据，笔者认为，可以结合《选择法院协议公约》和《承认与执行外国民商事判决公约》的规定进行分析。

对于判决确定性问题，《选择法院协议公约》第 8（3）条规定，判决在原审国有效且可执行是被请求国判断判决确定性的标准；第 8（4）条进一步规定，如果判决正在复审或者还处于申请一般性复审的时限，则可以推迟或者拒绝承认或执行，即使被请求国拒绝承认或执行，也不影响申请人再次申请。① 依据该公约解释报告，判决在原审国有效是承认与执行的依据，而有效的含义包括具有法律效力且能被执行。《选择法院协议公约》将判决确定性的判断依据分为申请人请求承认外国判决和请求执行外国判决两部分，有效判决可以获得被请求国的承认但并非能够执行，只有在原审国可以获得执行的判决，才可以在被请求国执行。《承认与执行外国民商事判决公约》中关于判决确定性的规定与《选择法院协议公约》的内容类似，在此不再赘述。

实际上，可以参照《选择法院协议公约》和《承认与执行外国民商事判决公约》的相关规定，尽可能统一双边司法协助条约中关于确定性判决的表述，即对申请人请求承认的外国判决的确定性以生效为依据，对申请人请求执行的外国判决的确定性以生效且在原审国具备执行条件为依据。如果判决

---

① Convention on Choice of Court Agreements, Article 8（3），Article 8（4）.

正在复审或者还处于申请一般性复审的时限，则予以推迟或者拒绝承认或执行。至于具体应由哪国法律识别外国判决是否为确定性判决，建议用原审国法律进行识别，而无须适用"原审国法律＋被请求国法律"的双重标准，其理由包括如下三个方面。第一，海牙国际公约遵行此标准。例如，《承认与执行外国民商事判决公约》的解释报告中提到，判决是否确定有效，需要根据原审国法律确定。也就是说，原审国法院根据本国法律确定判决有效或能够执行，被请求国法院才可以将该判决认定为生效判决。第二，提高外国判决承认与执行的效率。申请人将判决生效证明提交给被请求国法院，被请求国法院只进行形式审查，可以节约司法资源，提高办案效率。第三，原审国法院依据国内诉讼程序作出的判决，其效力如何应当依据本国法判断。

（二）明确国内法关于判决确定性的规定

1982 年《民事诉讼法（试行）》首次规定关于外国判决承认与执行的内容，其中第 204 条规定法院应依据中国缔结的国际条约或者互惠原则审查外国判决；如果判决不违反法律基本原则或国家利益，则依法承认与/或执行，否则退回外国法院。现行《民事诉讼法》关于外国判决承认与执行的规定扩大了承认与执行外国判决的范围，与 1982 年《民事诉讼法（试行）》相比，更加合理。另外，《最高人民法院关于人民法院执行工作若干问题的规定（试行）》第 2 条规定执行机构应对法院承认其法律效力的外国裁定进行执行；第 20 条明确在一般情况下，外国当事人申请执行的，应当提交中文申请执行书。关于判决的确定性，现行《民事诉讼法》并没有采用确定判决或判决终局性的表述，而是要求外国判决必须为发生法律效力的判决。《国际商事法庭若干问题规定》第 16 条是关于再审的规定，其中，国际商事法庭作出的判决也是"发生法律效力的判决"。另外，当事人在申请再审期间或即将申请再审时，这种判决是否为确定性判决，尚没有明确规定。

通过前文分析可知，大部分国家认为确定性判决并非绝对不可变更，虽然判决在不能予以司法救济时被视为确定性判决，但对于终局性判决，也可以进行特别司法救济程序，如请求撤销判决、申请再审等。例如，美国将可

上诉、可变更的判决均视为确定性判决，且不影响这种判决的承认与执行；[①]
英国强调的判决确定性是指作出判决的法院的确定性和终局性。另外，将原
审国法律作为判断外国判决确定性的依据是国际社会的通行做法。也就是说，
国际商事法庭的判决被外国承认与执行时，中国国内法也是重要依据。因此，
完善《民事诉讼法》和《国际商事法庭若干问题规定》的相关内容，是外国
法院承认与执行国际商事法庭判决时审查判决确定性的关键因素之一。《民
事诉讼法》第297条以及《国际商事法庭若干问题规定》第15条、第16条
均表述为"发生法律效力的判决"，但尚未规定"发生法律效力"的判断标
准。为减少国际商事法庭判决在确定性问题上带来的承认与执行阻碍，建议
《国际商事法庭若干问题规定》进一步解释确定性判决的含义，即其是指对
当事人发生法律效力并具有执行力的判决。另外，明确当事人就国际商事法
庭作出判决而向最高人民法院申请再审的，不影响判决的确定性。

三、明确正当程序相关规定

公平、公正价值在诉讼程序方面体现为正当程序要求。在外国判决承认
与执行领域，被请求国要求原审国充分保护败诉方的诉讼权利，以维护诉讼
程序的公正性。通过前文阐述可以发现，中国签订的双边司法协助条约和大
部分国家的国内法均涉及外国判决承认与执行之正当程序审查内容，且部分
条约要求被请求国审查正当程序时适用原审国法律，各国法律对正当程序审
查内容的规定主要包括适当送达、合理辩护权、欺诈排除等。中国现有法律
对正当程序的规定较为模糊，已经签订的双边司法协助条约涉及的相关内容
并不完善，因此建议在未来双边司法协助条约及国际商事法庭司法解释中明
确正当程序的相关规定。

（一）细化双边司法协助条约中正当程序的规定

双边司法协助条约中正当程序的规定较为简单，违反正当程序的情形包

[①] 钱锋：《终局性：外国法院民商事判决承认与执行的先决条件》，载《法律适用》2006年第6
期，第56页。

括缺席当事人没有被适当通知或者无行为能力人未得到适当代理。审查依据的法律标准不一致，不利于保护当事人的合法权益。实际上，维护被申请人的合法权益是被请求国法院的义务。《选择法院协议公约》和《承认与执行外国民商事判决公约》对正当程序的规定主要包括两个方面：①没有通知被告或未给予被告充足的答辩时间，例外是原审国法律允许就通知提出异议，但被告出庭答辩且未针对通知提出异议；②被请求国通知被告的方式与被请求国有关文书送达的基本原则不符。根据上述规定，原审国法院在审理案件时，要维护被告人利益和被请求国利益，并在足够时间内，以一定的方式确保被告获得适当通知。同时，许多普通法系国家允许外国当事人或代理律师将诉讼文书送达至被告，例如英国。但另一些国家认为，诉讼文书的送达是一种主权行为，而未经国家允许在其领土范围内送达诉讼文书属于侵犯主权的行为。① 两个公约均规定在被请求国通知被告，必须符合被请求国文书送达的基本原则。因此，建议明确双边司法协助条约中的正当程序条款，在保留现有规定的情况下，适当扩展外国判决承认与执行中正当程序的范围，并依据《选择法院协议公约》和《承认与执行外国民商事判决公约》的规定，明确通知被告的条件，即对于诉讼文书或其他文件，应该在一定时间内以合理的方式通知被告，保证其有足够的时间准备出庭及答辩，除非被告在出庭过程中没有对原审法院的通知提出异议；同时，规定被请求国通知被告的方式要符合该国有关文书送达的基本原则，避免侵犯缔约国主权。

（二）正当程序规定在司法解释中的体现

我国《民事诉讼法》第 297 条和第 298 条主要规定外国判决承认与执行的相关内容，其中第 298 条仅规定中国承认外国判决时，法院应当审查外国判决的法律效力，审查两国之间是否存在国际条约或互惠关系，是否违反中国法律基本原则或国家主权、安全、社会公共利益等，但尚未涉及正当程序

---

① Masato Dogauchi & Trevor Hartley, Explanatory Report on the 2005 Hague Choice of Court Agreements Convention, Accessed Apr. 1, 2022, https：//assets. hcch. net/docs/0de60e2f－e002－408e－98a7－5638e1ebac65. pdf.

的内容。目前中国法律体系中，仅涉及关于外国离婚判决审查之正当程序的内容。《最高人民法院关于中国公民申请承认外国法院离婚判决程序问题的规定》（2020 年修正）第 12 条规定了拒绝承认与执行外国离婚判决的情况，其第 3 项明确要求人民法院应当拒绝在被告缺席且未得到合法传唤的情况下作出的判决，此规定强调对外国离婚判决当事人诉讼权益的合法保护，但适用范围较为有限，不能普遍适用于审查其他外国判决的审理，尚未改变中国立法缺乏对外国判决正当程序审查的事实。国际商事法庭判决在其他国家执行时，部分双边司法协助条约要求依据原审国法律判断判决是否符合正当程序，因此正当程序应当体现在国内法的具体规定中，主要包括送达和欺诈等方面。

1. 送达规定之完善

送达是国际民事诉讼程序的起点，涉及原告能否及时获得救济、被告庭审辩护权的实现、是否侵犯法律文书送达国家之司法主权以及判决能否被外国承认与执行等内容。[1] 据考察，中国法院将法律文书送达其他国家的成功率大约为 30%，[2] 送达难是外国承认与执行中国判决的重要阻碍之一，而中国判决在外国获得承认与执行经常涉及送达问题，例如美国加州联邦地区法院承认与执行湖北省高级人民法院作出的关于湖北葛洲坝三联实业股份有限公司与美国罗宾逊公司直升机产品责任一案的判决，其理由之一是送达程序正当。[3] 国际商事法庭作为审理国际商事争议的重要司法机构，适当送达显得尤为重要，该法庭将法律文书送达域外的国际法依据为《关于向国外送达民事或商事司法文书和司法外文书的公约》（以下简称《海牙送达公约》）和

---

[1] G. Brian Raley, *A Comparative Analysis: Notice Requirements in Germany, Japan, Spain, the United Kingdom and the United States*, Arizona Journal of International and Comparative Law, Vol. 10, No. 2, 1993, pp. 301 – 307.

[2] 何其生：《我国域外送达机制的困境与选择》，载《法学研究》2005 年第 2 期，第 126 – 129 页。

[3] Hubei Gezhouba Sanlian Industrial Co. *v.* Robinson Helicopter Co., 425 F. App'x 580 (2011).

双边司法协助条约，国内法依据为《民事诉讼法》《民事诉讼法司法解释》《国际商事法庭程序规则（试行）》等。国际商事法庭审理案件时的送达分为域内送达和域外送达，其中，前者通常是由书记员以法院名义直接送达、邮寄送达、电子送达、公告送达等，后者则是在前者的基础上，增加依据国际条约、外交或领事送达。

《民事诉讼法》第298条关于外国判决承认与执行的规定中，尚未引入送达抗辩的内容，而《民事诉讼法司法解释》明确了送达条件，即如果外国法院的判决或裁定是缺席判决、裁定，申请人则应当提交外国法院合法传唤被告的证明文件，判决或裁定已经说明的除外。该规定强调送达是外国判决承认与执行领域中申请人的证明事宜而非被申请人抗辩的条件，且要求送达限定于"缺席判决"的情形。进一步来看，《民事诉讼法司法解释》尚未规定送达之"合法传唤"的含义，即什么是合法以及判断合法的标准适用中国法还是相关外国法，均未明确。《国际商事法庭程序规则（试行）》第三章是关于送达的规定，向当事人送达的材料包括起诉状副本、证据材料、《审前分流程序征询意见表》和《送达地址确认书》；送达对象是被告及其他当事人。如果当事人在《送达地址确认书》中同意接收其他当事人的诉讼材料，则国际商事法庭同意其他当事人向该当事人直接送达、电子送达、邮寄送达等。为保障国际商事法庭判决在外国更加顺利地获得承认与执行，建议《国际商事法庭程序规则（试行）》规定送达方式的适当性而非合法性，倾向于保证当事人答辩机会的实现而非是否参与诉讼；将外国判决承认与执行阶段审查的送达问题作为被申请人的抗辩事由，而非申请人主动证明，从而更合理地实现证明责任分配。另外，中国司法部是执行《海牙送达公约》的中央机关和主要转送机关，[①] 为提高送达效率，最高人民法院于2003年已经指定北京市、上海市、广东省、江苏省、浙江省等地的五个高级人民法院有权将

---

① 详见《最高人民法院、外交部、司法部关于执行〈关于向国外送达民事或商事司法文书和司法外文书公约〉有关程序的通知》（外发〔1992〕8号）。

本院和下级人民法院的相关法律文书直接转送至缔约国执行司法协助的中央机关。① 国际商事法庭作为最高人民法院的常设审判机构，可尝试将法律文书域外送达和国际商事管辖权对接，在《国际商事法庭程序规则（试行）》中赋予国际商事法庭将相应文书送达外国中央机关的权力，而无须通过司法部进行转交。

2. 增加欺诈的内容

欺诈是为获得不公平、非法利益或剥夺他人权利而进行故意欺骗的行为。将欺诈作为拒绝承认与执行外国判决的抗辩理由，意味着赋予了外国法院判决败诉方的抗辩权，从而保障当事人享有正当程序的权利。② 大部分普通法系国家将欺诈分为外在欺诈和内在欺诈。其中，前者属于原判决作出地法院管辖权范畴的问题，即被告因欺诈行为或受虚假陈述的影响而无法参加庭审并得到公正的判决；后者是原审法院中关于欺诈行为的统称，包括作伪证、使用虚假文件等。③《选择法院协议公约》和《承认与执行外国民商事判决公约》均涉及欺诈例外，但涉及的范围有所不同。《选择法院协议公约》的解释报告中，列举了因欺诈拒绝承认与执行外国判决的情形，即原告故意将诉讼文书送达错误地址，向被告提供错误的开庭时间或地点，任何一方试图贿赂法官、陪审员或证人，抑或故意隐瞒重要证据，④ 上述欺诈行为涉及程序公正的基本原则。相比之下，《承认与执行外国民商事判决公约》规定的欺诈包括程序性欺诈和实质性欺诈。而国内法欺诈例外的缺失必然损害当事人的合法权益，因此在《国际商事法庭若干问题规定》中确立欺诈的内容实属

---

① 详见《最高人民法院办公厅关于指定北京市、上海市、广东省、浙江省、江苏省高级人民法院依据海牙送达公约和海牙取证公约直接向外国中央机关提出和转递司法协助请求和相关材料的通知》（法办〔2003〕297 号）。

② 李伟：《承认与执行外国民商事判决的欺诈例外》，载《武大国际法评论》2017 年第 5 期，第 141 页。

③ 张自合：《两岸民事裁判认可与执行研究》，中国政法大学出版社 2011 年版，第 178 页。

④ Masato Dogauchi & Trevor Hartley, Explanatory Report on the 2005 Hague Choice of Court Agreements Convention, Accessed Apr. 10, 2022, https://assets.hcch.net/docs/0de60e2f-e002-408e-98a7-5638e1ebac65.pdf.

必要。由于中国是《选择法院协议公约》和《承认与执行外国民商事判决公约》的参与国，因此建议参照上述两个公约规定的欺诈内容，明确欺诈判断依据为原告故意将诉讼文书送达错误地址，故意向被告提供错误的开庭时间或地点，任何一方试图贿赂法官、陪审员或证人，抑或故意隐瞒重要证据等。

四、细化中国法律关于互惠原则的规定

国际商事法庭是共建"一带一路"法治化进一步完善的标志，其作出的判决能否被执行是吸引当事人的关键因素。国际商事法庭判决属于国家行为，其效力仅限于中国境内。如果判决需要被其他国家承认与执行，在中国与他国尚未签订双边司法协助条约的情况下，被请求国拒绝承认与执行国际商事法庭的判决，并非侵犯中国主权，因为国家主权平等原则没有强制要求被请求国必须承认与执行外国判决。虽然互惠原则难以改变被请求国对原审国判决的严格态度，但在缺乏国际条约的情况下，该原则是中国与被请求国之间判决承认与执行的重要依据。为促进国际商事法庭判决在外国的承认与执行，以及未来各国国际商事法庭（院）判决的自由流通，应当明确互惠原则的内涵和适用目的，扩大互惠原则的适用标准，细化证明责任分配。

（一）明确外国判决承认与执行领域中互惠原则的内涵和适用目的

目前学界尚未对互惠原则进行明确统一的解释，有学者将互惠原则分为形式互惠和实质互惠。其中，前者更强调法律规定，即本国法赋予外国公民的权利和特权与外国法律赋予本国公民的权利和特权应完全相同，不论外国在司法实践中是否赋予本国公民这些权利，其仍可以被视为"同等待遇"或"对等待遇"的具体体现；后者则强调司法实践，即本国赋予外国公民权利和特权的前提必须是外国司法实践已经给予本国公民相同的权利和特权。根据我国《民事诉讼法》第5条规定，中国似乎将互惠原则视为实质互惠，但具体到外国判决承认与执行领域，第297条和第298条却并未指明互惠原则的具体含义。中国对互惠原则的理解呈现宽松化趋势，但在司法实践中，法院将互惠原则倾向于理解为事实互惠。"一带一路"建设正在推动法院探索

如何通过互惠原则承认与执行外国判决,① 是否对互惠原则作出具体的法律规定, 以及将互惠原则进行宽松理解还是严格理解, 是值得思考的问题。

在中国与他国尚未签订关于外国判决承认与执行的双边司法协助条约或多边公约的情况下, 司法机关需要依据互惠原则判断是否承认与执行外国判决。如果国内法对互惠原则的含义没有明确规定, 则司法机关可能根据实践经验理解并适用互惠原则, 这不仅难以维护司法公信力, 还影响国内判决在其他国家的承认与执行。我国《民事诉讼法》第 298 条并未说明互惠原则的含义和适用目的, 仅表明互惠原则是外国判决承认与执行的依据。国际民商事争议获得合理、公正、高效地解决是各国司法机关共同努力的目标, 而承认与执行外国判决是解决国际民商事争议的关键, 因此明确中国国内法互惠原则的含义及适用条件, 司法机关依据具体规定判断是否承认与执行外国判决更有说服力。

互惠原则包括适用前提和适用标准, 主要解决在何种条件下适用该原则以及怎样适用该原则的问题。实际上, 只有在中国与他国之间不存在双边司法协助条约或多边公约的情况下, 法院才考虑适用互惠原则来判断承认与执行外国判决。另外, 可以考虑借鉴《南宁声明》的相关内容, 从而对互惠原则的适用进行规定。在承认与执行外国判决的司法程序中, 司法机关可以以外国法院不存在适用互惠原则而拒绝承认和执行中国判决的先例为由, 且在不违反中国国内法规定的情况下, 推定中国与外国之间存在互惠关系。因此, 可以尝试将互惠原则的内涵理解为: 在中国与原审国未签订关于外国判决承认与执行国际条约的情况下, 暂时推定原审国与中国存在互惠关系, 并依据国内法规定承认与执行外国判决, 除非原审国之前已经拒绝承认与执行中国判决或通过互惠原则承认与执行外国法院判决明显违反中国国内法规定。

在国家间尚未签订外国判决承认与执行国际公约的情况下, 原审国向中

---

① HUANG Jie, *Enforcing Foreign Monetary Judgments in China: Breakthroughs, Challenges, and Solutions in the Context of "One Belt One Road"*, The George Washington International Law Review, Vol. 51, 2019, p. 144.

国申请承认与执行本国判决，中国法院在适用互惠原则时，需要兼顾当事人合法权益和国家利益。中国历来重视国家司法主权，在适用互惠原则时，也不例外。如果互惠原则适用的目的不明确，司法机关在依据该原则判断外国判决是否能够被承认与执行时，可能因更多地考虑国家利益而最终拒绝承认与执行外国判决。① 实际上，在外国判决承认与执行领域，互惠原则的适用宗旨是公平公正，实现国家间的互惠共赢目标和外国判决自由流通，而非报复观念。中国有必要持更为开放的态度，在适用互惠原则时，综合权衡案件当事人的合法权益与国家利益，最终作出是否承认与执行外国判决的决定。因此，建议中国法律明确在外国判决承认与执行领域适用互惠原则的目的是，维护当事人的合法权益，促进外国判决的快速自由流通，并最终达到国家间互惠共赢的目标，为司法机关审理案件提供基本方向。

（二）规定互惠原则的适用标准和证明责任分配

在明确互惠原则的基础上，中国法律需要对互惠原则的适用标准和证明责任分配进行规定。《南宁声明》尝试将互惠原则的适用标准放宽至推定互惠，但本声明仅在中国与东盟之间生效，其他国家还不存在类似的规定。因此，可以参考《南宁声明》中的相关内容，明确互惠原则适用的标准为推定互惠。具体而言，中国在审查案件时，需要查明原审国法院是否曾经以与中国不存在互惠关系为由拒绝承认与执行中国判决。如果原审国尚未以与中国不存在互惠关系为由拒绝承认与执行中国判决，中国法院则可以推定该国与中国之间存在互惠关系，进而承认与执行该国判决；如果中国法院查明原审国曾经依据互惠原则拒绝承认与执行中国判决，则可以直接拒绝该国判决。另外，即使中国法院查明原审国曾经没有以与中国不存在互惠关系为由拒绝承认与执行中国判决，也不能直接承认与执行该国判决。适用互惠原则承认与执行外国判决，不能与中国国内法规定相违背，且中国国内法应当明确否定互惠原则适用的条件，并主要可以涉及以下情形：①作出判决的外国法院

---

① 连俊雅：《"一带一路"战略下互惠原则在承认与执行外国判决中的适用现状、困境与变革》，载《河南财经政法大学学报》2016 年第 6 期，第 163 页。

不具有管辖权；②外国法院作出的判决不具有法律效力；③外国法院在被告缺席且未获得合法传唤的条件下作出判决；④外国法院作出的判决正在被中国法院审理或已经作出判决，或第三国法院已经对同一案件作出判决且被中国法院承认；⑤外国判决违反中国法律的基本原则，或危害国家主权安全及社会公共利益。

司法实践中，将互惠原则作为外国判决承认与执行的判断依据时，证明责任的分配显得十分重要。如果举证责任不明，则可能影响互惠原则适用的稳定性，且赋予法院宽泛的自由裁量权。美国法学会制定的《外国判决承认与执行法建议案》明确规定了互惠原则的举证责任，并将否定互惠原则适用的证明义务赋予判决债务人，即判决债务人应提供美国与原审国之间不存在互惠关系的证据，否则将肯定互惠关系存在。这种规定对判决债务人提出较高的证明要求，在一定程度上降低了互惠原则适用的标准且提高了司法效率。另外，选择此种互惠原则适用的证明责任，有助于法院在审查外国判决承认与执行案件时，更多地考虑当事人的合法权益，消除各国因互惠原则适用产生的报复行为。因此，建议中国借鉴《外国判决承认与执行法建议案》中的有益内容，明确外国判决债务人应证明中国与原审国之间不存在互惠关系。

互惠原则作为承认与执行外国判决的重要依据，中国有必要考虑细化适用该原则的规定，将推定互惠作为该原则的适用标准且明确外国判决债务人的证明责任，这不仅给法院提供了以互惠原则承认与执行外国判决的法律依据，还为外国法院承认与执行国际商事法庭判决奠定良好基础。

第四节　国际商事法庭判决承认与执行的其他完善方式

各国判决的互相承认与执行是全球国际商事法庭（院）共同关心的问题之一，也涉及这些法庭（院）如何互相联系的问题。签订备忘录的目的是增强各国判决在其他国家承认与执行的合作，其规定各国判决在其他国家法院的承认与执行程序。许多国际商事法庭（院）于2017年5月在伦敦召开会议并成立国际商事法院常设论坛，包括中国在内的部分国家和地区的相关规定被纳入多边备忘录。每个国家签订《选择法院协议公约》和《承认与执行外国民商事判决公约》是理想化状态，但不切合实际，而多边备忘录可能会增强各国信任程度，进一步推动各国在外国判决承认与执行领域的发展。当然，《选择法院协议公约》和《承认与执行外国民商事判决公约》是外国判决承认与执行领域的重要多边公约，加快二者的批准事宜也是推动国际商事法庭判决在外国获得承认与执行的重要途径。

一、最高人民法院积极与外国法院签订备忘录

国际商事法院常设论坛于2017年成立，首次汇集了全球范围内的商事法庭（院）。2020年，该论坛发布《关于金钱判决执行的多边备忘录》（第2版），涉及30多个司法管辖区域的判决执行问题，即它们如何简单、透明地执行彼此的商事判决。该备忘录并非两个或多个国家之间的条约，而是一个法域对其他国家判决执行的理念和依据，以提高或促进国家之间在判决承认与执行领域的信任，向各国签订双边或多边国际条约做出基本努力。虽然各国法院在判决承认与执行的实践中存在显著差异，但该文件由法官撰写，这本身就突出了国际商事法庭（院）的另一个重要作用，即与外国同行积极合作，讨论共同关心的领域。例如，在新型冠状病毒疫情时期，国际商事法院常设论坛编写了一份备忘录，详细说明成员法院如何应对大流行病，并强调了在危急时刻维持法院充分运作的重要性。[①]

中国作为国际商事法院常设论坛的成员方，将中国关于外国判决承认与执行的内容纳入《关于金钱判决执行的多边备忘录》，有利于促进当事人和其他国家法院了解中国的相关规定。相应地，其他30多个司法管辖区域也将

---

① SIFoCC, Delivering Justice During the Covid-19 Pandemic and the Future Use of Technology, Accessed Apr. 10，2022, https：//sifocc. org/app/uploads/2020/05/SIFoCC – Covid – 19 – memorandum – 29 – May – 2020. pdf.

承认与执行其他国家判决的规定纳入该备忘录，如果国际商事法庭审理的案件涉及上述区域，则可以了解其规定和相关流程，为判决在该区域的承认与执行提供基本方向和依据。

前文提到，中国与新加坡之间不存在共同参加的以承认与执行民商事判决为内容的国际公约，1997 年两国签订的《中华人民共和国和新加坡共和国关于民事和商事司法协助的条约》不包括互相承认与执行民商事判决的内容。最高人民法院于 2018 年 8 月 31 日与新加坡最高法院签订了首个关于承认与执行判决的指导备忘录，即《关于承认与执行商事案件金钱判决的指导备忘录》。该指导备忘录签订的目的是促进签订双方对彼此法律和司法程序的理解。虽然该指导备忘录不具有法律约束力且不对任何一方产生约束作用，但能够为当事人向对方国家申请承认与执行判决提供明确的指引，有助于促进两国在外国判决承认与执行领域的常态化与制度化，增加判决承认与执行的成功概率。

互相信任是各国合作的前提，国家判决互相承认与执行的阻碍之一是缺乏信任，而各国签订关于判决承认与执行的备忘录可以在互相了解的基础上建立互信并推动合作。最高人民法院与其他国家法院签订合作备忘录，有利于拓宽中国判决在外国获得承认与执行的路径，为国际商事法庭的顺利运行奠定基础。备忘录的签订方式呈现多样化，不仅可以通过国际商事法院常设论坛等国际机构签订多边备忘录，还可以考虑依托最高人民法院已经建立的国际合作平台，进一步拓展判决承认与执行的签订范围，例如金砖国家大法官论坛、中国—东盟大法官论坛、上合组织成员国最高法院院长会议。另外，区域内国家的历史、文化等内容具有相似性，判决承认与执行制度的协调相对容易且更为迫切，因此可以考虑区域内国家共同签订备忘录，为未来缔结区域性多边判决公约奠定基础。2016 年 8 月，新加坡亚洲商法研究所设立外国判决承认与执行项目，其主要目的是协调东盟及贸易国之间判决的承认与执行，首个阶段是确定各国关于外国判决承认与执行的规定及适用。2017 年 12 月，《外国判决在亚洲的承认与执行》在新加坡发布，为中国与其他亚洲国家签订备忘录提供了契机。

二、加快批准外国判决承认与执行的多边国际公约

随着世界经济一体化和全球化发展，国家间的司法合作必不可少。外国判决的承认与执行是促进国际商事活动、加强国际关系和开放的社会价值观的重要体现之一。[①] 大部分国家通过双边条约、区域公约加强国家间判决的流通性。从国际角度看，20 世纪早期已经尝试制定关于判决承认与执行的国际多边公约，但尚未成功。直到 1971 年海牙《关于承认和执行外国民事和商事判决的公约》的通过，相关多边国际公约才取得重大突破。[②] 遗憾的是，该公约只有荷兰、葡萄牙、塞浦路斯等国签订并予以批准，至今尚未正式实施。2005 年，海牙国际私法会议通过《选择法院协议公约》，该公约是首个全球性民商事管辖权和判决公约，[③] 中国已于 2017 年签订该公约。经过海牙国际私法会议的不懈努力，2019 年 7 月通过《承认与执行外国民商事判决公约》，对国际民商事领域的司法合作产生重要影响。中国作为上述两个公约的重要参与国，在双边司法协助条约缔约国数量较少、互惠原则规定较为僵化的情况下，为顺利推动国际商事法庭判决在其他国家的顺利承认与执行，批准国际性多边公约是必然趋势。

（一）《选择法院协议公约》基本内容

在 2005 年 6 月召开的海牙国际私法会议第 20 届外交大会中，中国全程参与《选择法院协议公约》的谈判与磋商。本会议由海牙会议成员方、欧盟等国际组织以及巴拉圭、哥斯达黎加等国共同就公约相关内容进行正式讨论并达成最终意见。2007 年 9 月 26 日，墨西哥成为首个批准《选择法院协议

---

① C. F. Forsyth, *Private International Law: The Modern Roman-Dutch Law Including the Jurisdiction of the High Courts*, Juta, 2012, p. 417.

② Yuliya Zeynalova, *The Law on Recognition and Enforcement of Foreign Judgments: Is It Broken and How Do We Fix It?*, Berkeley Journal of International Law, Vol. 31, No. 1, 2013, p. 152.

③ 肖永平、朱磊主编：《批准〈选择法院协议公约〉之考量》，法律出版社 2017 年版，第 1 - 3 页。

公约》的国家；2015 年 6 月 11 日，欧盟各成员方（丹麦除外）以区域性组织的身份正式提交公约批准书。依据《选择法院协议公约》第 31（1）条规定，该公约于 2015 年 10 月 1 日生效。截至 2024 年 3 月底，已经批准并加入《选择法院协议公约》的国家包括欧盟各成员方（包括丹麦）、墨西哥、黑山、摩尔多瓦、新加坡、乌克兰和英国，仅签订但尚未批准该公约的国家包括阿尔巴尼亚、中国、以色列、北马其顿和美国。[①] 作为海牙国际私法会议的重要成果，《选择法院协议公约》对各国协议管辖制度和判决承认与执行的规则进行协调，保障争议由适当法院管辖，充分尊重当事人意思自治，为促进法院判决的跨国执行提供统一规则，并为当事人适当选择诉讼、仲裁等争议解决机制提供法律依据。

《选择法院协议公约》的宗旨是加强各国司法合作以强化国际贸易和投资的法律保障，提供确定性的国际法律机制以促进民商事管辖和外国判决承认与执行之合作，保障当事人在商事活动中达成选择法院协议之效力及判决的顺利承认与执行。《选择法院协议公约》为当事人在国际商事仲裁机制之外提供了一种新的选择，毕竟与国际商事仲裁相比，国际民事诉讼具有独特优势，例如国际民事诉讼具有正式的证据规则、当事人有上诉权、法院更具权威性等。从类型上看，《选择法院协议公约》属于"有限的双重公约"。其中，"有限"是指与早期公约草案相比，该公约仅涉及国际民商事案件的协议管辖问题，"双重"则是指公约包括协议管辖权和缔约国之间判决承认与执行的规定。[②] 为实现判决自由流通的价值目标，《选择法院协议公约》共有五章 34 条，其中第一章是范围和定义、第二章是管辖权内容、第三章是判决承认与执行内容、第四章是一般条款、第五章是最后条款；该公约明确订立三个关键条款，即被选择法院应当行使管辖权（第 5 条）、

---

① HCCH, Convention of 30 June 2005 on Choice of Court Agreements, Accessed Apr. 13, 2024, https：//www. hcch. net/en/instruments/conventions/status – table/? cid = 98.

② 肖永平、朱磊主编：《批准〈选择法院协议公约〉之考量》，法律出版社 2017 年版，第 26 页。

未被选择法院不能行使管辖权（第6条）和缔约国应当对依据选择法院协议作出的民商事判决予以承认与执行（第8条），①其他条款为这三个条款的辅助规定。

《选择法院协议公约》第5（1）条规定被选择的缔约国法院应当享有管辖权，除非管辖协议依据该国的法律规定属于无效。《选择法院协议公约》解释报告对本条款作出解释，即依据被选择法院地的冲突法规定，协议效力由合同准据法决定，例如当事各方选择适用的法律。②该公约第5（2）条规定被选择法院应当行使管辖权，不能以争议应由其他法院审理为理由拒绝行使管辖权。本条款仅约束不同国家的法院，而非同一国家法院。该公约第5（3）（a）条表明与诉讼标的或者请求数额相关的国内管辖权规则不受上述两个条款的影响；第5（3）（b）条强调《选择法院协议公约》不影响缔约国法院之间管辖权的内部分配。在当事人没有明确约定管辖法院的情况下，如仅在选择法院协议中表明管辖法院应当为"荷兰法院"或"新泽西州法院"，则应当依据被选择法院地法确定具体的管辖法院，但被选择法院行使自由裁量权时应当考虑当事人的选择。

《选择法院协议公约》第6条规定未被选择法院的义务，即其他未被选择的缔约国法院应当中止或驳回诉讼，其中包括五种例外：①依据被选择法院地法规定，管辖协议无效；②依据受案法院所在地法律，当事人缺乏缔约管辖协议的能力；③管辖协议内容明显不公正或违背受案法院所在地的公共政策；④因当事各方无法控制的特殊情况，管辖协议无法合理地执行；⑤被选择法院已经决定不审理该案件。其中，《选择法院协议公约》解释报告将"明显不公正"的标准界定为"腐败或法院对一方当事人存在偏见"，将一国

---

① Masato Dogauchi & Trevor Hartley, Explanatory Report on the 2005 Hague Choice of Court Agreements Convention, Accessed Apr. 13, 2022, https：//assets. hcch. net/docs/0de60e2f – e002 – 408e – 98a7 – 5638e1ebac65. pdf.

② Masato Dogauchi & Trevor Hartley, Explanatory Report on the 2005 Hague Choice of Court Agreements Convention, Accessed Apr. 13, 2022, https：//assets. hcch. net/docs/0de60e2f – e002 – 408e – 98a7 – 5638e1ebac65. pdf.

的"公共政策"界定为"国家的基本准则、基本原则或强制性规定";① 因当事各方无法控制的特殊情况，当事人不能向被选择法院提起诉讼，例如被选择法院地发生战争，导致法院无法行使其职能。规定上述例外情况的目的是维护法院审理国际民商事争议的实质正义。

《选择法院协议公约》第 8 条是关于判决承认与执行的条款。如果判决在更多国家获得承认与/或执行，则选择法院协议的价值将会更大。该公约第 8（1）条则力求实现此目标，即缔约国作出的判决应在其他缔约国承认与执行，除非符合本公约规定的拒绝承认与执行的情况。当然，《选择法院协议公约》第 5（3）（b）条允许缔约国法院管辖权的国内分配。如果选择法院协议约定一个缔约国的法院，例如瑞典法院，这不会造成任何问题，但如果约定的法院是特定法院（例如斯德哥尔摩地区法院），并且该法院将案件移交给另一个法院（例如哥德堡地区法院），则后者判决不被视为指定法院判决，不适用《选择法院协议公约》第 8（1）条规定。依据该公约第 8（2）条规定，被请求国法院不应对原审法院作出判决的实质内容进行审查。除非原审判决是在当事人缺席的情况下作出的，否则被请求国法院应当受到原审国法院管辖权确立事实的约束。依据该公约第 8（3）条规定，判决只有在原审国有效时，才会获得缔约国的承认；只有在原审国能够执行时，才会在缔约国获得执行。判决的承认与执行存在一定的区别，承认是认可原审国法院作出的判决对当事人权利和义务具有的一定约束力，而执行是适用原审国法院的法律程序，确保被告遵循原审国法院的判决。只有判决在原审国有效的情况下，才能够获得被请求国的承认，具有效力可以包括具有法律效力和可执行性，而不具有法律效力就是不构成对当事人权利义务的有效认定。因此，如果判决在原审国不具有法律效力，则无法在任何其他缔约国得到承认或执行。相应地，判决在原审国不能被执行的，也不能在其他缔约国被执行。该

---

① Masato Dogauchi & Trevor Hartley, Explanatory Report on the 2005 Hague Choice of Court Agreements Convention, Accessed Apr. 13, 2022, https：//assets. hcch. net/docs/0de60e2f－e002－408e－98a7－5638e1ebac65. pdf.

公约第 8（4）条赋予法院中止执行程序或拒绝执行判决的选择权，即判决在原审国复审或未到申请复审期限，被请求国可以推迟或拒绝承认与执行，但此拒绝不影响原审国对此判决的再次申请。该公约第 8（5）条规定，该条也适用于缔约国法院根据第 5（3）条规定之案件转移作出的判决，但是本条款接着规定，如果被选择的法院有权自由决定是否将案件移送至其他法院且当事人提出异议的，则不再适用本条款。

另外，《选择法院协议公约》规定，缔约国有权声明，其法院将承认与执行非排他性选择法院协议指定的其他缔约国法院作出的判决，但须遵守对等声明和该公约第 22 条规定的条件。这是通过磋商达成的意见，因为大多数行业适用的争议解决条款是非排他性选择法院条款，如果缔约国行使此声明选择，将扩大其法院判决获得其他缔约国法院承认和执行的益处。①

（二）《承认与执行外国民商事判决公约》基本内容

海牙国际私法会议于 2012 年重新启动《承认与执行外国民商事判决公约》的谈判，经过特别委员会会议的多次磋商，最终在 2019 年 7 月 2 日通过该公约。《承认与执行外国民商事判决公约》是国际社会首个全面确立民商事判决自由流通统一规则的公约，目的是使更多国家的判决能够互相获得承认与执行，为国际民商事活动提供优质量、高效率、低成本的司法保障。相较之下，《选择法院协议公约》仅适用于当事人通过协议共同选择的法院所作判决的承认与执行，而《承认与执行外国民商事判决公约》第 5 条规定了多项被请求国承认与执行判决的基础。从公约内容来看，《承认与执行外国民商事判决公约》主要包括适用范围、被请求国承认与执行或者拒绝承认与执行外国判决的理由、被请求国对判决的审查、临时性保护措施及特殊判决承认与执行的规定、公约中的双边化条款等。

《承认与执行外国民商事判决公约》第 1 条和第 2 条是关于公约适用范围的内容。其中，第 1 条表明被请求国承认与执行判决的性质应当为"民商

---

① Ronald A. Brand, *The New Hague Convention on Choice of Court Agreements*, American Society of International Law Insights, Vol. 9, No. 22, 2005, p. 5.

事判决"，将关税、财政、行政事务等相关判决排除在外；第 2（1）条则以"白色清单"方式列出 17 项公约不适用的事项，包括与家庭相关的事宜、乘客与货物运输、自然人的权利能力与法律能力、跨境海洋污染、知识产权、隐私等。与《选择法院协议公约》相比，该公约将有关知识产权的判决排除在适用范围外。在公约谈判过程中，美国代表方认为知识产权地域性较强且各国国内制度存在较大的差异，如果当事人挑选对其有利的法院提起诉讼，依据公约很可能出现在美国之外承认与执行有利判决的情况，进而损害美国国家利益，因此相关判决不应包含在公约适用范围内。[①] 鉴于公约通过的实际需求，各国在知识产权方面作出妥协，将其排除在公约适用范围之外。同时，与仲裁相关的程序也被排除在该公约之外，但何为与仲裁相关的程序还需进一步明确。

《承认与执行外国民商事判决公约》第 5 条和第 7 条涉及被请求国承认与执行或者拒绝承认与执行外国判决的理由。原审国享有案件管辖权是被请求国承认与执行该判决的前提之一，该公约第 5 条规定被请求国承认与执行原审国判决的 13 项理由中，大多数与管辖权相关。也就是说，原审国在一般情况下，应与争议存在实际联系，但被告明确接受司法管辖或者当事人已经签订选择法院协议的情况除外，被请求国法院应当依据原审国法律审查法院对争议是否具有管辖权。第 5 条将排他性选择法院协议排除在该公约的适用范围外，故此事宜应当适用《选择法院协议公约》。综上所述，被请求国承认与执行外国判决的条件包括：①有管辖权的法院作出相关判决；②外国判决属于确定性判决且具有执行力；③判决符合被请求国之公平正义原则和公共政策。与《承认与执行外国民商事判决公约》第 5 条对应，第 7 条是关于被请求国拒绝承认与执行外国判决的内容，主要包括被请求国可以拒绝承认与执行和可以拒绝或延迟承认与执行两种情况。其中，前者具体包括以下情形：原审国对案件没有管辖权；文书送达程序违反被请求国相关基本原则；

---

① 徐国建：《被攻克的最后堡垒：2019 年〈海牙判决公约〉所涉关键问题评析》，载《上海政法学院学报（法治论丛）》2020 年第 2 期，第 2 – 5 页。

原审国法院尚未给予被告人合理答辩时间；通过欺诈方式获取判决；被请求国承认与执行判决明显违背本国公共政策；该判决与被请求国就同一争议作出的判决结果不同；该判决与其他国家法院就同一争议作出的判决结果不同，而较早的判决满足被请求国承认与执行的条件等。后者是指如果被请求国正在处理相同当事人关于相同标的的争议，则原审国判决的承认与执行可以被推迟或拒绝，如争议与被请求国存在密切联系抑或被请求国先于原审国受理争议。从该公约的表达方式来看，被请求国法院"可以"而非"应当"拒绝承认与执行外国判决，在一定程度上享有自由裁量权。从拒绝承认与执行外国判决理由的角度看，该公约分别从管辖权缺乏、判决冲突、公共政策违反、程序瑕疵等方面予以规定，涉及范围较小，有利于避免削弱公约的制定目的。

《承认与执行外国民商事判决公约》第4条涉及被请求国法院审查原审国判决的相关要求。第4（2）条规定被请求国法院审查外国判决的原则是以程序性审查为主、实质性审查为辅。一般情况下，被请求国法院应当接受原审国法院已经确认的案件事实，而非对其加以评判。但程序审查原则存在例外情况，即该公约第7（1）条规定的"安全阀"条款——承认与执行原审国判决明显与被请求国关于判决的公共政策相悖时，被请求国法院可以对判决进行实质性审查，此处所谓的"相悖"，包括判决程序与被请求国公平原则不符合、侵犯国家主权和安全等情形。该公约仅在判决明显违反公共政策的情况下，赋予被请求国法院对判决内容实质审查的权力，有利于避免被请求国法院滥用实体审查权。第4（4）条与《选择法院协议公约》第8条的内容类似，规定判决是原审国的再审对象，或者在上诉期限未过的情况下，被请求国法院可以拒绝或推迟承认与执行该判决。也就是说，被请求国法院可能会依据原审国判决的撤销或改变而推迟或拒绝承认与执行，具体视情况而定。当原审国法院作出最终判决后，债权人依然可以针对新判决向被请求国法院申请承认与执行。如果在此种情况下，被请求国承认与执行了原审国判决，但后期该判决被撤销，则被请求国也应当撤销该判决的承认与执行。为避免上述情况的发生，申请执行人可能被要求提供担保，以保证被申请执行人的合法权益。另外，《承认与执行外国民商事判决公约》还涉及临时性保护措施、惩罚性赔偿判决、专属管辖与判决、司法和解等特别事宜的承认与执行等问题。

（三）批准多边国际公约对国际商事法庭的影响

目前中国已经发展成为世界第二大经济体和吸收外资、对外投资的大国，国际民商事交往更加频繁，引发的争议也会由更多国家的法院审理或请求更多国家的法院承认与执行中国法院作出的判决，当然外国判决在中国承认与执行的情况也会愈加频繁，这些对中国在判决承认与执行的国际合作领域提出新要求。国际商事法庭（院）的运行成功与否，在很大程度上取决于其判决能否在外国获得顺利承认与执行，① 中国的国际商事法庭也不例外，毕竟"一带一路"建设具有国际性质，国际商事法庭判决需要被外国承认与执行。如果国际商事法庭判决能够顺利地在其他司法管辖区域内获得承认与执行，外国当事人则更愿意选择该法庭审理争议。《选择法院协议公约》和《承认与执行外国民商事判决公约》作为目前国际社会已生效的判决承认与执行公约，它们可能给外国判决承认与执行的国际合作带来前所未有的机遇。《选择法院协议公约》以选择法院协议为载体，而《承认与执行外国民商事判决公约》是外国判决承认与执行领域中最受关注、参与国家数量最多的国际司法制度建设工程。国际商事法庭判决在性质上属于最高人民法院作出的判决，可以通过现有机制在外国获得承认与执行。中国作为《选择法院协议公约》和《承认与执行外国民商事判决公约》的重要参与国，未来批准多边国际公约对国际商事法庭判决在外国获得承认与执行具有重要意义。

1. 弥补现有机制的不足之处

目前中国尚未加入以外国判决承认与执行为内容的多边国际公约，承认与执行的依据仅包括双边司法协助条约和互惠原则。司法实践中，双边司法

① Neil Andrews, *The Foreign Party's Choice Between Arbitration and Court Litigation*, in Shimon Shetreet & Wayne McCormack eds., The Culture of Judicial Independence in a Globalised World, Brill Nijhoff, 2016, p. 223.

协助条约尚未发挥应有作用，主要包括如下两种因素。其一，签订条约的国家数量较少。虽然中国已经与30多个司法管辖区域签订双边司法协助条约，但仍与许多国家存在以双边司法协助条约为依据的判决承认与执行合作空白，例如美国、日本、韩国、新加坡等与中国经济往来较为密切的国家。① 这些缔约对象的缺失，将严重影响中国双边司法协助条约实际价值的发挥。其二，缔约内容缺乏合理性。中国已经签订的双边司法协助条约的内容类似，主要包括适用范围、请求提出、应提供的文件、判决承认与执行的程序、拒绝事由等。但这些条约适用的范围较为复杂，大部分条约尚未对判决范围作出具体阐述。另外，中国已经签订的双边司法协助条约的具体条款缺乏统一性、可操作性，尚未很好地与中国国内法对接。② 关于互惠原则，虽然中国对该原则的解释呈现宽松化趋势，但法院仍将事实互惠作为外国判决承认与执行的审查标准。由于中国法院对互惠原则标准的认定较为严格，目前只有少数国家与中国在判决承认与执行领域建立互惠关系。最高人民法院也尝试通过放宽互惠原则标准来承认与执行更多的外国判决，从而加强其他国家对中国判决的承认与执行。然而，仅仅运用上述两种路径是无法完全满足中国经济对国际司法协助的需求的。如果未来中国批准《选择法院协议公约》和《承认与执行外国民商事判决公约》，国际商事法庭判决甚至中国作出的其他涉外判决将可以在更多的国家进行流通。

2. 进一步优化营商环境，增强国家间的司法互信

争议解决的公正性和高效性是衡量一国营商环境的重要因素，海牙国际私法会议顺利通过《选择法院协议公约》和《承认与执行外国民商事判决公约》，反映了国际社会旨在促进经济贸易发展、增强判决自由流通、统一国际规则的愿望。虽然目前中国尚未批准上述公约，但作为公约的重要参与国和积极推动国，两个公约必然对中国国内法完善和司法实践产生积极影响，

---

① 王吉文：《〈选择法院协议公约〉的批准问题研究》，中国政法大学出版社2017年版，第64页。

② ZHANG Mo, *International Civil Litigation in China: A Practical Analysis of the Chinese Judicial System*, Boston College International and Comparative Law Review, Vol. 25, 2007, p. 59.

进而为中国企业"走出去"提供坚实的司法保障。为此，也有必要积极对公约的签订和批准进行论证。将国际民事诉讼与国际商事仲裁相比，《纽约公约》成员方的数量多达 172 个，涵盖国际社会大部分国家和地区，该公约的主要目的是使外国和非国内仲裁裁决不会受到歧视，确保这些裁决得到承认且能够在与国内裁决相同的管辖范围内执行。对国际商事法庭的判决而言，由于缺少统一国际规则，依据仅包括双边司法协助条约、互惠原则，判决承认与执行的流通性较弱。当然，《选择法院协议公约》和《承认与执行外国民商事判决公约》获得国际社会多数国家批准后，现行适用确定性不强的互惠原则甚至可能被多边公约取代。① 这不仅有助于增强当事人对判决承认与执行结果的预期，还将推动国际商事法庭甚至中国国际民商事争议解决机制的建设，促进不同法域国家和地区间的司法互信，保证国际贸易健康发展。

---

① 宋建立：《〈承认与执行外国民商事判决公约〉及对我国的影响》，载《人民司法》2020 年第 1 期，第 91－92 页。

结　论

当今世界正在经历百年未有之大变局，协调推进国内治理和国际治理，通过法治方式推动构建人类命运共同体，有利于更好地贯彻习近平法治思想。国际商事争议的解决不仅是国家治理体系和治理能力现代化的重要体现，还与中国参与全球治理和提升中国司法竞争力密切相关。聚焦国际商事领域，现代国际商事规则体系正在经济全球化背景下全面构建，国际商事争议解决机制是维护国际商事规则和促进国际商事关系的关键。各国国际商事法庭（院）具有各自的特点，中国的国际商事法庭也不例外，该法庭的设立目标及具体运行机制均具有特殊意义。国际商事法庭旨在通过建设一个公信力高、专业化强的司法体系来解决国际商事争议，使其能与国际商事仲裁、国际商事调解共同发挥作用，弥补国际商事争议解决机制的空白，并在各国国际商事法庭（院）之间构建"审判+执行"网络。但不能忽视的是，我国国际商事法庭的设立时间较短，这可能导致该法庭在运行过程中无法突出公正、高效之特点，使其与其他各级法院审理涉外商事争议并无较大差异，不能更好地吸引当事人选择该法庭来解决国际商事争议。因此，本书围绕"国际商事法庭特殊定位""如何保证国际商事法庭顺利运行"这两个问题展开研究，从国际司法机构专门化趋势以及对全球跨国商事司法秩序影响的角度入手，对国际商事法庭运行的规则提出相应的改革建议。

本书第一章和第二章是总论部分，第三章、第四章、第五章和第六章是分论部分。在明确国际商事法庭成立必要性和性质定位的基础上，夯实该法庭运行机制的基本理论和遵循的理念，并构建其运行机制的评价标准；分别梳理国际商事法庭运行时的管辖权制度、"一站式"国际商事争议多元化解决机制、国际商事专家委员会的运行、判决在外国承认与执行的现状，发现现行法律规定存在的问题，试图探索合理解决方式。

第一，对国际商事法庭进行定位。从"一带一路"建设对国际商事法庭有特殊需求、国际商事法庭是优化营商环境的重要方式、全球司法机构专业化趋势下中国设立国际商事法庭等角度出发，阐述该法庭在经济全球化中的角色。从国际商事法庭是最高人民法院的常设审判机构、国际商事争议的"最高院"、"一站式"国际商事争议解决平台的核心机构等角度，分析该法庭在中国司法体系中的定位。通过研究现有裁判文书发现，国际商事法庭尚未发挥重要职能，故笔者认为应对该法庭的职能进行适当完善。具体而言，笔者建议，应在巡回法庭所在地设立国际商事法庭，承认它们的独立地位且由最高人民法院直接管理；厘清国际商事法庭与最高人民法院民事审判第四庭之间的关系，赋予国际商事法庭审理二审涉外商事案件的职权，将一审国际商事争议审判权由最高人民法院民事审判第四庭转移至国际商事法庭；针对国际商事法庭的"一审终审制"，细化最高人民法院再审国际商事法庭案件的条件；培养国际商事法庭专门性法官，探索选任我国港澳台地区专业人士作为国际商事法庭的人民陪审员，创建聘任我国港澳台地区法官的制度。

第二，梳理国际商事法庭运行的价值基础，提出构建该法庭运行机制评价标准的建议。以当事人平等的诉讼权利、意思自治、诉讼公正与诉讼效益平衡作为国际商事法庭运行的理论支撑，即该法庭在运行过程中如何依法维护当事人合法权益、尊重当事人意思自治，进而达到终极价值目标——对公正与效率的追求。在明确价值基础后，国际商事法庭作为新兴争议解决机构，应当具有独特的运行目标，提高国家司法公信力并扩大国际商事法庭的国际影响力、重点突出国际商事法庭运行中的专业化程度和发挥国际商事法庭在国内法院体系中的优势。在具体运行过程中，应当设定具体标准以衡量国际商事法庭审理案件时能否达到公正、高效、便捷和低成本的目标。以《卓越法院国际框架标准》的七个衡量指标为参考，制定评判国际商事法庭综合实力的标准，对该法庭的特殊定位和价值追求作出全面理解。

第三，通过细化国际商事法庭管辖权规定，赋予该法庭管辖权之灵活性标准。现有法律对国际商事法庭管辖的争议范围、协议管辖、裁定管辖及对国际商事仲裁审查和执行管辖内容进行规定，但似乎并不完全合理。在国际商事法庭管辖的争议范围方面，适当放宽对争议的国际性要求；在实质性连结要素方面，适当扩大民事诉讼关系主体的外延，增加争议性质的判断标准和兜底条款；依据《关于我国执行加入〈纽约公约〉的通知》，明确商事法律关系的内涵，同时结合《关于我国执行加入〈纽约公约〉的通知》《选择法院协议公约》《承认与执行外国民商事判决公约》《新加坡调解公约》等规定，排除不属于商事性争议的范围，将国际商事法庭认为可以审理的其他争议作为兜底条款。在协议管辖方面，取消诉讼标的额为3亿元以上人民币的限制，扩大协议管辖中实际联系要素的认定标准，将法律选择标准和客观联系标准均作为判断实际联系要素之标准，放宽管辖权协议的形式要求，明确协议之排他效力。在裁定管辖方面，高级人民法院将争议转移至国际商事法庭时，应当采取多元化的判断标准，赋予国际商事法庭管辖权下移的裁量权，扩大该法庭对国际商事仲裁管辖的标准。

第四，探索以国际商事法庭为核心的"一站式"国际商事争议多元化解决机制，以及通过该机制形成的调解协议如何适用《新加坡调解公约》的问题。通过对现有法律规定的分析，建议明确审前调解并非诉讼程序的一部分，在未来中国批准《新加坡调解公约》后，可及时修改《国际商事法庭程序规则（试行）》第24条内容，赋予当事人申请调解协议承认与执行或者判决承认与执行的选择权；通过将自贸区纳入的境外仲裁机构、一带一路国际商事调解中心、境外国际商事调解机构与国际商事法庭衔接，扩大"一站式"国际商事争议解决机构，适量增加外籍调解人员，成立国际商事律师调解协会，以扩大工作人员范围；细化诉讼与调解机制的衔接，增加国际商事法庭审理过程中的调解，明确直接调解向国际商事法庭申请司法确认的规定，建立国际商事争议中立评估机制。在对仲裁裁决的审查方面，将临时仲裁裁决纳入国际商事法庭审查范围，尊重当事人意思自治，对国际商事仲裁裁决进行形式审查。

　　第五，完善《国际商事专家委员会工作规则（试行）》等司法解释，发挥该专家委员会的重要作用。国际商事专家委员会的设立更加凸显国际商事法庭之国际性质，推动"一站式"争议解决机制中诉讼与调解衔接的发展，为推动中国国际民事诉讼迈向国际化作出贡献。在此基础上，将国际商事专家委员会定性为最高人民法院的服务机构，其重点工作包括调解国际商事争议，以及提供国际条约、国际规则、域外法查明等专业法律问题咨询。在工作流程方面，将商事专家委员调解程序具体化，对现有商事专家委员进行分类，从基本问题、受理范围、商事专家委员的选定、调解程序及规则等方面对调解程序进行完善；细化国际商事专家委员会提供域外法意见的程序，限定商事专家委员拒绝接受咨询的条件以及赋予国际商事法庭向多个商事专家委员咨询的职能。在提供国际商事法庭发展意见的程序方面，商事专家委员不仅可以受国际商事法庭委托提供相关建议，还可以主动将自己对国际商事法庭未来发展的见解向国际商事法庭协调指导办公室提交；国际商事法庭协调指导办公室还应组织国际商事法庭法官和全部商事专家委员定期召开国际商事法庭发展讨论会，探索国际商事专家参与庭审活动的可能性。

　　第六，夯实国际商事法庭判决在外国承认与执行的现实基础、理论基础和法律基础，以管辖权、判决确定性、正当程序以及互惠关系的审查标准为基点，分别从双边司法协助条约和国内法规定两个方向完善国际商事法庭判决在外国承认与执行的要素。除此之外，中国作为《选择法院协议公约》和《承认与执行外国民商事判决公约》的重要参与国，在双边司法协助条约缔约国数量较少、互惠原则规定较为僵化的情况下，本书提出关于国际商事法庭判决承认与执行还有其他完善方式，主要包括最高人民法院与其他国家最高法院签订合作备忘录、拓宽中国判决在外国承认与执行的路径以及加快批准外国判决承认与执行的多边国际公约。

　　总体上看，国际商事法庭制度以及中国国际商事争议解决体系的构建已经引起了国内学者的很大关注，但对国际商事法庭进行全面系统研究的学者依然屈指可数，也鲜有文章对该法庭运行时依据的司法解释进行较为全面的讨论。本书在很大程度上只是在现有法律规定的基础上提出问题并给予个人建议，在理论分析和宏观构建方面还需要进行更多的思考和摸索。同时，希冀本书起到抛砖引玉的作用，吸引更多学者站在打造全球司法利益交汇点和全球司法程序战略支点的角度来探索国际商事法庭的未来发展，这不仅有助于为中国参与国际司法竞争、树立国际声誉奠定良好的基础，还能带动中国国际民事诉讼制度的发展，推动建设良好的营商环境，间接促进国家经济的发展。

参考文献

一、中文文献

(一) 著作类

[1] 何其生. 国际商事法院研究 [M]. 北京：法律出版社, 2019.

[2] 田平安. 民事诉讼法 基础理论篇 [M]. 厦门：厦门大学出版社, 2009.

[3] 路晓霞. 法治化营商环境建设研究——以华侨试验区为样本 [M]. 上海：上海人民出版社, 2018.

[4] 蒲杰. 中国自由贸易试验区法律保障制度研究 [M]. 成都：电子科技大学出版社, 2017.

[5] 王俊杰. 法的正义价值理论与民事再审程序构建 [M]. 北京：人民法院出版社, 2007.

[6] 黄进. 国际商事争议解决机制研究 [M]. 武汉：武汉大学出版社, 2010.

[7] 苏宁, 等. "一带一路"倡议与中国参与全球治理新突破 [M]. 上海：上海社会科学院出版社, 2018.

[8] 辞海编辑委员会. 辞海 [M]. 上海：上海辞书出版社, 1979.

[9] 陈晨, 等. 简明汉语逆序词典 [M]. 北京：知识产权出版社, 1986.

[10] 张艳丽. 民事诉讼理论与制度 [M]. 北京：法律出版社, 2017.

[11] 齐树洁. 纠纷解决与和谐社会 [M]. 厦门：厦门大学出版社, 2010.

[12] 卓泽渊. 法的价值论 [M]. 2版. 北京：法律出版社, 2006.

［13］陈桂明. 诉讼公正与程序保障［M］. 北京：法律出版社，1996.

［14］常怡. 比较民事诉讼法［M］. 北京：中国政法大学出版社，2002.

［15］章武生. 司法现代化与民事诉讼制度的建构［M］. 北京：法律出版社，2000.

［16］肖永平. 肖永平论冲突法［M］. 武汉：武汉大学出版社，2003.

［17］许军珂. 国际私法上的意思自治［M］. 北京：法律出版社，2006.

［18］胡伟. 意思自治的法哲学研究［M］. 北京：中国社会科学出版社，2012.

［19］郭道晖. 法理学精义［M］. 长沙：湖南人民出版社，2005.

［20］顾培东. 社会冲突与诉讼机制［M］. 北京：法律出版社，2016.

［21］张文显. 二十世纪西方法哲学思潮研究［M］. 北京：法律出版社，1996.

［22］柴发邦. 体制改革与完善诉讼法制度［M］. 北京：中国人民公安大学出版社，1991.

［23］周世中，黄竹胜. 法的价值及其实现［M］. 桂林：广西师范大学出版社，1998.

［24］陈瑞华. 刑事审判原理论［M］. 北京：北京大学出版社，1997.

［25］李方民. 司法理念与方法［M］. 北京：法律出版社，2010.

［26］卞建林. 现代司法理念研究［M］. 北京：中国人民公安大学出版社，2012.

［27］王利明. 司法改革研究［M］. 北京：法律出版社，2000.

［28］关玫. 司法公信力研究［M］. 北京：人民法院出版社，2008.

［29］汉斯·范·鲁，粟烟涛. 迈向一个关于民商事件国际管辖权及外国判决效力的世界性公约［M］//中国国际私法与比较法年刊：第3卷. 北京：法律出版社，2000.

［30］陈婉姝. 中国批准海牙《选择法院协议公约》的路径选择——以协议管辖之实际联系为视角［M］//中国国际私法与比较法年刊：第25卷.

北京：法律出版社，2020.

　　[31] 邓益洲. 跨境民商事诉讼实务要点解析 [M]. 北京：中国法制出版社，2018.

　　[32] 赵相林，宣增益. 国际民事诉讼与国际商事仲裁 [M]. 北京：中国政法大学出版社，1994.

　　[33] 赵相林. 国际民商事争议解决的理论与实践 [M]. 北京：中国政法大学出版社，2009.

　　[34] 韩德培. 国际私法新论 [M]. 武汉：武汉大学出版社，2003.

　　[35] 刘力. 国际民事诉讼管辖权研究 [M]. 北京：中国法制出版社，2004.

　　[36] 赵相林. 国际私法 [M]. 北京：中国政法大学出版社，2005.

　　[37] 李浩培. 国际民事程序法概论 [M]. 北京：法律出版社，1996.

　　[38] 江伟. 中华人民共和国民事诉讼法释义·新旧法条对比·适用 [M]. 北京：华夏出版社，1991.

　　[39] 柴发邦. 民事诉讼法学新编 [M]. 北京：法律出版社，1992.

　　[40] 全国人大常委会法制工作委员会民法室. 《中华人民共和国民事诉讼法》条文说明、立法理由及相关规定 [M]. 北京：北京大学出版社，2012.

　　[41] 中国国际私法学会. 中华人民共和国国际私法示范法 [M]. 北京：法律出版社，2000.

　　[42] 沈达明. 比较民事诉讼法初论：上册 [M]. 北京：中信出版社，1991.

　　[43] 范愉. 非诉讼程序（ADR）教程 [M]. 北京：中国人民大学出版社，2002.

　　[44] 何其生. 比较法视野下的国际民事诉讼 [M]. 北京：高等教育出版社，2015.

　　[45] 孙巍. 《联合国关于调解所产生的国际和解协议公约》立法背景及条文释义 [M]. 北京：法律出版社，2018.

［46］龙飞. 多元化纠纷解决机制促进法研究［M］. 北京：中国人民大学出版社，2020.

［47］赵相林. 国际私法［M］. 北京：法律出版社，1999.

［48］李广辉，林泰松. 仲裁法学［M］. 北京：中国法制出版社，2019.

［49］王为君. 中国经济国际竞争力［M］. 南昌：江西人民出版社，2000.

［50］周强. 最高人民法院工作报告（2015·汉英对照）［M］. 北京：法律出版社，2015.

［51］周强. 最高人民法院工作报告（2017·汉英对照）［M］. 北京：法律出版社，2017.

［52］孙洪坤. 司法民主、公平正义与法官制度［M］. 北京：法律出版社，2012.

［53］余先予. 国际法律大辞典［M］. 长沙：湖南出版社，1995.

［54］宣增益. 国家间判决承认与执行问题研究［M］. 北京：中国政法大学出版社，2009.

［55］王吉文. 外国判决承认与执行地国际合作机制研究［M］. 北京：中国政法大学出版社，2014.

［56］贺晓翊. 英国的外国法院判决承认与执行制度研究［M］. 北京：法律出版社，2008.

［57］朱磊. 中国法院金钱判决在新加坡的承认与执行［M］//中国国际私法与比较法年刊：第21卷. 北京：法律出版社，2017.

［58］徐宏. 国际民事司法协助［M］. 武汉：武汉大学出版社，2006.

［59］唐表明. 比较国际私法［M］. 广州：中山大学出版社，1987.

［60］付颖哲. 外国判决承认与执行法律制度研究——以欧盟统一法为视角［M］. 北京：法律出版社，2011.

［61］李双元，谢石松. 国际民事诉讼法概论［M］. 武汉：武汉大学出版社，1990.

［62］张瑞苓. 外国判决在亚洲的承认与执行［M］. 郭玉军, 等译. 法律出版社, 2019.

［63］李旺. 国际民事诉讼法［M］. 北京: 清华大学出版社, 2003.

［64］孙劲. 美国的外国法院判决承认与执行制度研究［M］. 北京: 中国人民公安大学出版社, 2003.

［65］郭玉军. 中国有关外国民商事判决承认与执行制度及其反思［M］//中国国际法年刊 (2017). 北京: 法律出版社, 2018.

［66］邹国勇. 德国国际私法的欧盟化［M］. 北京: 法律出版社, 2007.

［67］薛波. 元照英美法词典［M］. 北京: 法律出版社, 2003.

［68］谢石松. 国际民商事纠纷的法律解决程序［M］. 广州: 广东人民出版社, 1996.

［69］龚柏华. 新近中美经贸法律纠纷案例评析［M］. 上海: 上海人民出版社, 2017.

［70］谢怀栻. 德意志联邦共和国民事诉讼法［M］. 北京: 中国法制出版社, 2001.

［71］刘仁山. 国际私法［M］. 北京: 中国法制出版社, 2012.

［72］张自合. 两岸民事裁判认可与执行研究［M］. 北京: 中国政法大学出版社, 2011.

［73］肖永平, 朱磊. 批准《选择法院协议公约》之考量［M］. 北京: 法律出版社, 2017.

［74］王吉文.《选择法院协议公约》的批准问题研究［M］. 北京: 中国政法大学出版社, 2017.

［75］［加纳］理查德·弗林蓬·奥蓬. 非洲经济一体化的法律问题［M］朱伟东, 译. 北京: 社会科学文献出版社, 2018.

［76］［荷］亨利·范·马尔赛文, 格尔·范·德·唐. 成文宪法的比较研究［M］. 陈云生, 译. 北京: 华夏出版社, 1987.

［77］［英］霍恩比. 牛津高阶英汉双解词典［M］. 8 版. 赵翠莲, 邹晓

玲，译. 北京：商务印书馆，2014.

[78]［美］穆蒂莫·艾德勒. 六大观念［M］. 郗庆华，等译. 上海：生活·读书·新知三联书店，1991.

[79]［美］E. 博登海默. 法理学——法哲学及其方法［M］. 邓正来，姬敬武，译. 北京：华夏出版社，1987.

[80]［德］康德. 法的形而上学原理——权利的科学［M］. 沈叔平，译. 北京：商务印书馆，1991.

[81]［法］亨利·巴蒂福尔，保罗·拉加德. 国际私法总论［M］. 陈洪武，等译. 北京：中国对外翻译出版公司，1989.

[82]［美］理查德·A. 波斯纳. 法律的经济分析：上［M］. 蒋兆康，译. 北京：中国大百科全书出版社，1997.

[83]［德］黑格尔. 法哲学原理［M］. 范杨，张企泰，译. 北京：商务印书馆，1996.

[84]［英］J. H. C. 莫里斯. 戴西和莫里斯论冲突法：上［M］. 李双元，等译. 北京：中国大百科全书出版社，1998.

[85]［日］兼子一，竹下守夫. 民事诉讼法［M］. 白绿铉，译. 北京：法律出版社，1995.

（二）期刊类

[1] 习近平. 坚持走中国特色社会主义法治道路 更好推进中国特色社会主义法治体系建设［J］. 求是，2022（4）.

[2] 赵俊. 全球治理视野下的国际法治与国内法治［J］. 中国社会科学，2014（10）.

[3] 朱伟东. 国际商事法庭：基于域外经验与本土发展的思考［J］. 河北法学，2019（10）.

[4] 徐浩. 中世纪西欧商人法及商事法庭新探［J］. 史学月刊，2018（10）.

[5] 丁凤玲. "一带一路"建设中创设中国国际商事法庭的理论探索

[J]. 南京大学学报（哲学·人文科学·社会科学），2018（5）.

[6] 廖宇羿. 论"一带一路"倡议下中国国际商事法庭的定位 [J]. 经贸法律评论，2019（2）.

[7] 何其生课题组. 论中国国际商事法庭的构建 [J]. 武大国际法评论，2018（3）.

[8] 熊晨."一带一路"视野下中国国际商事法庭的构建 [J]. 上饶师范学院学报，2019（2）.

[9] 谷浩，林玉芳. 中国国际商事法庭构建初探 [J]. 大连海事大学学报（社会科学版），2018（4）.

[10] 漆彤，芮心玥. 论"一带一路"民商事争议解决的机制创新 [J]. 国际法研究，2017（5）.

[11] 宋锡祥，田聪."一带一路"视野下国际商事争端解决机制的构建 [J]. 海峡法学，2019（2）.

[12] 丁祥高，陈诗华."一带一路"倡议下中国国际商事法庭审级制度评析 [J]. 昆明理工大学学报（社会科学版），2021（3）.

[13] 黄进，刘静坤，等. 中国国际商事法庭制度改革探析 [J]. 武大国际法评论，2020（6）.

[14] 覃华平."一带一路"倡议与中国国际商事法庭 [J]. 中国政法大学学报，2019（1）.

[15] 刘俊敏，童铮恺."一带一路"背景下我国国际商事法庭的建设与完善 [J]. 河北法学，2019（8）.

[16] 吴永辉. 论国际商事法庭的管辖权——兼评中国国际商事法庭的管辖权配置 [J]. 法商研究，2019（1）.

[17] 朱怡昂. 中国国际商事法庭管辖权研究 [J]. 法律适用，2021（7）.

[18] 石静霞，董暖. 我国国际商事法庭的若干核心问题 [J]. 西安交通大学学报（社会科学版），2019（3）.

[19] 黄晖，刘家玮. 国际商事专家委员会效能提升论 [J]. 西华师范大学学报（哲学社会科学版），2023 (1).

[20] 殷峻. 构建我国国际商事专家委员会制度的建议 [J]. 财经界，2018 (9).

[21] 殷敏. "一带一路"实践下中国国际商事法庭面临的挑战及应对 [J]. 国际商务研究，2022 (4).

[22] 刘音. 论外国国际商事法庭判决在我国的承认 [J]. 厦门大学法律评论，2020 (1).

[23] 申婷婷. 中国国际商事法庭司法运作的困境与路径——以法律适用和判决的承认、执行为视角 [J]. 河北法学，2019 (8).

[24] 王欣濛. 新加坡国际商业法庭的司法制度及启示 [J]. 湖北社会科学，2015 (6).

[25] 毛晓飞. 独特的德国国际商事法庭模式——解析《联邦德国引入国际商事法庭立法草案》[J]. 国际法研究，2018 (6).

[26] 李玉林. 论法国特殊商事审判制度——以商事法院与商事法官为中心 [J]. 山东审判，2008 (3).

[27] 吕江. 习近平法治思想中涉外法治话语生成与实践逻辑——以"一带一路"倡议为视角 [J]. 法学评论，2022 (1).

[28] 张国勇，娄成武，李兴超. 论东北老工业基地全面振兴中的软环境建设与优化策略 [J]. 当代经济管理，2016 (11).

[29] 万建民. 法治是营商环境的底线 [J]. 中国企业家，2018 (2).

[30] 徐浩. 中世纪西欧商人法及商事法庭探析 [J]. 史学月刊，2018 (1).

[31] 赵立行. 论中世纪的"灰脚法庭"[J]. 复旦学报（社会科学版），2008 (1).

[32] 何其生. 大国司法理念与中国国际民事诉讼制度的发展 [J]. 中国社会科学，2017 (5).

［33］范健. 商事审判独立性研究［J］. 南京师范大学学报（社会科学版），2013（3）.

［34］王贵国."一带一路"争端解决制度研究［J］. 中国法学，2017（6）.

［35］罗晋辉，郭建庆. 谈"机制"的内涵、演化和特性［J］. 社会，1989（6）.

［36］顾培东. 论我国民事权利和司法保护的流失［J］. 法学研究，2002（6）.

［37］张红侠. 民事诉讼平等原则的法哲学思考［J］. 南京工业大学学报（社会科学版），2003（2）.

［38］赵万一. 对民法意思自治原则的伦理分析［J］. 河南省政法管理干部学院学报，2003（5）.

［39］王春荣. 亚当·斯密与经济自由主义思想［J］. 北京电子科技学院学报，2009（3）.

［40］蔡从燕. 国际法上的大国问题［J］. 法学研究，2012（6）.

［41］乔慧娟. 我国国际商事法庭创设和运作的思考——基于域外经验与本土化建设［J］. 对外经贸，2020（10）.

［42］程慧芳. 迪拜国际金融中心法院纠纷解决委员会首席执行官介绍迪拜未来的法院［J］. 世界司法信息化研究专刊，2018（4）.

［43］卜璐."一带一路"背景下我国国际商事法庭的运行［J］. 求是学刊，2018（5）.

［44］张新庆. 中国国际商事法庭建设发展路径探析［J］. 法律适用，2021（3）.

［45］刘晓红，周祺. 协议管辖制度中的实际联系原则与不方便法院原则［J］. 法学，2014（12）.

［46］张利民. 非排他性管辖协议探析［J］. 政法论坛，2014（5）.

［47］刘元元. 中国国际商事法庭司法运作中的协议管辖：挑战与应对措

施［J］. 经贸法律评论, 2020（6）.

［48］王瑛, 王婧. 国际商事法庭管辖权规则的不足与完善——基于我国国际商事法庭已审结案件的分析［J］. 法律适用, 2020（14）.

［49］林福辰. 中国国际商事法庭的运行机制研究［J］. 四川师范大学学报（社会科学版）, 2022（1）.

［50］肖永平. 批准《选择法院协议公约》的利弊分析及我国的对策［J］. 武大国际法评论, 2017（5）.

［51］杨锦英, 郑欢, 等. 中国东西部发展差异的理论分析与经验验证［J］. 经济学动态, 2012（8）.

［52］李兰, 张晋红. 论民事诉讼级别管辖的立法完善［J］. 法学杂志, 2010（6）.

［53］宋斯文. 冲突法视野下的民事管辖权下放性转移立法研究［J］. 东方企业文化, 2012（23）.

［54］宋旺兴. 管辖权下移制度的修改与再完善——以审判权与诉权的冲突与平衡为视角［J］. 法律适用, 2014（12）.

［55］万钧. 中国国际民事诉讼法原则体系之构建［J］. 武大国际法评论, 2015（2）.

［56］廖永安, 段明. 我国发展"一带一路"商事调解的机遇、挑战与路径选择［J］. 南华大学学报（社会科学版）, 2018（4）.

［57］梁文才. 论国际商事法庭多元化纠纷解决机制——兼评我国国际商事法庭"一站式"机制的运行［J］. 海外投资与出口信贷, 2019（4）.

［58］冯汉桥, 沈旦. 国际商事法庭诉讼与仲裁、调解衔接机制的完善［J］. 怀化学院学报, 2020（2）.

［59］薛源, 程雁群. 以国际商事法庭为核心的我国"一站式"国际商事纠纷解决机制建设［J］. 政法论丛, 2020（1）.

［60］杨秉勋. 再论《新加坡调解公约》与我国商事调解制度的发展［J］. 北京仲裁, 2020（1）.

［61］刘晓红，徐梓文.《新加坡公约》与我国商事调解制度的对接［J］.法治社会，2020（3）.

［62］刘晓红，冯硕.制度型开放背景下境外仲裁机构内地仲裁的改革因应［J］.法学评论，2020（3）.

［63］刘敬东.大国司法：国国际民事诉讼制度之重构［J］.法学，2016（7）.

［64］刘力."一带一路"国家间法院判决承认与执行的理据与规则［J］.法律适用，2018（5）.

［65］王克玉.外国判决承认与执行视角下的正当法律程序探析［J］.政法论坛，2009（1）.

［66］沈红雨.外国民商事判决承认和执行若干疑难问题研究［J］.法律适用，2018（5）.

［67］乔雄兵，王怡文."一带一路"倡议下外国判决承认与执行中的间接管辖权问题研究［J］.武大国际法评论，2017（5）.

［68］肖贤富，刘荣军.日本国际民事诉讼中的审判管辖权［J］.外国法议评，1994（1）.

［69］王国征.外国法院判决承认与执行中的管辖权［J］.中国人民大学学报，1998（5）.

［70］［法］安德烈·于埃.法国国内立法和判例中关于承认和执行外国判决和仲裁裁决的程序［J］.张明，译.环球法律评论，1992（1）.

［71］钱锋.终局性：外国法院民商事判决承认与执行的先决条件［J］.法律适用，2006（6）.

［72］乔雄兵.外国法院判决承认与执行的正当程序考量［J］.武汉大学学报（哲学社会科学版），2016（5）.

［73］王克玉."布鲁塞尔体系"和"海牙公约体系"下的正当程序比较研究——基于外国判决承认与执行的目的［J］.比较法研究，2009（3）.

［74］王吉文.互惠原则在判决承认与执行上的缺陷［J］.云南大学学报

（法学版），2008（3）.

［75］何其生. 我国域外送达机制的困境与选择［J］. 法学研究，2005
（2）.

［76］李伟. 承认与执行外国民商事判决的欺诈例外［J］. 武大国际法评论，2017（5）.

［77］连俊雅."一带一路"战略下互惠原则在承认与执行外国判决中的适用现状、困境与变革［J］. 河南财经政法大学学报，2016（6）.

［78］徐国建. 被攻克的最后堡垒：2019年《海牙判决公约》所涉关键问题评析［J］. 上海政法学院学报（法治论丛），2020（2）.

［79］宋建立.《承认与执行外国民商事判决公约》及对我国的影响［J］. 人民司法，2020（1）.

（三）报纸类

［1］徐光明."一带一路"背景下商事纠纷的多元化解决［N］. 人民法院报，2017－09－15（5）.

［2］赵蕾. 百年匠心 厚载未来——英格兰及威尔士商事与财产法院宣布成立［N］. 人民法院报，2017－05－12（8）.

［3］王轶. 坚持统筹推进国内法治和涉外法治［N］. 人民日报，2021－03－19（11）.

［4］苑菁菁. 习近平总书记在中央全面依法治国工作会议上的重要讲话引起法律界热烈反响［N］. 光明日报，2020－11－21（2）.

［5］黄惠康. 统筹推进国内法治和涉外法治［N］. 学习时报，2021－01－27（2）.

［6］刘武俊. 从立法司法层面落实"法治是最好的营商环境"［N］. 人民法院报，2019－10－12（2）.

［7］赵蕾. 新加坡国际商事法庭的运行与发展［N］. 人民法院报，2017－07－07（8）.

［8］王涛. 英国商事法院的司法实践［N］. 人民法院报，2017－12－08

（8）.

［9］朱志俊. 法国商事审判的两大特色［N］. 人民法院报，2011 - 06 - 17（8）.

［10］姚龙华. 争取制度性国际话语权的一记大招［N］. 深圳特区报，2018 - 07 - 03（A2）.

［11］杜涛，叶珊珊. 国际商事法庭：一个新型的国际商事纠纷解决机构［N］. 人民法院报，2018 - 07 - 10（2）.

［12］刘武俊. 破除司法地方保护主义藩篱［N］. 人民法院报，2016 - 11 - 05（2）.

［13］林娜. "卓越法院"的国际评价标准：上［N］. 人民法院报，2013 - 03 - 01（8）.

［14］赵蕾，葛黄斌. 新加坡国际商事法庭的运行与发展［N］. 人民法院报，2017 - 07 - 07（8）.

［15］马培贵. 助力前海建设国际化城市新中心［N］. 深圳特区报，2020 - 09 - 27（A9）.

［16］张巍. "一带一路"商事调解的上海实践［N］. 人民法院报，2017 - 07 - 28（5）.

［17］解丽. 北京成立一带一路国际商事调解中心［N］. 北京青年报，2020 - 08 - 11（4）.

［18］张勇健. 国际商事法庭的机制创新［N］. 人民法院报，2018 - 07 - 14（2）.

［19］刘帆. 最高人民法院国际商事专家委员会第三届研讨会致辞发言摘登［N］. 人民法院报，2022 - 08 - 25（4）.

（四）电子文献类

［1］习近平. 关于《中共中央关于全面推进依法治国若干重大问题的决定》的说明［EB/OL］.（2014 - 10 - 28）［2022 - 01 - 02］. http：//www. gov. cn/xinwen/2014 - 10/28/content_2771717_4. htm.

［2］马浩亮. 一带一路：中国改革开放棋局的 3.0 时代［EB/OL］.（2016 - 05 - 13）［2022 - 01 - 20］. http：//news. takungpao. com/special/zhengjingzhou bao2015_36/？rUvd.

［3］国家统计局. 中国统计年鉴 2022［EB/OL］.［2024 - 04 - 11］. https：//www. stats. gov. cn/sj/ndsj/2023/indexch. htm.

［4］商务部. 商务部对外投资和经济合作司负责人谈 2019 年 1—7 月我国对外投资合作有关情况［EB/OL］.（2019 - 08 - 15）［2022 - 01 - 25］. http：//www. mofcom. gov. cn/article/ae/sjjd/201908/20190802890962. shtml.

［5］曹音. 最高法：提高涉外商事海事审判工作水平，加强高效便捷涉外案件诉讼服务［EB/OL］.（2020 - 09 - 09）［2022 - 01 - 27］. https：//cn. chinadaily. com. cn/a/201909/09/WS5d76312ba31099ab995dee0c. html.

［6］曹音. 最高法：涉外民商案件持续上升，探索推进疫情防控常态下司法保障［EB/OL］.（2020 - 05 - 25）［2022 - 01 - 28］. https：//cn. chinadaily. com. cn/a/202005/25/WS5ecbbd80a310eec9c72bb46f. html.

［7］最高人民法院. 最高人民法院工作报告（摘要）［R/OL］.（2023 - 03 - 08）［2023 - 03 - 10］. https：//www. mct. gov. cn/preview/special/2023lh/9690/202303/t20230309_940331. htm.

［8］蒋惠岭. 初论审判机构设置的审判［EB/OL］.（2004 - 06 - 24）［2022 - 02 - 21］. https：//www. chinacourt. org/article/detail/2004/06/id/121717. shtml.

［9］王江雨. 新加坡国际商业法庭的国际性和独立性［EB/OL］.（2018 - 07 - 13）［2022 - 02 - 21］. http：//cicc. court. gov. cn/html/1/218/62/164/864. html.

［10］罗东川. 集思广益，共谋发展——最高人民法院党组成员罗东川在国际商事专家委员会成立暨首届研讨会上的主题发言［EB/OL］.（2018 - 08 - 26）［2022 - 02 - 24］. http：//cicc. court. gov. cn/html/1/218/62/164/1061. html？from = singlemessage.

［11］李嘉扬. 全国首个在地方法院设立的国际商事法庭亮相［EB/OL］.（2020－12－02）［2022－02－23］. https：//news. hangzhou. com. cn/gnxw/content/2020－12/02/content_7865663. htm.

［12］杭州市中级人民法院. 杭州国际商事法庭挂牌成立，刘捷、李占国共同揭牌［EB/OL］.（2023－03－16）［2023－03－16］. http：//hzcourt. gov. cn/art/2023/3/16/art_1229157618_58867490. html.

［13］刘畅. 深圳前海法院推进港籍陪审员制度成绩斐然［EB/OL］.（2019－09－17）［2022－02－25］. https：//www. chinacourt. org/article/detail/2019/09/id/4478782. shtml.

［14］高少勇. 现代司法理念的基本概念与主要构件［EB/OL］.（2005－06－01）［2022－02－26］. https：//www. chinacourt. org/article/detail/2005/06/id/164647. shtml.

［15］侯强. 最高人民法院负责人就《关于建立"一带一路"国际商事争端解决机制和机构的意见》答记者问［EB/OL］.（2018－06－28）［2022－02－11］. http：//www. xinhuanet. com/2018 06/28/c_1123046444. htm.

［16］高院发布2012—2016上海法院涉外、涉港澳台商事审判白皮书及十大典型案例［EB/OL］.（2017－09－12）［2022－02－11］. http：//shfy. chinacourt. gov. cn/article/detail/2017/09/id/3001681. shtml.

［17］王文娟，高远. 上海高院发布《典型案例》服务保障"一带一路"建设［EB/OL］.（2018－10－11）［2022－08－05］. https：//www. yidaiyilu. gov. cn/p/68366. html.

［18］国务院新闻办就《关于建立"一带一路"国际商事争端解决机制和机构的意见》举行发布会［EB/OL］.（2018－06－28）［2022－03－05］. http：//cicc. court. gov. cn/html/1/218/149/192/768. html.

［19］中国国际经济贸易仲裁委员会. 中国国际经济贸易仲裁委员会2023年工作报告［EB/OL］.［2024－04－11］. http：//www. cietac. org. cn/index. php？m＝Article&a＝show&id＝20122.

［20］中国国际经济贸易仲裁委员会. 贸仲委成立调解中心并与全国股转公司签署合作协议［EB/OL］.（2018－05－18）［2022－03－08］. http：//www. cietac. org. cn/index. php？m = Article&a = show&id = 15386.

［21］中国国际经济贸易仲裁委员会. 贸仲与六家国际仲裁机构在京签署合作协议并就加强合作达成共识［EB/OL］.（2019－11－08）［2022－03－08］. http：//www. cietac. org. cn/index. php？m = Article&a = show&id = 16285.

［22］上海国际经济贸易仲裁委员会. 上海国际经济贸易仲裁委员会（上海国际仲裁中心）［EB/OL］.［2024－04－11］. https：//katmai. oss－cn－hangzhou. aliyuncs. com/katmai/2024－01/214fd961－302a－40d3－ad5e－08eb54713d90. pdf？Expires = 2019887823&OSSAccessKeyId = LTAI5tKiMFb Yd sCyS76onj8W&Signature = I8zX0CV0% 2FfW4TCmX2gdZYjw6itw% 3D.

［23］上海国际经济贸易仲裁委员会. 上海国际经济贸易仲裁委员会纳入首批最高人民法院"一站式"国际商事纠纷多元化解决机制仲裁机构名单［EB/OL］.［2022－03－09］. http：//www. shiac. org/SHIAC/news_detail. aspx？page = 12018&id = 805.

［24］上海国际经济贸易仲裁委员会. 上海国际仲裁中心与上海市浦东新区人民法院自贸区法庭签订合作备忘录［EB/OL］.［2022－03－09］. http：//www. shiac. org/SHIAC/news_detail. aspx？page = 12019&id = 844.

［25］上海国际经济贸易仲裁委员会. 上海国际仲裁中心与海南省第一中级人民法院签订合作备忘录［EB/OL］.［2022－03－09］. http：//www. shiac. org/SHIAC/news_detail. aspx？page = 12019&id = 857.

［26］张燕. 深圳打造国际商事争议解决优选地 建立共商共建共享的多元化跨境纠纷解决机制［EB/OL］.［2023－12－05］. https：//www. dutenews. com/n/article/7560846.

［27］前海打造国际商事争议多元化解决机制［EB/OL］.［2023－12－05］. https：//new. qq. com/rain/a/20201123A03R8200.

［28］中国国际贸易促进委员会调解中心. 中国贸促会调解中心同海南省

第一中级人民法院签署合作备忘录［EB/OL］．（2019－11－22）［2023－02－21］．https：//adr. ccpit. org/articles/263.

［29］上海经贸商事调解中心. 中美国际商事联合调解机制正式启动［EB/OL］．（2020－09－15）［2022－03－13］．http：//www. scmc. org. cn/page111？article_id＝522.

［30］上海经贸商事调解中心. SCMC 与 EUIPO BoA 携手 开启中欧知识产权联合调解新篇章［EB/OL］．（2020－07－01）［2022－03－10］．http：//www. scmc. org. cn/page111？article_id＝510.

［31］商务部. 对外投资合作国别（地区）指南［EB/OL］．［2022－03－10］．http：//www. mofcom. gov. cn/dl/gbdqzn/upload/yuedan. pdf.

［32］罗书臻. 周强在全国法院多元化纠纷解决机制改革工作推进会上强调 全面深化多元化纠纷解决机制改革 为维护公平正义实现人民安居乐业社会安定有序提供有力保障［EB/OL］．（2015－04－18）［2022－03－18］．https：//www. chinacourt. org/article/detail/2015/04/id/1581080. shtml.

［33］联合国国际贸易法委员会. "国际商事调解：拟订关于调解所产生国际商事和解协议执行的文书"秘书处说明（2017 年 10 月 2 日至 6 日，维也纳）［EB/OL］．［2022－03－22］．https：//undocs. org/zh/A/CN. 9/WG. II/WP. 202.

［34］兰天鸣. 境外仲裁机构可在上海自贸区临港新片区设立业务机构［EB/OL］．（2019－11－08）［2022－03－23］．http：//www. gov. cn/xinwen/2019－11/08/content_5450236. htm.

［35］周强. 最高人民法院工作报告——2022 年 3 月 8 日在第十三届全国人民代表大会第五次会议上［R/OL］．（2022－03－08）［2023－04－20］．https：//www. court. gov. cn/zixun－xiangqing－349601. html.

［36］王淑梅. 加快推进国际商事法庭建设 打造国际法研究和运用的新高地［EB/OL］．（2020－12－23）［2022－04－18］．http：//cicc. court. gov. cn/html/1/218/62/164/1901. html.

［37］外交部. 中华人民共和国条约数据库［DB/OL］.［2022 - 03 -
28］. http：//treaty. mfa. gov. cn/Treaty/web/search. jsp? title_name = %
E6% B0% 91% E4% BA% 8B&chnltype_param = 2&country_name = &areaName =
20&qs dateS = &qsdateE = &sxdateS = &sxdateE = &qk_name = &nPageIndex_ = 1.

（五）其他类

［1］伍红梅. 司法体制综合配套改革与刑事审判问题研究——全国法院
第30届学术讨论会获奖论文集：上［C］. 北京：人民法院出版社，2019.

［2］叶斌. 2005 年海牙《协议选择法院公约》研究［D］. 武汉：武汉大
学，2009.

二、英文文献

（一）著作类

［1］Jayanth K. Krishnan. The Story of the Dubai International Financial
Centre Courts：A Retrospective［M］. Motivate Publishing，2018.

［2］L. F. Salzman. English Trade in Middle Ages［M］. Henry Pordes
Books Ltd. ，1964.

［3］James Edwin Thorold Rogers. Six Centuries of Work and Wages：The
History of English Labor［M］. Routledge，2017.

［4］Norman John Greville Pounds. An Economic History of Medieval
Europe［M］. Routledge，1994.

［5］The Lord Woolf CH & Christopher Campbell-Holt. The Emergence of
International Commercial Courts and Dispute Resolution Centres in Frontier
Markets：A Perspective from Kazakhstan［M］//Georgios Dimitropoulos，Stavros
Brekoulakis. International Commercial Courts：The Future of Transnational
Adjudication. Cambridge University Press，2022.

［6］Gerhard Wagner. Dispute Resolution as a Product：Competition between
Civil Justice Systems［M］//Horst Eidenmüller. Regulatory Competition in

Contract Law and Dispute Resolution. Hart Publishing Ltd. , 2013.

［7］Gary B. Born, Peter B. Rutledge. International Civil Litigation in United States Courts［M］. Wolters Kluwer, 2018.

［8］Masood Ahmed. A Critical Review of the Business and Property Courts of England and Wales［M］//Xandra Kramer, John Sorabji. International Business Courts: A European and Global Perspective. Eleven International Publishing, 2019.

［9］Livingston Armytage. Educating Judges: Towards a New Model of Continuing Judicial Learning［M］. Brill Nijhoff, 1996.

［10］Harriët Schelhaas. The Brand New Netherlands Commercial Court: A Positive Development［M］//Xandra Kramer, John Sorabji. International Business Courts. Eleven International Publishing, 2019.

［11］Emmanuel Jeuland. The International Chambers of Paris: A Gaul Village［M］//Xandra Kramer, John Sorabji. International Business Courts. Eleven International Publishing, 2019.

［12］Adrian Briggs. Civil jurisdiction and Judgment［M］. Informa Law, 2015.

［13］René van Rooij, Maurice V. Polak. Private International Law in the Netherlands［M］. Kluwer Law and Taxation Publishers, 1987.

［14］Friedrich K. Juenger. Choice of Law and Multistate Justice［M］. Martinus Nijhoff Publishers, 1993.

［15］Hélène van Lith. International Jurisdiction and Commercial Litigation Uniform Rules for Contract Disputes［M］. T. M. C. Asser Press, 2013.

［16］Gary B. Born. International Arbitration: Law and Practice［M］. Wolters Kluwer, 2016.

［17］HUO Zhengxin. Proof of Foreign Law under the Background of the Belt and Road Initiative［M］//Poomintr Sooksripaisarnkit, Sai Ramani Garimella.

China's One Belt One Road Initiative and Private International Law. Routledge, 2018.

［18］ Sohail H. Hashmi. State Sovereignty: Change and Persistence in International Relations［M］. Pennsylvania State University Press, 1997.

［19］ Michael Likosky. Transnational Legal process: Globalization and Power Disparities［M］. Northwestern University Press, 2002.

［20］ Charles Platto, William G. Horton. Enforcement of Foreign Judgments Worldwide［M］. International Bar Association, 1993.

［21］ HUANG Jie. Interregional Recognition and Enforcement of Civil and Commercial Judgments: Lessons for China from US and EU Law［M］. Hart Publishing, 2014.

［22］ C. F. Forsyth. Private International Law: The Modern Roman-Dutch Law Including the Jurisdiction of the High Courts［M］. Juta, 2012.

［23］ Neil Andrews. The Foreign Party's Choice Between Arbitration and Court Litigation［M］//Shimon Shetreet, Wayne McCormack. The Culture of Judicial Independence in a Globalised World. Brill Nijhoff, 2016.

（二）期刊类

［1］ V. K. Rajah. W(h)ither Adversarial Commercial Dispute Resolution? ［J］. Arbitration International, 2017(3).

［2］ Matthew S. Erie. The New Legal Hubs: The Emergent Landscape of International Commercial Dispute Resolution［J］. Virginia Journal of International Law, 2020(60).

［3］ Lucy Reed. International Dispute Resolution Courts: Retreat or Advance? ［J］. McGill Journal of Dispute Resolution, 2018(4).

［4］ Anne Tucker. Making a Case for Business Courts: A Survey of and Proposed Framework to Evaluate Business Courts［J］. Georgia State University Law Review, 2007(24).

［5］Stephan Wilske. International Commercial Courts and Arbitration—Alternatives, Substitutes or Trojan Horse［J］. Contemporary Asia Arbitration Journal, 2018(11).

［6］Michael Hwang. Commercial Courts and International Arbitration—competitors or partners? ［J］. Arbitration International, 2015(31).

［7］Dalma Demeter, Kayleigh Smith. The Implications of International Commercial Courts on Arbitration［J］. Journal of International Arbitration, 2016 (33).

［8］Zachary Mollengarden. "One-stop" Dispute Resolution on the Belt and Road: Toward an International Commercial Court with Chinese Characteristic［J］. UCLA Pacific Basin Law Journal, 2019(36).

［9］David Holloway. The New Chinese International Commercial Court and the Future of Dispute Resolution in the Belt and Road Initiative［J］. Vindobona Journal of International Commercial Law & Arbitration, 2018(22).

［10］Andrew Godwin, et al. International Commercial Courts: The Singapore Experience［J］. Melbourne Journal of International Law, 2017(18).

［11］Man Yip. The Singapore International Commercial Court: The Future of Litigation? ［J］. Erasmus Law Review, 2019(12).

［12］Kenny Ching Wei Yao. Exploring a New Frontier in Singapore's Private International Law［J］. Singapore Academy of Law Journal, 2016(28).

［13］Man Yip. Singapore International Commercial Court: A New Model for Transnational Commercial Litigation［J］. Chinese (Taiwan) Yearbook of International Law and Affairs, 2016(32).

［14］Justin Yeo. On Appeal from Singapore International Commercial Court ［J］. Singapore Academy of Law Journal, 2017(29).

［15］Amgad Husein, Jonathan Burns. Choice of Forum in Contracts with Saudi Arabian Counterparties: An Analysis of the DIFC Common Law Courts from a Saudi Arabian Perspective[J]. The International Lawyer, 2015(48).

[16] Gerald Lebovits, Delphine Miller. Litigating in the Qatar International Court[J]. International law practicum, 2015(28).

[17] M. Requejo Isidro. International Commercial Courts in the Litigation Market[J]. Max Planck Institute Luxembourg for Procedural Law, 2019(2).

[18] Charles Gross. The Court of Piepowder[J]. The Quarterly Journal of Economics, 1906(20).

[19] Xandra E. Kramer, John Sorabji. International Business Courts in Europe and Beyond: A Global Competition for Justice? [J]. Erasmus Law Review, 2019(12).

[20] Erik Peetermans, Philipp Lambrecht. The Brussels International Business Court: Initial Overview and Analysis[J]. Erasmus Law Review, 2019 (12).

[21] Solène Rowan. The New French Law of Contract[J]. International & Comparative Law Quarterly, 2017(66).

[22] Burkhard Hess, Timon Boerner. Chambers for International Commercial Disputes in Germany: The State of Affairs [J]. Erasmus Law Review, 2019(12).

[23] Sai Ramani Garimella, M Z Ashraful. The Emergence of International Commercial Courts in India: A Narrative for Ease of Doing Business? [J]. Erasmus Law Review, 2019(12).

[24] Nicolas Zambrana-Tevar. The Court of the Astana International Financial Center in the Wake of Its Predecessors[J]. Erasmus Law Review, 2019 (12).

[25] Elisabetta Silvestri. Judicial Specialization: In Search of the 'Right' Judge for Each Case? [J]. Russian Law Journal, 2015(2).

[26] Richard Charles Southwell. A Specialist Commercial Court in

Singapore[J]. Singapore Academy of Law Journal, 1990(2).

[27] SUN Xiangzhuang. A Chinese Approach to International Commercial Dispute Resolution: The China International Commercial Court[J]. The Chinese Journal of Comparative Law, 2020(8).

[28] Sundarech Menon. The Future Is Now: Legal Trends in the Global Village[J]. Keio Law Journal, 2006(36).

[29] GONG Hongliu. The Belt and Road Initiative (BRI): A China-Specific Approach for Global Governance[J]. Journal of WTO and China, 2018 (8).

[30] LI Ling. The "Production" of Corruption in China's Courts: Judicial Politics and Decision Making in a One-Party State[J]. Law & Social Inquiry, 2012(37).

[31] Christoph A. Kern. English as a Court Language in Continental Courts [J]. Erasmus Law Review, 2012(5).

[32] IIUO Zhengxin, Man Yip. Comparing the International Commercial Courts of China with the Singapore International Commercial Court [J]. International & Comparative Law Quarterly, 2019(68).

[33] George A. Zaphiriou. Choice of Forum and Choice of Law Clauses in International Commercial Agreements[J]. Maryland Journal of International Law, 1978(592).

[34] Michael Kerr. Reflections on 50 Year's Involvement in Dispute Resolution[J]. Mediation and Dispute Management, 1998(6).

[35] Zachary Mollengarden. "One-Stop" Dispute Resolution on the Belt and Road: Toward an International Commercial Court with Chinese Characteristics [J]. UCLA Pacific Basin Law Journal, 2019(36).

[36] Timothy Schnabel. The Singapore Convention on Mediation: A Framework for the Cross-Border Recognition and Enforcement of Mediated

Settlements[J]. Pepperdine Dispute Resolution Law Journal, 2019(19).

[37] LONG Fei. Innovation and Development of the China International Commercial Court[J]. The Chinese Journal of Comparative Law, 2020(8).

[38] Johannes Landbrecht. The Singapore International Commercial Court (SICC)—An Alternative to International Arbitration? [J]. ASA Bulletin, 2016(34).

[39] TAO Jingzhou, Mariana Zhong. The China International Commercial Court (CICC): A New Chapter for Resolving International Commercial Disputes in China[J]. Dispute Resolution International, 2019(13).

[40] Alyssa V. M. Wall. Designing A New Normal: Dispute Resolution Developments along the Belt and Road[J]. International Law and Politics, 2019 (52).

[41] JIANG Huiqin. Demystifying China's International Commercial Court Regime: International or Intra-National? [J]. Chinese (Taiwan) Yearbook of International Law and Affairs, 2018(36).

[42] ZHANG Wenliang. Sino-Foreign Recognition and Enforcement of Judgments: A Promising "Follow-Suit" Model? [J]. Chinese Journal of International Law, 2017(16).

[43] Julien Chaisse, XU Qian. Conservative Innovation: The Ambiguities of the China International Commercial Court, AJIL Unbound, 2021(115).

[44] Hessel E. Yntema. The Enforcement of Foreign Judgments in Anglo-American Law[J]. Michigan Law Review, 1935(33).

[45] Robert C. Casad. Issue Preclusion and Foreign Country Judgments: Whose Law[J]. Iowa Law Review, 1984(70).

[46] Louis Henkin. That "S" Word: Sovereignty, and Globalization, and Human Rights, Et Cetera[J]. Fordham Law Review, 1999(68).

[47] Paul B. Stephan. The New International Law-Legitimacy, Accountability, Authority, and Freedom in the New Global Order[J]. University of Colorado

Law Review, 1999(70).

[48] D. J. Llewelyn Davies. The Influence of Huber's De Conflictu Legum on English Private International Law[J]. British Yearbook of International Law, 1937(18).

[49] Jonathan Harris. Recognition of Foreign Judgments at Common Law—The Anti-Suit Injunction Link[J]. Oxford Journal of Legal Studies, 1997(17).

[50] H. L. Ho. Policies Underlying the Enforcement of Foreign Commercial Judgments[J]. International and Comparative Law Quarterly, 1997(46).

[51] Arthur T. von Mehren, Donald T. Trautman. Recognition of Foreign Adjudications: A Survey and a Suggested Approach[J]. Harvard Law Review, 1968(81).

[52] S. I. Strong. Recognition and Enforcement of Foreign Judgments in U. S. Courts: Problems and Possibilities[J]. The Review of Litigation, 2014 (33).

[53] Adrian Briggs. Which Foreign Judgments Should We Recognise Today? [J]. The International and Comparative Law Quarterly, 1987(36).

[54] King Fung (Dicky) Tsang. Chinese Bilateral Judgment Enforcement Treaties[J]. Loyola of Los Angeles International and Comparative Law Review, 2017(40).

[55] Russell J. Weintraub. How Substantial is Our Need for a Judgments-Recognition Convention and What Should We Bargain Away to Get It? [J]. Brooklyn Journal of International Law, 1998(24).

[56] G. Brian Raley. A Comparative Analysis: Notice Requirements in Germany, Japan, Spain, the United Kingdom and the United States[J]. Arizona Journal of International and Comparative Law, 1993(10).

[57] HUANG Jie. Enforcing Foreign Monetary Judgments in China:

Breakthroughs, Challenges, and Solutions in the Context of "One Belt One Road" [J]. George Washington International Law Review, 2019(51).

[58] Yuliya Zeynalova. The Law on Recognition and Enforcement of Foreign Judgments: Is It Broken and How Do We Fix It? [J]. Berkeley Journal of International Law, 2013(31).

[59] Ronald A. Brand. The New Hague Convention on Choice of Court Agreements[J]. American Society of International Law Insights, 2005(9).

[60] ZHANG Mo. International Civil Litigation in China: A Practical Analysis of the Chinese Judicial System[J]. Boston College International and Comparative Law Review, 2007(25).

(三) 电子文献类

[1] Chantal Blokker-Schipper. Netherlands Commercial Court Coming Soon? [EB/OL]. [2022 - 01 - 03]. https://www. stibbe. com/en/news/2018/march/netherlands - commercial - court - coming - soon.

[2] DIFCC. Frequently Asked Questions[EB/OL]. [2022 - 01 - 26]. https://www. difccourts. ae/faq/.

[3] Sundaresh Menon. Response by the Honorable Chief Justice Sundaresh Menon Opening of the Legal Year 2013 and Welcome Reference for the Chief Justice[EB/OL]. [2022 - 01 - 01]. https://www. supremecourt. gov. sg/docs/default - source/default - document - library/media - room/cj - speech - oly - welcome - reference. pdf.

[4] Sundaresh Menon. International Commercial Courts: Towards a Transnational System of Dispute Resolution[EB/OL]. [2022 - 01 - 03]. https://www. supremecourt. gov. sg/docs/default - source/default - document - library/media - room/opening - lecture - - - difc - lecture - series - 2015. pdf.

[5] Matthew S. Erie. Update on the China International Commercial Court [EB/OL]. [2022 - 01 - 05]. http://opiniojuris. org/2019/05/13/update -

on – the – china – international – commercial – court% EF% BB% BF/.

［6］Eriks Selga. China's New International Commercial Courts：Threat or Opportunity?［EB/OL］.［2022 – 01 – 03］. https：//www. fpri. org/article/ 2019/05/chinas – new – international – commercial – courts – threat – or – opportunity/.

［7］Nicholas Lingard, et al. China Establishes International Commercial Courts to Handle Belt and Road Initiative Disputes［EB/OL］.［2022 – 01 – 03］. https：//www. law. ox. ac. uk/business – law – blog/blog/2018/08/china – establishes – international – commercial – courts – handle – belt – and.

［8］Sundaresh Menon. The Rule of Law and the SICC［EB/OL］.［2022 – 01 – 03］. https：//www. sicc. gov. sg/docs/default – source/modules – document/ news – and – article/b_58692c78 – fc83 – 48e0 – 8da9 – 258928974ffc. pdf.

［9］Andrew Stephenson, Lindsay Hogan & Jaclyn Smith. What Constitutes an Offshore Case?：An Analysis of the Singapore International Commercial Court's Second Decision［EB/OL］.［2022 – 01 – 03］. https：//www. lexology. com/ library/detail. aspx? g = 5ad13469 – 8fec – 4e14 – 8efa – 138ecdaad20d.

［10］Michael Hwang. The Courts of the Dubai International Finance Centre—A Common Law island in a Civil Law ocean［EB/OL］.［2022 – 01 – 10］. https：//www. difccourts. ae/2008/11/01/the – courts – of – the – dubai – international – finance – centre – a – common – law – island – in – a – civil – law – ocean/.

［11］Lord Thomas. Giving Business What It Wants—A Well Run Court for Commercial and Business Dispute［EB/OL］.［2022 – 01 – 10］. https：//www. judiciary. uk/wp – content/uploads/2017/03/grand – court – of – the – cayman – islands – guest – lecture – march – 2017. pdf.

［12］Simon Bushell, et al. London's Financial List：A Choice of Forum Crossroads［EB/OL］.［2022 – 01 – 10］http：//www. lw. com/thoughtLeader ship/londons – financial – lisit.

[13] Dyfan Owen. ADGM Courts and Abu Dhabi Judicial Department Sign MoU[EB/OL]. [2022 – 01 – 10]. https://www. ashurst. com/en/news – and – insights/legal – updates/adgm – courts – and – abu – dhabi – judicial – department – sign – mou/.

[14] Tarek Shrayh, Malak Nasreddine. Abu Dhabi Establishes English-Language Commercial Courts [EB/OL]. [2022 – 01 – 08]. https://www. tamimi. com/law – update – articles/abu – dhabi – establishes – english – language – commercial – courts/.

[15] World Bank Group. Doing Business Report 2019[R/OL]. [2022 – 01 – 26]. https://www. doingbusiness. org/content/dam/doingBusiness/media/Annual – Reports/English/DB2019 – report_web – version. pdf.

[16] White & Case. 2015 International Arbitration Survey: Improvements and Innovations in International Arbitration [EB/OL]. [2022 – 02 – 15]. https://www. international – arbitration – attorney. com/wp – content/uploads/2018/11/White – Case – and – Queen – Mary – 2015 – survey. pdf.

[17] United Nations Treaty Collection. United Nations Convention on International Settlement Agreements Resulting from Mediation[EB/OL]. [2022 – 02 – 15]. https://treaties. un. org/pages/ViewDetails. aspx? src = TREATY& mtdsg_no = XXII – 4&chapter = 22&clang = _en.

[18] World Bank Group. Doing Business Report 2020[R/OL]. [2022 – 01 – 15]. https://openknowledge. worldbank. org/bitstream/handle/10986/32436/9781464814402. pdf.

[19] Xandra Kramer. International Commercial Courts: Should the EU be Next? —EP Study Building Competence in Commercial Law[EB/OL]. [2022 – 02 – 23]. https://conflictoflaws. net/2018/international – commercial – courts – should – the – eu – be – next – ep – study – building – competence – in –

commercial – law/.

［20］The CityUK. Legal Excellence, Internationally Renowned：UK Legal Services 2019［EB/OL］. ［2022 – 02 – 25］. https：//www. thecityuk. com/assets/2019/Report – PDFs/294e2be784/Legal – excellence – internationally – renowned – UK – legal – services – 2019. pdf.

［21］The Law Society of England and Wales. England and Wales：The Jurisdiction of Choice［EB/OL］. ［2022 – 02 – 23］. https：//www. eversheds – sutherland. com/documents/LawSocietyEnglandAndWalesJurisdictionOfChoice. pdf.

［22］Michael Hwang. The Courts of the Dubai International Finance Centre—A Common Law Island in a Civil Law Ocean［EB/OL］. ［2022 – 02 – 23］. https：//www. difccourts. ae/2008/11/01/the – courts – of – the – dubai – international – finance – centre – a – common – law – island – in – a – civil – law – ocean/.

［23］NautaDutilh. An International Business Court in Brussels：A Modern Step Forward［EB/OL］. ［2022 02 24］. https：//www. lexology. com/library/detail. aspx？g = f101059a – 3678 – 4797 – 8ee0 – 54c7a0487fc2.

［24］Annette Scholten. An International Netherlands Commercial Court? ［EB/OL］. ［2022 – 01 – 21］. https：//blogs. law. nyu. edu/transnational/2017/02/an – international – netherlands – commercial – court/.

［25］Transparency International. The Corruption Perceptions Index 2017 ［EB/OL］. ［2022 – 02 – 21］. https：//www. transparency. org/en/cpi/2020/index/chn.

［26］SICC Committee. The Report of the Singapore International Commercial Court Committee［R/OL］. ［2022 – 02 – 13］. https：//www. mlaw. gov. sg/files/Annex – A – SICC – Committee – Report. pdf/.

［27］KC Lye, Darius Chan. Launch of the Singapore International Commercial Court［EB/OL］. ［2022 – 02 – 15］. https：//www. lexology. com/

library/detail. aspx？g = b47f453c – 16e9 – 44b3 – 9fcd – af042e6803df.

［28］Charles Lilley, Callum Johnson. "Converting" DIFC Court Judgments into Arbitral Awards［EB/OL］. ［2022 – 02 – 15］. https：//www. bclplaw. com/en – US/insights/update – converting – difc – court – judgments – into – arbitral – awards. html.

［29］Netherlands Commercial Court. Rules of Procedure for the International Commercial Chambers of the Amsterdam District Court（NCC District Court）and the Amsterdam Court of Appeal（NCC Court of Appeal）［EB/OL］. ［2022 – 02 – 29］. https：//www. rechtspraak. nl/SiteCollectionDocuments/ncc – procesreglement – en. pdf.

［30］Marie Kelly. Weighing up Litigation, Arbitration and Mediation［EB/OL］. ［2022 – 03 – 19］. https：//www. financierworldwide. com/weighing – up – litigation – arbitration – and – mediation#. XTrJYfZuKhc.

［31］Paul Friedland, Stavros Brekoulakis. 2018 International Arbitration Survey：The Evolution of International Arbitration［EB/OL］. ［2022 – 03 – 08］. https：//www. whitecase. com/sites/whitecase/files/files/download/publications/qmul – international – arbitration – survey – 2018 – 18. pdf.

［32］Department for Business Innovation & Skills. Global Context—How Has World Trade and Investment Developed, What's Next？［EB/OL］. ［2022 – 03 – 18］. https：//assets. publishing. service. gov. uk/government/uploads/system/uploads/attachment_data/file/43309/11 – 722 – global – context – world – trade – and – investment. pdf.

［33］Peter Corne, Matthew Steven Erie. China's Mediation Revolution？Opportunities and Challenges of the Singapore Mediation Convention［EB/OL］. ［2022 – 03 – 18］. http：//opiniojuris. org/2019/08/28/chinas – media – revolution – opportunities – and – challenges – of – the – singapore – mediation – convention/.

［34］Matthew S. Erie. The China International Commercial Court：

Prospects for Dispute Resolution for the "Belt and Road Initiative" [EB/OL]. [2022 – 03 – 23]. https://www. asil. org/insights/volume/22/issue/11/china – international – commercial – court – prospects – dispute – resolution – belt.

［35］Klaus Schwab. The Global Competitiveness Report 2019 [R/OL]. [2022 – 04 – 02]. https://www. weforum. org/reports/how – to – end – a – decade – of – lost – productivity – growth.

［36］SIFoCC. Multilateral Memorandum on Enforcement of Commercial Judgments for Money（Second Edition）[EB/OL]. [2022 – 03 – 28]. https:// s3 – eu – west – 2. amazonaws. com/sifocc – prod – storage – 7f6qtyoj7wir/uploads/ 2020/12/6. 7053_JO_Memorandum_on_Enforcement_2nd_Edition_WEB. pdf.

［37］Ronald A. Brand. Recognition of Foreign Judgments [EB/OL]. [2022 – 03 – 30]. https://www. fjc. gov/sites/default/files/2012/BrandEnforce. pdf.

［38］Masato Dogauchi, Trevor Hartley. Explanatory Report on the 2005 Hague Choice of Court Agreements Convention [R/OL]. [2022 – 04 – 01]. https://assets. hcch. net/docs/0de60e2f – e002 – 408e – 98a7 – 5638e1ebac65. pdf.

［39］SIFoCC. Delivering Justice during the Covid-19 Pandemic and the Future Use of Technology [EB/OL]. [2022 – 04 – 10]. https://sifocc. org/app/ uploads/2020/05/SIFoCC – Covid – 19 – memorandum – 29 – May – 2020. pdf.

［40］HCCH. Convention of 30 June 2005 on Choice of Court Agreements [EB/OL]. [2022 – 04 – 13]. https://www. hcch. net/en/instruments/conventions/ status – table/? cid = 98.

‖后　记‖

2023 年是具有纪念意义的一年，笔者在孕育一个"小生命"的过程中给本书划上了句号。

本书是在笔者的博士学位论文的基础上修改完成的，当写完最后一个字时，内心五味杂陈，有一种解脱感，也稍有一点成就感，但更多的是一种缺憾。

从最初选择此题作为研究重点，信誓旦旦地要为中国国际商事争议解决机制献言献策，到最后为自己的粗浅之见付诸笔墨，现在看来，依然有很多问题尚未解决。也许，理想总在未来吧。

探究并完善中国国际商事法庭之运行机制，意义重大。其原因在于国际商事法庭（院）作为国际商事争议解决的新兴潮流，更加完善的运行机制是提高全球司法竞争力的重点。在这几年时间里，笔者对此问题的追踪尚未间断，希望通过各种研究方法增加本书观点的说服力。然而，实践证明，中国国际商事法庭审理的涉外商事案件较少，通过现有裁判文书的数量和内容难以深入地分析该法庭运行的"堵点"。另外，外国学者对中国国际商事法庭的了解较少，大多数研究不太深入，所以笔者常常因为收集材料困难而灰心。

但是，在这些艰难的日子里，老师、朋友、家人一直在关心、鼓励笔者坚持到底，他们是笔者完成本书的动力源泉。所以，在此特别感谢导师刘亚军教授和国际法学科带头人王瀚教授。他们不仅对笔者的写作悉心指导，还对笔者的教学和科研工作给予关心。没有他们的帮助，本书不可能顺利修改并完成。

此外，还要感谢西北政法大学国际法学院的全体同事在笔者日常工作和科研中给予的无私协助。尤其感谢孙尚鸿教授、张超汉教授和刘学文副教授及时提供的中外文资料，这些资料充实且丰富了本书内容。

感谢朋友时杜娟、张隽岩、李燕飙、张永林等在笔者写作过程中给予的精神帮助，为笔者带来灵感，本书的完成离不开他们的支持与开导。

感恩父母，他们为笔者撑起了一片天空，多年来的辛苦养育换来笔者工作的点滴成就，不管笔者获得多少成绩，这些成绩都归功于他们。感谢笔者的丈夫张钊，牵手走过十余年，对笔者无限的包容与理解，他不吝的夸奖和建议增强了笔者对科研的自信。感谢公婆，一直以来他们的鼓励，笔者都铭记在心。

最后，还要感谢知识产权出版社的各位编辑，笔者深信，没有他们的关心和鼎力相助，本书无法顺利出版。

笔者深知回报，但回报远远不尽。所以，笔者依然要加倍努力。

陈婉姝